ANNEMARIE LENZE

# CALIFORNIA
## DIE NEUE GENUSSKÜCHE DER AMERIKANISCHEN RIVIERA

ANNEMARIE LENZE

# CALIFORNIA
## DIE NEUE GENUSSKÜCHE DER AMERIKANISCHEN RIVIERA

FOTOS VON EISING STUDIO/MARTINA GÖRLACH UND CHUCK PLACE

KOSMOS

INHALT

# CALIFORNIA

Kochen & genießen ............................ 6
California Cuisine ............................... 8

## Santa Barbara ....................10

Farmers' Markets – regionale Obst-
und Gemüsevielfalt ........................... 14
Viva México – Fiesta der Sinne ........ 22
Mexikanisch: Tortillas, Chilis & Co .... 24
Würzsaucen – hot & spicy ............... 36
Der Tag beginnt: frühstücken in
Santa Barbara .................................. 42
Power-Müsli: Quinoa, Hanf, Chia, Açai ........ 46
Lotusland – ein ganz besonderes
Gartenparadies ................................ 54
Früchte des Meeres: Seeohren & Seeigel .... 64
Seafood: Spezialitäten aus dem Pazifik ...... 72
Sweets & Drinks – kalifornische Trends ...... 82

## Carpinteria ........................86

In Carpinteria den Tag genießen .......... 88
Die Avocado: cremig-frische Powerfrucht .... 94
Avocados – köstlicher & gesunder Genuss  100
Farmers' Land: Obst- und Gemüseanbau ...102
Smoothies: Fruchtgenuss vom Feinsten .....108
Heirloom-Gemüse: die gute alte
Sortenvielfalt ...................................110

## Santa Rita Hills ..................118

Santa Rita Hills – rau & rustikal ...........120
Barbecue: die Kunst des Grillens ..........122
Walnüsse: köstlicher und gesunder
Genuss .............................................136
Walnüsse – Genuss mit Biss ...............140
Asia-Food: fernöstlich-köstlich inspiriert ...142

**UND HIER SEHEN SIE ES GANZ GENAU.**

# DAS IST *wirklich* WICHTIG

**DARAUF KOMMT'S AN!** Hier erläutern wir alles, was zum Gelingen eines Rezepts wirklich wichtig ist.

*Santa Ynez Valley* ........................**154**

Santa Ynez Valley: Western & Wein ............**156**
Kürbisse – die ganz besonderen Beeren .....**158**
Lavendel: zart-duftend & aromatisch .........**164**
Olivenbäume – auch in Kalifornien
zu Hause .................................................**166**
Weinanbau im Santa Ynez Valley ................**184**
Kuchen & Desserts – Süßes muss sein .......**198**
Cookies: die amerikanischen Kekse ...........**204**

Register .......................................................**220**
Akteure & Impressum ................................**224**

# KOCHEN & GENIESSEN
## *an der Amerikanischen Riviera*

DIE REGION UM SANTA BARBARA HAT SICH GANZ ALLMÄHLICH ZU EINEM KULINARISCHEN GEHEIMTIPP FÜR GOURMETS ENTWICKELT. HIER AN DER WESTKÜSTE HAT DIE NEUE KALIFORNISCHE KÜCHE EINEN LIEBLINGSPLATZ GEFUNDEN.

Lange Jahre lag das wunderschöne Santa Barbara County in einer Art Dornröschenschlaf. Viele kamen, um sich in dem wunderbar milden Klima zu erholen, aber von einer kulinarischen Hochburg zu sprechen, wäre niemandem in den Sinn gekommen. Während die beiden kalifornischen Metropolen San Francisco und Los Angeles um die kulinarische Vormachtstellung wetteiferten, ist die Gegend an der Pazifik-Küste, die man auch die Amerikanische Riviera nennt, zu einem kulinarischen Juwel, zum Herzstück der neuen kalifornischen Küche geworden. Die Auswahl an Restaurants ist riesengroß. Auch viele bekannte Stars, wie Kirk Douglas, Kevin Costner, Oprah Winfrey oder John Travolta haben hier ihre Zelte aufgeschlagen und ihre Lieblingsrestaurants gefunden.

Die Amerikanische Riviera ist eine der fruchtbarsten Gegenden überhaupt. Der Pazifik bietet eine reiche Auswahl an Fischen, Krebsen und Muscheln, die Bio-Farmen im Hinterland liefern saftige Steaks und eine üppige Gemüsevielfalt, die täglich auf den Farmers' Markets angeboten wird. Und seit den 1970er Jahren hat sich hier auch eine neue Weinkultur entwickelt. Auf über 130 Weingütern werden, begünstigt durch perfekte klimatische Bedingungen, qualitativ hochwertige Weine produziert.

Beste Voraussetzungen also, ein kulinarisches Paradies, aus dem die kalifornische Küche, die so multikulturell geprägt ist wie die Gesellschaft, großzügig schöpfen kann. Die Gegend um Santa Barbara ist eine Art Mikrokosmos, in dem die besten und frischesten Produkte Kaliforniens gedeihen. Renommierte Köche wie James Sly, David Reardon, Budi Kazali und Michael Hutchings haben das auch erkannt. Es zog sie weg aus den Metropolen, hierher, in diese Region, in der Farmer, Winzer, Köche und Verbraucher eine ganz besondere Liaison eingegangen sind. Die Freude am kulinarischen Genuss hat die Menschen zusammengebracht, ihnen eine gemeinsame Identität gegeben. Fast könnte man von einer großen Familie sprechen, die alles tut, um diese neue Esskultur jeden Tag ein weiteres Stück voranzubringen.

Wir laden Sie ein zu einer kulinarischen Entdeckungsreise: auf Farmen, Ranches und Weingüter, auf Märkte und Food-Festivals. Wir zeigen Ihnen, wie Farmer mit viel Engagement und Liebe Obst und Gemüse wie Avocados, Zitronen, Kürbisse, Walnüsse und Oliven anbauen und verarbeiten. Und wir wollen mit vielen typischen Rezepten der Region Lust und Appetit wecken, diese Sonnenfrische, Vitalität und kreative Leichtigkeit nach Hause in die eigene Küche zu holen.

# CALIFORNIA CUISINE
## *dem Genuss auf der Spur*

**LEICHT, GESUND, AUS DEN BESTEN, FRISCHEN ZUTATEN KREATIV UND FARBENFROH KOMBINIERT, EIN EINZIGARTIGER MIX, SO VIELFÄLTIG, WIE DIE BEWOHNER DES SONNENSTAATES SELBST: SO PRÄSENTIERT SICH DIE NEUE KALIFORNISCHE KÜCHE.**

So multikulturell, wie sich die Gesellschaft Kaliforniens zusammensetzt, so vielschichtig, aber auch so charakteristisch und spannend ist die kulinarische Landschaft. Spanier, Mexikaner, Chinesen, Italiener, Franzosen, Deutsche – viele von ihnen haben hier eine neue Heimat gefunden. Und sie alle haben die Esskultur stark beeinflusst. Fusion Cooking ist kein Schlagwort, sondern seit Langem gelebter kulinarischer Alltag an der Westküste. Aus dem Schmelztiegel Kaliforniens ist im Lauf der Jahre etwas ganz Eigenes entstanden, die neue kalifornische Küche: California Cuisine.

Die kreative Atmosphäre, die man in Kalifornien überall spürt, hat schon immer viele Künstler, Visionäre und auch europäische Köche angezogen. Einige von ihnen sind nur für ein paar Jahre geblieben, andere, wie Wolfgang Puck, gleich Jahrzehnte. Für ihn war es eine kulinarische Liebe auf den ersten Blick. Der Österreicher, der die französische, italienische und asiatische Küche kombiniert und mit den frischen, regionalen Produkten Kaliforniens umsetzt, ist einer der Begründer der California Cuisine. 1982 eröffnete er sein erstes Restaurant „Spago" in Hollywood, das zum Szene-Treff der Stars wurde. Heute ist Puck, der über 70 Restaurants besitzt, einer der bekanntesten Köche Amerikas.

Doch die leidenschaftlichste Botschafterin der neuen kalifornischen Küche ist Alice Waters. Ihre Liebe zu frischen Produkten begann schon in den 1960er Jahren, als sie in Frankreich studierte, und ließ sie von da an nicht mehr los. Sie setzte sich für regionale, nachhaltig und umweltverträglich angebaute Lebensmittel ein, lange bevor es irgendwo auf der Welt eine Öko-Bewegung und Bio-Bauern gab. Frische saisonale Produkte, eine enge Beziehung zwischen Erzeuger und Verbraucher, das sind ihre wichtigsten Anliegen, die auch in ihrem Restaurant „Chez Panisse" in Berkeley seit 1971 in die Tat umgesetzt werden. Beharrlich und hartnäckig hat sie so für eine Ernährungsrevolution gesorgt.

Überall in Kalifornien gibt es heute Bio-Bauernmärkte, auf denen hochwertige regionale Produkte angeboten werden. Kreative Gemüsezubereitungen stehen häufig auf dem Speiseplan. Salate, kombiniert mit Fisch, Hähnchen oder Käse, gegrillter Fisch und Meeresfrüchte, oft mit asiatischen oder mediterranen Gewürzen verfeinert, spielen eine große Rolle. Auch Obstsalate oder frische Frucht- und Gemüse-Smoothies sind sehr beliebt. Leichte Saucen mit Zitrone oder Limette geben den Ton an. Und natürlich frische Kräuter, die sich in jeder Küche finden. Fast Food, das sind hier auch Wraps mit knackigem Salat oder Tortillas mit feuriger Gemüsefüllung. California Cuisine: Sie ist zum Synonym für kreative, frische, leichte und gesundheitsorientierte Küche geworden.

# SANTA BARBARA
## *kulinarisches Paradies*

DIE AMERIKANISCHE RIVIERA: FANGFRISCHE FISCHE & MEERES-FRÜCHTE UND IM MALERISCHEN HINTERLAND OBST- UND GEMÜSEFARMEN UND VON DER SONNE VERWÖHNTER WEIN.

SANTA BARBARA

# FARMERS' MARKET
## *regionale Obst- und Gemüsevielfalt*

**SAFTIGES, REIFES OBST, KNACKIGES GEMÜSE UND DUFTENDE KRÄUTER, FRISCH GEERNTET UND TÄGLICH AUF DEN MÄRKTEN ANGEBOTEN – „FROM FARM TO TABLE" HEISST DER NEUE TREND, DER ALS GEGENBEWEGUNG ZU MASSENPRODUKTION IMMER BELIEBTER WIRD.**

Die kalifornische Küche lebt von ihren wunderbaren, frischen Zutaten aus regionalem, ökologischem Anbau. Und die Nachfrage und das Interesse daran, was man isst und trinkt, sind größer denn je. Viele kaufen regelmäßig auf dem Farmers' Market ein, manche bauen ihr Gemüse auch im eigenen Garten an, und frische Kräuter finden sich in jeder Küche. Auch viele Food-Festivals, bei denen jeweils bestimmte Produkte der Region, z.B. Avocados, Kürbisse oder Meeresfrüchte, im Mittelpunkt stehen, zeugen von dieser Begeisterung. Manche behaupten: „Food has become a religion at the American Riviera."

Die bunten Marktstände an der Santa Barbara Street leuchten einladend im Sonnenlicht. Frühmorgens schon kommen die Farmer aus dem Hinterland in die Stadt und bieten ihre Erzeugnisse an. Der Markt ist ein beliebter Treffpunkt für Gourmets. Hier ist nicht nur Gelegenheit, das beste Obst und Gemüse einzukaufen, an den Ständen kann man auch probieren: feines Walnussöl oder einen Avocadohonig. Und es gibt viele Tipps und Anregungen: wie man etwa eine Chayote zubereitet oder welche Kräuter zu welchem Gemüse am besten passen. Man merkt den freundlichen und offenen Farmern die Liebe und Begeisterung für ihre Produkte an.

Das war jedoch nicht immer so. Mit dem Siegeszug der Supermarkets waren diese Märkte in den 1970er Jahren fast völlig von der Bildfläche verschwunden und wurden erst in den 1980er Jahren wiederbelebt. Den Anstoß für den Farmers' Market in Santa Barbara gab Bill Coleman, als er anfing, seine selbst angebauten Bohnen, Loquats und Kumquats auf dem Parkplatz der Santa Barbara Mission direkt aus dem Kofferraum seines Autos zu verkaufen. Als sich weitere Farmer anschlossen, entstand nach und nach der Farmers' Market von Santa Barbara, der aber auch kleinere Orte, wie Carpinteria, beliefert.

Heute gehört der Farmers' Market in Santa Barbara zu den eindrucksvollsten in ganz Kalifornien. Und Bill Coleman verkauft hier mit seinen mittlerweile erwachsenen Kindern immer noch sein Obst und Gemüse. Auf dem Farmers' Market dürfen ausschließlich Selbsterzeuger, keine Großhändler, ihre Waren anbieten. Dass dies überhaupt möglich wurde, ist Gouverneur Jerry Brown zu verdanken, der Ende der 1970er Jahre das Konzept „Direct Marketing" durchsetzte, wodurch es den Farmern auch gesetzlich ermöglicht wurde, ihre Erzeugnisse direkt an den Verbraucher zu bringen. Für viele Familienbetriebe überlebenswichtig, denn auf den Märkten gibt es anspruchsvolle Kunden, die bereit sind, sich diese erstklassigen Produkte auch etwas kosten zu lassen.

SANTA BARBARA

## DAS IST *wirklich* WICHTIG

[a] **GOLDENE BETEN** Es gibt sie in Deutschland nur selten, in Feinkostläden oder auf Bauernmärkten von speziellen Anbietern. Aus England kommt die „Burpee's Golden", die der kalifornischen Goldenen Bete sehr ähnlich ist. Einfacher zu bekommen ist die italienische Chioggia-Bete („tonda di chioggia"), mit leuchtend roter Schale und Fruchtfleisch aus roten und weißen Ringen.

[b] **DAS GAREN** im Backofen ist die schmackhafteste Methode, denn so bleiben Aroma und Farbe der Knollen besonders gut erhalten.

**SALAT**

# ROTE-BETE-CARPACCIO
## *mit Feldsalat & Ziegenkäse*

EINE RAFFINIERTE VORSPEISE, MIT DER MAN BEI GÄSTEN PUNKTEN KANN: MIT EINER FEINEN VINAIGRETTE, DIE ROTE UND GOLDENE BETE UND AUCH DEN WÜRZIGEN ZIEGENKÄSE GESCHMACKLICH ADELT.

### Zutaten für 4 Portionen

2 Knollen Rote Bete (ca. 200 g)

2 Knollen Goldene Bete (ca. 200 g)

2 EL Olivenöl

Salz, vorzugsweise grobes Meersalz

### Für die Garnitur

125 g Ziegenkäse

100 g Feldsalat

Essbare Blüten

### Für die Vinaigrette

1 kleine Schalotte

¼ Bund Schnittlauch

2 EL Balsamico-Essig

½ EL Dijon-Senf

4 EL Champagner oder Sekt

etwas weißes Trüffelöl

Salz, Pfeffer aus der Mühle

6–8 EL Olivenöl

### Zeitbedarf
- 30 Minuten + ca. 50 Minuten garen

### So geht's

1. Den Backofen auf 180 °C vorheizen und ein Backblech mit Alufolie auslegen. Die Roten und Goldenen Beten [→a] unter fließendem kaltem Wasser gründlich waschen und mit Küchenpapier abtupfen. Auf das Backblech geben, mit Olivenöl beträufeln und mit Salz würzen. Im vorgeheizten Ofen ca. 50–60 Minuten, je nach Größe der Knollen, garen [→b].

2. Inzwischen den Ziegenkäse mit einem Messer in kleine Krümel hacken. Den Feldsalat gut waschen und trocken schleudern. Die Blüten vorsichtig waschen und leicht trocken tupfen.

3. Die Roten und Goldenen Beten aus dem Backofen nehmen, kurz abkühlen lassen, schälen und quer in dünne Scheiben schneiden. Für die Vinaigrette die Schalotte schälen und fein hacken. Den Schnittlauch säubern und in Röllchen schneiden. Balsamessig mit Senf und Schalottenwürfeln verrühren, nach und nach Champagner oder Sekt und ein paar Tropfen Trüffelöl unterrühren. Mit Salz und Pfeffer würzen und zuletzt das Olivenöl und etwas Schnittlauch hinzufügen.

4. Die Rote- und Goldene-Bete-Scheiben mittig auf 4 Teller im Kreis leicht überlappend anrichten. Mit einem Pinsel Vinaigrette darauf verteilen und den Ziegenkäse und den restlichen Schnittlauch darüberstreuen. Den Feldsalat mit der restlichen Vinaigrette locker vermengen und auf der Roten und Goldenen Bete anrichten. Mit den Blüten garnieren.

### Die Variante

**Rote-Bete-Bruschetta**
Die im Ofen gegarte Rote Bete (ca. 500 g) etwas abkühlen lassen, dann schälen und in kleine Würfel schneiden. In einer Schüssel 1 EL Balsamico-Essig mit 3 EL Olivenöl und 1 TL geröstetem Kümmel (Kümmelsamen kurz in einer kleinen Pfanne ohne Öl anrösten) verrühren, die Rote-Bete-Würfel und etwas gehackten Schnittlauch dazugeben und vermengen. Mit Salz und Pfeffer abschmecken. 8 Scheiben Brot (z. B. rustikales Bauernbrot) mit Olivenöl bestreichen und im vorgeheizten Backofen bei 200 °C (Grillfunktion) rösten. Dann mit der Rote-Bete-Mischung belegen und etwas frisch geriebenen Parmesan darüberstreuen.

SANTA BARBARA

# BLATTSALATE
## *mit Roquefort & Trauben*

EINE RAFFINIERTE, FRUCHTIG-WÜRZIGE MISCHUNG: GRÜNER SALAT MIT KARAMELLISIERTEN SCHALOTTEN, KNACKIGEM FENCHEL UND KRÄFTIGEM BLAUSCHIMMELKÄSE.

### Zutaten für 4 Portionen

- 8 Schalotten
- 1 EL Butter
- 2 EL Olivenöl
- 2 TL Zucker
- Salz, Pfeffer aus der Mühle
- 300 g gemischte grüne Blattsalate
- 1 Fenchelknolle
- 150 g Roquefort
- 250 g Weintrauben

### Für die Vinaigrette

- 5 EL Olivenöl
- 1 EL Apfelessig
- 1 EL Feigen-Balsamico
- Salz, Pfeffer aus der Mühle

### Zeitbedarf
- 25 Minuten + 40 Minuten garen

### So geht's

1. Die Schalotten abziehen und halbieren. Die Butter und das Olivenöl in einem Topf erhitzen, die Schalotten dazugeben und ca. 10 Minuten bei mittlerer Hitze braten. Die Hitze reduzieren, Zucker, Salz und Pfeffer dazugeben. Die Schalotten leicht karamellisieren lassen und noch ca. 30 Minuten garen.

2. Die Blattsalate waschen und trocken schleudern. Den Fenchel putzen, waschen und in feine Streifen schneiden. Den Roquefort zerkrümeln. Die Trauben waschen, halbieren, die Kerne entfernen.

3. Für die Vinaigrette Öl und Essig mit Salz und Pfeffer gut verrühren. Die Blattsalate mit den übrigen Zutaten in eine große Schüssel geben und miteinander vermengen. Die Schalotten dazugeben, die Vinaigrette über den Salat geben und alles gut vermischen. Den Salat sofort servieren.

Dazu schmeckt am besten ofenfrisches Baguette.

# KRÄUTERSALAT
## *mit Zitronen-Dressing*

SOMMERLICHER VITAMIN-KICK: EINE KLEINE APPETIT-ANREGENDE VORSPEISE, FÜR DIE MAN VERWENDEN KANN, WAS DER GARTEN ODER MARKT AN KRÄUTERN BEREITHÄLT.

### Zutaten für 4 Portionen

- 1 Schalotte
- 1 TL Salz
- 1 großes Bund gemischte Kräuter (z. B. Dill, Estragon, Kerbel, Petersilie, Schnittlauch)
- 7 EL frisch gepresster Zitronensaft
- 7 EL Olivenöl
- Pfeffer aus der Mühle
- 2 Kopfsalatherzen
- einige Bleichsellerieblätter

### Zeitbedarf
- 30 Minuten

### So geht's

1. Die Schalotte abziehen, fein würfeln und in eine Schüssel geben. Mit Salz bestreuen und 10 Minuten ziehen lassen. Dadurch wird der Schalottensaft herausgezogen und kann sich im Salat in Kombination mit Zitronensaft und Olivenöl sehr gut entfalten. In der Zwischenzeit die Kräuter waschen, trocken schütteln und die Blättchen abzupfen, größere Blätter etwas kleiner zupfen. Den Schnittlauch in Röllchen schneiden.

2. Die Schalottenwürfel mit Zitronensaft und Olivenöl verrühren und locker mit den Kräuterblättchen vermengen. Mit Pfeffer aus der Mühle würzen.

3. Die Kopfsalatherzen entblättern, waschen, trocken schleudern und auf 4 Tellern breitflächig anrichten. Das Kräuterdressing löffelweise darübergeben. Die Sellerieblättchen als Garnitur darüberstreuen.

**SO SCHMECKT'S AUCH** Fruchtig wird der Salat mit einer Kombination aus Limetten- und Orangensaft. Dazu das beliebte kalifornische Walnussöl statt Olivenöl verwenden und die Schalotte mit 2 gewürfelten Frühlingszwiebeln tauschen. Den Salat mit gehackten Walnüssen garnieren.

# LOLLO ROSSO
## *mit gegrilltem Ziegenkäse*

EINE KÖSTLICHE KOMBINATION: EINGELEGTER ZIEGENKÄSE, IN MACADAMIA-NÜSSEN GEWÄLZT UND GEGRILLT, SERVIERT AUF BLATTSALAT, MIT FEINEM CHAMPAGNER-DRESSING UND FRISCHEN HIMBEEREN.

### Zutaten für 4 Portionen

**Für den Ziegenkäse**

| | |
|---|---|
| je 3 Zweige Thymian und Rosmarin | |
| 1 Rolle Ziegenkäse (500 g) | |
| 1 EL grob zerstoßene schwarze Pfefferkörner | |
| 200 ml Olivenöl | |
| 100 g Macadamianüsse | |

**Für die Vinaigrette**

| | |
|---|---|
| 1 Schalotte | |
| 4 EL Champagner-Essig | |
| 1 TL Dijon-Senf | |
| 8 EL Traubenkernöl | |
| Salz, Pfeffer aus der Mühle | |

**Außerdem**

| | |
|---|---|
| 1 rote Zwiebel | |
| 1 kleiner Lollo-rosso-Salat | |
| 150 g Himbeeren | |
| Alufolie | |

### Zeitbedarf
- 30 Minuten + 12 Stunden marinieren

### So geht's

1. Thymian und Rosmarin waschen, mit Küchenpapier trocken tupfen und die Hälfte auf den Boden einer verschließbaren Form legen. Den Ziegenkäse in 8 Scheiben schneiden, auf die Kräuter legen, mit Pfeffer bestreuen, restliche Kräuter darauflegen und mit Olivenöl begießen. Verschließen und im Kühlschrank mindestens 12 Stunden marinieren lassen.

2. Die Macadamianüsse klein schneiden und sehr fein hacken. In einer heißen, beschichteten Pfanne ohne Fett 2–3 Minuten rösten, bis sie zu duften beginnen. Herausnehmen und auf einen Teller geben. Die Schalotte abziehen, klein hacken und mit dem Champagner-Essig, Dijon-Senf und mit Traubenkernöl gut verrühren. Die Vinaigrette mit Salz und Pfeffer würzen. Den Backofen auf 200 °C mit Grillstufe vorheizen.

3. Die rote Zwiebel abziehen, halbieren und in feine Streifen schneiden. Den Lollo rosso zerpflücken, waschen und trocken schleudern. Die Himbeeren verlesen, vorsichtig waschen und mit Küchenpapier trocken tupfen.

4. Die Ziegenkäsescheiben aus der Marinade nehmen, abtropfen lassen und in den Macadamianüssen wälzen. Auf ein mit Alufolie ausgelegtes Backgitter legen, in den vorgeheizten Backofen schieben und die panierten Käsescheiben 6–8 Minuten grillen.

5. In der Zwischenzeit den Lollo rosso und die Hälfte der roten Zwiebelstreifen mit der Vinaigrette locker vermengen und breitflächig auf 4 Teller verteilen. Je 2 gegrillte Ziegenkäsescheiben darauflegen und mit den Himbeeren sowie mit den restlichen Zwiebelstreifen garnieren.

Dazu schmeckt ofenfrisches Baguette oder dunkles Nussbrot.

# HÄHNCHEN-SALAT
## *mit Sesam-Dressing*

EIN ASIATISCH INSPIRIERTER SALAT – ZARTES HÄHNCHENFILET, MIT PILZEN IM OFEN GEGART UND AUF KNACKIG-FRISCHEN GEMÜSESTREIFEN, WÜRZIG ANGEMACHT, SERVIERT.

### Zutaten für 4 Portionen

**Für das Dressing**

- 2 Frühlingszwiebeln
- 1 Peperoni
- 100 ml milder Reisessig
- 1 TL Dijon-Senf
- 6 EL Rapsöl
- 4 EL Sesamöl
- 2–3 EL Sojasauce
- Salz, Pfeffer aus der Mühle, Zucker

**Für den Salat**

- 200 g Hähnchenbrustfilet
- 150 g frische Shiitake-Pilze
- 500 g Weißkohl
- 150 g Salatgurke
- 100 g Möhren
- 4 Stängel Minze
- 3 EL geröstete, gesalzene Erdnüsse

### Zeitbedarf
- 30 Minuten + ca. 15 Minuten garen

### So geht's

1. Die Frühlingszwiebeln putzen, das dunklere Grün abschneiden und die hellgrünen Teile mit den Zwiebeln fein hacken. Die Peperoni waschen, längs halbieren, Kerne sowie Stielansatz entfernen, die Hälften fein würfeln. Den Backofen auf 180 °C vorheizen.

2. Den Reisessig mit Senf gut verrühren. Nach und nach Rapsöl und Sesamöl unterschlagen, sodass ein homogenes Dressing entsteht. Die Frühlingszwiebeln und Peperoniwürfel unterrühren, mit Sojasauce, Salz und Pfeffer würzen, mit etwas Zucker abschmecken.

3. Das Hähnchenbrustfilet unter fließend kaltem Wasser waschen und mit Küchenpapier trocken tupfen. Von den Shiitake-Pilzen die Stiele entfernen und die Pilzköpfe mit Küchenpapier abreiben. Anschließend in Streifen schneiden.

4. Das Hähnchenbrustfilet zusammen mit den Pilzen in eine leicht eingeölte Auflaufform geben und mit 2–3 EL Dressing beträufeln [→a]. Im vorgeheizten Backofen 15–20 Minuten garen.

5. In der Zwischenzeit den Weißkohl putzen, waschen, abtropfen lassen und in sehr feine Streifen schneiden [→b]. Die Salatgurke waschen, schälen und in kleine Würfel schneiden. Die Möhren putzen, schälen und in feine Streifen schneiden oder grob raspeln. Die Minze waschen, trocken schwenken, die Blättchen abzupfen und grob hacken. Die Auflaufform aus dem Backofen nehmen und das Hähnchen kurz abkühlen lassen.

6. Weißkohlstreifen, Gurken- und Möhrenwürfel in einer großen Schüssel locker vermengen. Das Hähnchenbrustfilet in dünne Scheibchen schneiden und zusammen mit den Pilzen sowie dem Dressing untermischen. Mit Salz und Pfeffer nochmals abschmecken. Den Salat auf 4 Teller verteilen und mit Minze und Erdnüssen garnieren.

SALAT

## DAS IST *wirklich* WICHTIG

**[a] DAS HÄHNCHENFLEISCH** vor dem Garen im Ofen mit etwas Marinade beträufeln, so bekommt es nicht nur würzigen Geschmack, sondern bleibt auch zart.

**[b] DER WEISSKOHL** lässt sich am besten, ganz schnell und einfach mit einem Hobel in feine Streifen schneiden.

SANTA BARBARA

# VIVA MÉXICO
## *Fiesta der Sinne*

**DIE KALIFORNISCHE KÜCHE ZEICHNET SICH DURCH ANLEIHEN AUS VERSCHIEDENEN LÄNDERN AUS, DOCH EIN EINFLUSS IST BESONDERS STARK: DIE MEXIKANISCHE KÜCHE. WAS NICHT VERWUNDERLICH IST, DA KALIFORNIEN NOCH IM 19. JAHRHUNDERT ZU MEXIKO GEHÖRTE.**

Bevor das heutige Kalifornien im Jahre 1850 US-Bundesstaat wurde, gehörte es zu Neu-Spanien bzw. Mexiko. Und auch heute, durch die Migration, die besonders in den 1960er Jahren eingesetzt hat, sind immer noch etwa 25 Prozent der Einwohner Kaliforniens mexikanischer Abstammung. Kein Wunder also, dass der Staat und auch die Esskultur davon geprägt sind. Mexikanische Zutaten und Spezialitäten wie Chilis, Bohnen, Tortillas, Tamales oder Guacamole gehören ganz selbstverständlich zur kalifornischen Küche.

Zum Glück, denn ohne diesen mexikanischen Einfluss wäre Kalifornien kulinarisch ein ganzes Stück ärmer. Saftige Chicken-Tacos mit viel frischem Salat, Burritos mit Reis, Bohnen und Tomaten, Enchiladas mit Chilisauce, Quesadillas mit Avocado und Käse gefüllt, würzige Salsas: Diese Gerichte sind nicht mehr wegzudenken. Frisch, fruchtig und manchmal ganz schön scharf, denn Chilischoten sind das A und O – nicht mehr nur in Mexiko, auch in Kalifornien. Die Mexikaner haben der kalifornischen Küche wahrlich ihr Temperament, viel Feuer und Lebensfreude verliehen. Oft ist man sich dieses Einflusses gar nicht mehr bewusst, ein so fester Bestandteil ist er hier mittlerweile geworden.

Die mexikanischen Spezialitäten sind auch ideal als kleiner Snack und so gibt es viele „Taquerias", die sie im Straßenverkauf anbieten. Eine der bekanntesten und beliebtesten in Santa Barbara ist „La Super-Rica Taqueria". Der Inhaber, Isidoro Gonzales, hatte schon immer ein Faible für die mexikanische Küche. Als er hier noch an der Universität Sprachwissenschaften studierte, verbrachte er seine Ferien immer in der Küche bei seinen Tanten und Cousinen in Mexiko. Und nachdem er sein Studium erfolgreich absolviert hatte, änderte er seine Karrierepläne und erfüllte sich den Traum vom kleinen mexikanisch-kalifornischen Lokal.

An der Milpas Street in Santa Barbara, in seiner eher unscheinbaren Taqueria, die einem mexikanischen Straßenstand ähnelt, stehen die Kunden täglich Schlange, um durch ein kleines Fenster, das direkten Einblick in die enge Küche gewährt, ihre Tacos zu bestellen. Berühmt wurde die kleine Taqueria durch die 2004 verstorbene bekannte Köchin und Kochbuchautorin Julia Child, die in Santa Barbara lebte und Gonzales' Lokal liebte und lobte. Der Erfolg hält bis heute an und schon in der dritten Generation werden hier täglich Hähnchen gebrutzelt und Tacos gebacken. Und geändert hat sich über die Jahre zum Glück nichts. Noch immer legt Gonzales großen Wert auf authentisch-gutes mexikanisches Essen, das er mithilfe der großen Familie in der kleinen Küche zubereitet.

# MEXIKANISCH
## *Tortillas, Chilis & Co.*

MAIS, BOHNEN, REIS UND CHILI GEHÖREN ZU DEN WICHTIGSTEN NAHRUNGSMITTELN IN MEXIKO. UND AUCH DIE KALIFORNISCHE KÜCHE HAT SICH DAVON INSPIRIEREN LASSEN. MAN FINDET HIER VIELE GERICHTE MIT MEXIKANISCHEM EINFLUSS. VOR ALLEM TORTILLAS UND CHILIS SPIELEN EINE WICHTIGE ROLLE.

## TORTILLAS

Eine Tortilla wird original aus speziellem Maisteig (masa) oder aus daraus gewonnenem Teigmehl, dem Masa Harina, hergestellt. In Kalifornien werden auch Weizenmehl-Tortillas verkauft, die vor allem für die Herstellung von Soft-Tacos dienen. Tortillas isst man als Beilage, aber auch als Hauptgericht. Die dünnen Fladen, auch als das „Brot der mexikanischen Leute" bezeichnet, ersetzen oftmals sogar das Besteck und werden z. B. dafür verwendet, um Saucen aufzunehmen, oder als eine Art Löffel für Suppen. Tortillas gibt es in vielen verschiedenen Variationen. Zu den bekanntesten in Kalifornien gehören: Tamales, Burritos, Enchiladas, Nachos, Tacos, Quesadillas und Tostadas. Es gibt sogar Geschäfte, die nur Tortillas herstellen, sogenannte „Tortillarias".

## BURRITOS

Sie sind in Kalifornien sogar noch beliebter als in Mexiko selbst. Sie werden aus Weizentortillas hergestellt und auf vielfältige Weise gefüllt: Hühnchen-, Rind- oder Schweinefleisch, Rührei, Tomatenstücke, Bohnen, Reis, Käse, Sauerrahm, Guacamole und auch Weißkohl eignen sich dafür. Klein gehackter frischer Koriander darf natürlich auch nicht fehlen, er verleiht dem Burrito die spezielle kalifornisch-mexikanische Note. Burritos werden gefüllt und gerollt serviert. Die Kalifornier essen sie zu jeder Tageszeit, auch schon zum Frühstück. Da sie sehr handlich sind, werden sie auch gerne unterwegs verspeist. Frittierte Burritos nennt man Chimichanga.

## TACOS

In Kalifornien gibt es den Soft-Shell-Taco, der aus einer weichen Weizen-Tortilla besteht, noch häufiger aber den Hard-Shell-Taco, der aus einer zusammengeklappten, aber leicht offenen Mais-Tortilla gemacht wird. Als Füllung dienen viele verschiedene Zutaten wie Hähnchenfleisch, Fisch, Hackfleisch, Cheddar-Käse, Eissalat, Sauerrahm, Guacamole, Tomate, Zwiebeln, Koriander und Salsa. Auch hier sind der Kreativität des Kochs keine Grenzen gesetzt.

Tostadas nennt man flache und belegte Mais-Tortillas.

## TAMALES

Masa oder ein Maisteiggemisch wird hier auf eine frische, getrocknete oder eingelegte Bananenschale oder Maishülle gelegt. Die Füllung besteht oftmals aus Gemüse, Hähnchen-, Schweine- oder Rindfleisch, Käse, Chili-Sauce und ein paar entsteinten und geschnittenen Oliven und wird in der Mitte des Blattes platziert. Dann wird es aufgerollt und zugeschnürt. Anschließend werden die Tamales gedämpft und später in der Schale serviert. In Kalifornien werden die Tamales auch als Süßspeise hergestellt. Die Füllung besteht dann aus süßem Reis oder kandierten Früchten, die gerne mit Anis gewürzt werden.

## CHILIS

Die scharfen oder manchmal auch etwas süßlich schmeckenden Schoten sind nicht nur gesund, sondern auch so vielseitig wie kein anderes Gewürz einsetzbar. Die Chiltepins, oder auch Tepins genannt, gelten als die Urform. Fast alle heute bekannten Chilis sind Züchtungen und Kultivierungen aus Tepins. Sie werden meist getrocknet und zerstoßen verwendet. Tepinfrüchte gehören, neben Safran und Vanille, zu den teuersten Gewürzen der Welt. Für die Liebhaber der scharfen Küche sind sie ein wahrer Leckerbissen.

## ANAHEIM

Der milde Anaheim-Chili ist auch als kalifornischer, mexikanischer oder auch als langer, grüner oder roter Chili bekannt. Er hat eine Länge von bis zu 15 cm und ist etwa 5 cm breit, eignet sich daher gut zum Füllen. Der rote Anaheim-Chili ist süßlicher als der grüne und wird deshalb von vielen Kaliforniern bevorzugt. Er wird getrocknet und meist zu Pulver verarbeitet. Die grüne Variante dagegen wird eher frisch verwendet, dabei werden die Schoten erst geröstet und dann enthäutet. Die Anaheim-Chilisorte eignet sich gut für Füllungen, Suppen und Eintöpfe.

## FRESNO

Der scharfe Fresno-Chili ist grün oder rot und etwa 5 cm lang. Er hat ein dickes Fruchtfleisch und wird in Kalifornien und Mexiko angebaut. Man verwendet ihn gerne für Saucen, Salsa und Füllungen.

## HABANERO

Der Habanero-Chili ist scharf, er gilt sogar als der schärfste von allen. Viele Saucen und Salsas werden damit hergestellt. Es gibt orangefarbige und rote Habaneros. Als Alternative eignen sich die karibischen Scotch Bonnets, die genauso scharf sind. Die Schoten werden entweder frisch, eingelegt oder getrocknet verwendet.

## JALAPEÑO

Diese Chili-Sorte wird in Kalifornien am häufigsten und für fast alle Speisen verwendet. Grün, gelb oder rot kann er sein. Der grüne Chili ist für sein kräftiges, der rote für sein süßliches Aroma bekannt. Getrocknete oder geräucherte Jalapeños werden auch als „Chipotles" bezeichnet. Es gibt sie ganz, gemahlen oder in Adobo-Sauce eingelegt. Getrocknete Schoten werden vor dem Kochen ½ Stunde in warmem Wasser eingeweicht. 1–2 Schoten machen jeden Bohneneintopf zu einem besonderen Geschmackserlebnis.

## SERRANO

Der Serrano-Chili ist dünn, rot oder grün und sehr scharf, wobei die rote Sorte auch wieder etwas süßlicher schmeckt. Er eignet sich sehr gut zu Gebratenem, für Guacamole und Salsa. Der Serrano-Chili wird hauptsächlich in der mexikanischen Küche verwendet, meist frisch, da er sich nur schwer trocknen lässt.

## POBLANO

Dieser Chili ist nicht besonders scharf, ca. 10–12 cm lang und hat ein dickes Fruchtfleisch. Der grüne Poblano wird vor dem Essen stets gekocht. Beim Rösten bekommen die rote und die grüne Variante zudem einen erdigen Geschmack. Poblano-Chilis nimmt man für Suppen, Saucen, Eintöpfe, Maispasteten und Füllungen. Getrocknet wird der Poblano als „Ancho" bezeichnet und für die traditionelle mexikanische Sauce „Mole" verwendet.

SANTA BARBARA

## DAS IST
## *wirklich*
### WICHTIG

**[a] TRADITIONELLE ART** Tortillas herzustellen, ist es, eine Kugel, eine „bola de masa", zu formen und diese so lange von einer Hand zur anderen zu schlagen und zwischen den Händen zu pressen, bis ein dünner Fladen entsteht. Einfacher ist es aber, den Teig auszurollen.

**[b] DIE TORTILLAS** in einer beschichteten Pfanne bei starker Hitze ca. 1 Minute backen, bis der Teig Blasen wirft und kleine braune Flecken zeigt. Umdrehen und noch einmal so lange backen.

MEXIKANISCH

# TORTILLA-SUPPE
## *mit Gemüseeinlage*

BEI DIESER „KALIFORNIA-TEX-MEX-GEMÜSESUPPE" KANN VON MILD BIS FEURIG-SCHARF GEWÜRZT WERDEN. DAZU GIBT ES ALS TYPISCH MEXIKANISCHE BROTEINLAGE TORTILLA-STREIFEN.

### Zutaten für 4 Portionen

- 250 g Möhren
- 1 mittlere Zwiebel
- 1 Selleriestange
- 1 rote Paprikaschote
- 1 Ancho-Poblano-Chilischote
- 1 Chipotle-Chilischote
- 150 g Gemüsemais
- ¼ Bund Koriander
- 3 EL Pflanzenöl
- Salz, Pfeffer aus der Mühle
- 1 Prise gemahlener Muskat
- 1 kräftige Prise dunkles Chilipulver
- 1 kräftige Prise Kreuzkümmel
- ¼ l Gemüsesaft (Flasche)
- ¾ l Gemüsebrühe

### Für 4 Tortillas

- 100 g Weizenmehl
- 50 g Maismehl
- ¼ TL Salz
- 1 EL Pflanzenöl

### Zeitbedarf

- 30 Minuten +
  40 Minuten kochen +
  30 Minuten ruhen

### So geht's

1. Die Möhren und die Zwiebel schälen und in feine Würfel schneiden. Die Selleriestange putzen und in kleine Stücke schneiden. Die Paprikaschote, die Ancho und die Chilischote waschen, entkernen und die Stielansätze entfernen. Die Paprikaschote in ½ cm große Stücke schneiden, Ancho und Chilischote klein würfeln. Den Gemüsemais in einem Sieb abtropfen lassen.

2. Den Koriander waschen, trocken tupfen, abzupfen und hacken. Das Pflanzenöl in einem Topf erhitzen und darin Möhren, Zwiebeln, Ancho und Chili 2 Minuten andünsten. Sellerie, Paprikaschote und Gemüsemais hinzufügen. Alles mit Salz, Pfeffer, Muskat, Chilipulver und Kreuzkümmel würzen.

3. Den Topfinhalt mit Gemüsesaft ablöschen und mit Gemüsebrühe aufgießen. Nach dem ersten Aufkochen die Hitze verringern und die Suppe 25–30 Minuten fertig garen. Dann nochmals kräftig abschmecken.

4. In der Zwischenzeit einen Teig aus Weizenmehl, Maismehl, Salz und etwa 100 ml lauwarmem Wasser kneten. In ein Küchentuch wickeln und ca. 30 Minuten ruhen lassen. Dann den Teig in 4 Portionen teilen und jede Portion nochmals durchkneten, zu einer Kugel formen und zu dünnen runden Fladen ausrollen [→a]. Jede Tortilla einzeln in einer heißen, beschichteten Pfanne ohne Fett braten [→b]. Herausnehmen und übereinander stapeln, zwischen den Lagen mit etwas Öl bestreichen.

5. Die Tortillas in Streifen schneiden. Die Suppe anrichten, mit Koriander garnieren und mit den Tortillastreifen servieren.

**SO SCHMECKT'S AUCH** Die Suppe schmeckt nach 1 Tag noch besser, weil sich durch die Ruhephase die Aromaten besser verteilen können. Man kann auch fertig gekaufte Tortillas verwenden, in etwas heißem Pflanzenöl kräftig von allen Seiten anbraten oder in heißem Öl knusprig frittieren und dann als Einlage verwenden.

# ENCHILADA-AUFLAUF
## mit Bohnen

MEXIKANISCH INSPIRIERT, MIT HÄHNCHEN UND REIS, GESCHMORT MIT TOMATENSALSA IM BACKOFEN. ANSTATT HÄHNCHEN KANN AUCH GEBRATENES HACKFLEISCH VERWENDET WERDEN.

### Zutaten für 4 Portionen

- 200 g Reis
- Salz
- 2 Hähnchenbrustfilets
- schwarzer Pfeffer aus der Mühle
- 4 EL Olivenöl
- 300 g Gemüsemais (Dose)
- 8 Weizen-Tortillas (fertig gekauft)
- 150 g schwarze gekochte Bohnen (Dose)
- 300 g geriebener Käse
- 200 g Salsa (siehe Seite 37)
- etwas Sauerrahm
- etwas Koriandergrün

**Für die Enchilada-Sauce**

- 1 Knoblauchzehe
- 5 Stängel Oregano
- 1 EL Chilipulver
- 1 EL ungesüßtes Kakaopulver
- 250 g passierte Tomaten

**Zeitbedarf**
- 35 Minuten +
  1 Stunde garen

### So geht's

1. Den Reis ca. 15 Minuten in Salzwasser garen. Anschließend in ein Sieb gießen und abtropfen lassen. Die Hähnchenbrustfilets mit Salz und Pfeffer würzen und in 2 EL heißem Olivenöl auf beiden Seiten 4–5 Minuten braten; herausnehmen und auf einen Teller legen.

2. Den Backofen auf 220 °C (Umluft 200 °C) vorheizen und eine Auflaufform bereitstellen. Die Maiskörner mit 2 EL Olivenöl vermengen und mit Salz und Pfeffer würzen. Die Tortillas in etwa 1 cm breite Streifen schneiden.

3. Für die Enchilada-Sauce die Knoblauchzehe schälen und fein würfeln. Den Oregano waschen, trocken schwenken, die Blättchen abzupfen und hacken. Chilipulver und Kakaopulver vermengen und mit ¼ l Wasser in einem Topf verrühren. Unter ständigem Rühren aufkochen, dann Knoblauch, Oregano und passierte Tomaten einrühren. Bei kleiner Hitze 8–10 Minuten leicht eindicken lassen, dann den Topf vom Herd ziehen.

4. Die schwarzen Bohnen abtropfen lassen. Die Hähnchenbrüste in sehr kleine Stücke schneiden und mit dem Reis, den Bohnen, 150 g geriebenem Käse und der Hälfte der Enchilada-Sauce vermischen.

5. Den Boden der Auflaufform mit der restlichen Enchilada-Sauce bestreichen und darauf Tortillastreifen verteilen. Die nächste Schicht besteht aus der Hälfte Hähnchen-Reis-Bohnen-Gemisch, die mit Tortillastreifen belegt wird. Darüber den Gemüsemais verteilen, mit 100 g Salsa überziehen und mit Tortillastreifen belegen. Nun das restliche Hähnchen-Reis-Bohnen-Gemisch darauf verteilen und mit Tortillastreifen abschließen. Diese löffelweise mit restlicher Salsa-Sauce beträufeln und mit 150 g geriebenem Käse bestreuen. Die Auflaufform in den vorgeheizten Backofen schieben und den Enchilada-Auflauf ca. 30 Minuten backen. Mit Sauerrahm und Koriandergrün servieren.

MEXIKANISCH

# TACO-SALAT
## mit Mais & Bohnen

EIN MEXIKANISCHER SALAT MIT VIEL GEMÜSE, REIS UND KÄSE, WÜRZIG ABGESCHMECKT: DURCH SEINE REICHHALTIGEN ZUTATEN KANN ER AUCH ALS KLEINE HAUPTMAHLZEIT SERVIERT WERDEN.

**Zutaten für 4 Portionen**

- 1 Zwiebel
- 150 g Gemüsemais
- 4 aromatische Tomaten
- 250 g Kidneybohnen (Dose)
- 1 kleiner Bund Koriander
- ½ kleiner Eisbergsalat
- ½ Packung Tortilla-Chips
- 3 EL Olivenöl
- 150 g gekochter brauner Reis
- 1 TL mildes Chilipulver
- 1 TL getrockneter Oregano
- ¼ TL Salz
- 100 g Salsa
- 100 g Pepper-Jack-Käse
- 1 Limette

**Zeitbedarf**
- 30 Minuten

**So geht's**

1. Die Zwiebel schälen und fein hacken. Den Gemüsemais in einem Sieb abtropfen lassen. Die Tomaten waschen, Stielansätze entfernen, das Fruchtfleisch klein würfeln. Die Kidneybohnen in einem Sieb mit Wasser abspülen und abtropfen lassen.

2. Den Koriander waschen, trocken schwenken, abzupfen und hacken. Den Eisbergsalat waschen, trocken schleudern und in Streifen schneiden. Die Tortilla-Chips auf einem Teller grob zerbröseln oder in kleinere Stücke brechen.

3. Das Olivenöl in einer Pfanne erhitzen und darin die Zwiebelwürfel andünsten. Gemüsemais und die Würfel von 1 Tomate hinzufügen. Kurz durchschwenken und dann den Reis, die Kidneybohnen, Chilipulver und die Hälfte Oregano unterrühren. Mit Salz würzen. Ca. 5 Minuten braten und anschließend die Pfanne beiseiteziehen.

4. Koriander, Salsa und restlichen Oregano in eine Schüssel geben. Den Käse in feine Stifte schneiden oder grob raspeln. Die Hälfte davon mit Salatstreifen und dem abgekühlten Pfanneninhalt locker vermischen. Nochmals abschmecken und auf 4 Teller verteilen. Mit dem restlichen Käse und Tortillachips bestreuen. Je 1 Limettenviertel danebenlegen.

**Die Variante**

**Tomatensalsa**
Salsa gibt es in vielen Variationen zu kaufen, aber diese Variante ist schnell gemacht und passt sehr gut dazu. 150 g gehäutete, entkernte Tomatenwürfel, 2 gewürfelte Frühlingszwiebeln, 1 gewürfelte kleine Chilischote, 100 g rote milde, gewürfelte Pfefferschoten und 2 gewürfelte Knoblauchzehen mit 2 EL Essig sowie 4 EL Olivenöl verrühren. Mit Salz und Pfeffer würzen. 50 g davon für den Salat verwenden. Den Rest im Kühlschrank aufbewahren und z. B. als Dip verwenden.

**SO SCHMECKT'S AUCH** Pepper Jack ist in den USA ein beliebter Schnittkäse mit roten und grünen Jalapeñoschoten. Als Ersatz kann man Gouda nehmen und eine frische, schärfere Peperoni dazu würfeln.

# TOSTADAS
## *mit Hähnchen & Gemüse*

GEGRILLTES HÄHNCHENFILET WIRD WÜRZIG MARINIERT UND MIT SÜSS-SAUREM GEMÜSE UND SAUCE DEKORATIV IN TORTILLASCHALEN ANGERICHTET.

### Zutaten für 4 Portionen

- 4 Hähnchenbrüste à 150 g
- 2 EL Adobo Rub (Fertigmischung oder Rezept Seite 37)
- 8 Tostada Shells

#### Für die Mole

- 3 getrocknete Chilischoten
- 3 Tomaten
- 1 mittlere Zwiebel
- 2 Knoblauchzehen
- 2 EL Rotweinessig
- 1 EL Mehl
- 2 TL Zucker
- ½ TL Kreuzkümmel
- 1 kräftige Prise Cayennepfeffer
- schwarzer Pfeffer aus der Mühle
- 1 EL Olivenöl
- Meersalz

#### Für das Gemüse

- 2 mittlere Möhren
- 150 g Kürbis
- 3 EL weißer Essig
- 1 TL getrockneter Oregano
- 1 TL Zucker, Salz, Pfeffer

### Zeitbedarf

- 60 Minuten +
  30 Minuten ziehen

### So geht's

1. Die Hähnchenbrüste mit Adobo Rub rundum einreiben, abdecken und 30 Minuten ziehen lassen. Für die Mole die Chilischoten in eine Schüssel legen und mit ¼ l kochend heißem Wasser begießen und 30 Minuten einweichen. Die Tomaten kurz in kochendes Wasser tauchen, häuten, entkernen und in grobe Stücke schneiden. Die Zwiebel und die Knoblauchzehen abziehen und etwas kleiner schneiden.

2. Die Chilischoten entkernen, den Stielansatz entfernen und die Schoten in Stücke schneiden. Zusammen mit dem Einweichwasser, den Tomaten, Zwiebeln, Knoblauch, Rotweinessig, Mehl, Zucker, Kreuzkümmel, Cayennepfeffer und Pfeffer in einen Küchenmixer geben und fein pürieren [→a]. Das Olivenöl erhitzen und das Gemüsepüree darin unter Rühren ca. 10 Minuten leicht einkochen lassen. Mit Meersalz würzen und beiseitestellen.

3. Den Backofen auf 200 °C (180 °C Umluft) mit Grillstufe vorheizen und ein Backgitter mit Alufolie überziehen. Die Möhren schälen und zusammen mit dem Kürbisfruchtfleisch klein würfeln. In einem Topf ¼ l Wasser aufkochen und das Gemüse einstreuen. Mit Essig, Oregano, Zucker, Pfeffer und Meersalz würzen und ca. 5–6 Minuten garen. Das Gemüsewasser abgießen und das Gemüse beiseitestellen.

4. Die marinierten Hähnchenbrüste auf das Backgitter legen und im vorgeheizten Ofen ca. 10–15 Minuten grillen, dabei 1–2-mal wenden. Die Tostadas kurz in den unteren Bereich des Backofens legen und erwärmen. Die gegrillten Hähnchenbrüste in Alufolie wickeln und einige Minuten ruhen lassen, danach in Streifen schneiden [→b].

5. Pro Person 2 Tostada-Schalen auf einen Teller legen, mit etwas Mole beträufeln. Das Gemüse in die Schalen verteilen und die Hähnchenstreifen darüberlegen. Die restliche Mole darüberträufeln.

**GETROCKNETE CHILIS** aus New Mexiko und Texas werden traditionell über Mesquite-Holz geräuchert und haben dadurch einen kräftig rauchigen Geschmack. Sie heißen dann „Chipotles". Es gibt sie als Schoten, die man vor der Verwendung einweichen muss, als Pulver oder Flocken.

MEXIKANISCH

## DAS IST *wirklich* WICHTIG

**[a] MOLE** ist ein Name für verschiedene Saucen der mexikanischen Küche, die aus verschiedenen Chilisorten und Gewürzen gemischt werden.

**[b] DIE HÄHNCHENBRUST** vor dem Anrichten ca. 10 Minuten ruhen lassen, damit sich das Fleisch entspannt und der Saft sich setzen kann und beim Anschneiden dann nicht ausläuft.

SANTA BARBARA

# CALIFORNIA WRAP
## *mit Hummus & Spinat*

MIT VIEL GEMÜSE, KNACKIGEN SPROSSEN UND KÄSE GEFÜLLT UND FEIN GEWÜRZT, SIND DIESE WRAPS ALS KLEINE VEGETARISCHE MAHLZEIT, AUCH FÜR UNTERWEGS, IDEAL GEEIGNET.

### Zutaten für 4 Wraps

- 4 Weizentortillas
- 2 Karotten
- 1 gelbe Paprikaschote
- 1 kleine rote Zwiebel
- 120 g Cheddar
- 1 Avocado
- 50 g Babyspinat-Blätter
- 8 EL Hummus
- 50 g Sojabohnen-Sprossen
- 40 g Alfalfa-Sprossen
- Salz und Pfeffer aus der Mühle

### Zeitbedarf
- 30 Minuten

### So geht's

1. Die Weizentortillas bei 150 °C im Backofen oder in einer Pfanne kurz erwärmen, damit sie sich anschließend leichter aufrollen lassen.

2. Die Karotten schälen und raspeln. Die Paprikaschote waschen, das Kerngehäuse entfernen, das Fruchtfleisch in Streifen schneiden. Die Zwiebel abziehen und in feine Streifen schneiden. Den Käse raspeln. Die Avocado schälen, den Kern entfernen und das Fruchtfleisch in Scheiben schneiden. Die Spinatblätter waschen und trocken schwenken.

3. Auf jeder Tortilla 2 EL Hummus verstreichen, dabei die Ränder freilassen. Je 2 EL Karotten, 2 EL Paprikastreifen, ein paar rote Zwiebelscheiben, etwas Cheddarkäse, ein paar Scheiben Avocado, etwas Spinat, Sojabohnen- und Alfalfa-Sprossen darauf verteilen. Mit etwas Salz und Pfeffer abschmecken. Die Tortilla aufrollen und servieren.

### Die Variante

**Hummus**
Besonders gut schmecken die Tortillas mit selbst gemachtem Hummus. Dafür 1 Dose Kichererbsen abgießen und den Saft aufbewahren. Die Kichererbsen mit 4 EL Zitronensaft, 1 ½ EL Tahini (eine Paste aus fein gemahlenen Sesamkörnern), 1 abgezogenen und zerkleinerten Knoblauchzehe, ½ TL Salz, 2 EL Olivenöl und 1 EL gehackter Petersilie im Mixer pürieren. Ca. 60 ml Kichererbsenflüssigkeit dazugeben und noch mal gut durchmixen.

MEXIKANISCH

# CHICKEN TACO
## mit Chili & Paprika

BUNTE MISCHUNG IN KNUSPRIGER SCHALE SERVIERT: SCHARF-WÜRZIG ZUBEREITETES HÄHNCHENBRUSTFILET MIT VIEL GEMÜSE, KÄSE UND FEINER AVOCADOCREME.

**Zutaten für 4 Portionen**

- 1 Knoblauchzehe
- 1 Zwiebel
- 3 EL Olivenöl
- 600 g Hähnchenbrustfilet
- Salz, Pfeffer aus der Mühle
- 2 Serrano-Chilischoten
- 1 ½ EL süßer Paprika
- 1 ½ EL geräucherter Paprika
- 1 EL getrockneter Oregano
- 1 EL Kreuzkümmel
- 500 ml Hühnerbrühe
- 8 harte Tacos
- ½ Dose Mais
- ½ Dose Kidney-Bohnen
- ½ Becher Sauerrahm
- ¼ Kopf Eisbergsalat
- 1 rote Zwiebel
- 4 Tomaten
- 1 Bund Koriander
- 120 g Cheddar
- ca. 4 EL Guacamole (siehe Seite 101)

**Zeitbedarf**
- 35 Minuten

**So geht's**

1. Knoblauch und Zwiebel abziehen und fein würfeln. 1 EL Olivenöl in einer Pfanne erhitzen und Zwiebel- und Knoblauchwürfel darin anschwitzen. Das Hähnchenfleisch waschen, trocken tupfen, in Würfel schneiden und mit Salz und Pfeffer würzen. In einer zweiten Pfanne mit dem restlichen Olivenöl anbraten.

2. Die Chilischoten putzen und in feine Streifen schneiden. Mit den beiden Sorten Paprikapulver, Oregano und Kreuzkümmel zu den Zwiebel- und Knoblauchwürfeln in die Pfanne geben. Das Hähnchenfleisch dazugeben, die Hühnerbrühe angießen und alles ca. 15 Minuten leicht köcheln lassen.

3. Die Tacoschalen kurz bei 150 °C im Backofen erwärmen. Mais und Kidneybohnen abgießen und mit dem Sauerrahm vermischen. Den Eisbergsalat waschen, trocken schleudern und in Streifen schneiden. Die Zwiebel abziehen und ebenfalls in feine Streifen schneiden. Die Tomaten waschen, Stielansatz entfernen und das Fruchtfleisch in kleine Würfel schneiden. Koriander waschen, trocken schütteln, Blättchen abzupfen und hacken. Den Käse reiben.

4. Die Tacos jeweils mit etwas Hähnchenfleisch, Eisbergsalat, Kidney-Mais-Mischung, ein paar Tomatenwürfeln und roten Zwiebelstreifen füllen. Etwas Guacamole, gehackten Koriander und geriebenen Käse darübergeben und anrichten.

SANTA BARBARA

## DAS IST *wirklich* WICHTIG

**[a] TORTILLA BELEGEN** Dabei am Rand rundum 2 cm frei lassen, damit die Füllung nicht seitlich ausläuft, wenn man die zweite Tortilla auflegt und etwas andrückt.

[a]

**MEXIKANISCH**

# QUESADILLAS
## *mit Avocado*

GUT, WENN MAN EINE PACKUNG TORTILLAS IM VORRAT HAT: MIT VERSCHIEDENEN FÜLLUNGEN SCHNELL UND GANZ EINFACH ZUBEREITET, SIND SIE EIN IDEALER SNACK ZUM APERITIF.

### Zutaten für 4 Quesadillas

- 2 Avocados
- etwas Olivenöl
- etwas Limettensaft
- Salz, Pfeffer
- 200 g Käse (z. B. Mischung aus Manchego, Panela und Cotija)
- 4 Frühlingszwiebeln
- 2–3 Chilischoten (z. B. Poblano)
- 8 mittlere Weizentortillas (Packung)

### Zeitbedarf
- 15 Minuten + 10 Minuten garen

### So geht's

1. Die Avocados schälen, halbieren, entkernen und in Scheiben schneiden. Mit etwas Olivenöl und Limettensaft bestreichen und kurz von beiden Seiten grillen (im Backofen mit Grillfunktion). Mit Salz und Pfeffer würzen.

2. Den Käse reiben, weiche Sorten (z. B. Feta, Mozzarella) in kleine Würfelchen schneiden. Die Frühlingszwiebeln putzen, waschen und in feine Streifen schneiden. Die Chilischoten waschen, halbieren, Stielansatz und Kerne entfernen und die Schoten in feine Streifen schneiden. Man kann die Chilis auch vorher in einer Pfanne rösten, danach die Haut entfernen und die Schoten in Streifen schneiden.

3. Eine Pfanne leicht erhitzen. 1 Tortilla hineinlegen und mit etwas Käse bestreuen. Avocadoscheiben, Frühlingszwiebeln und Chilistreifen darauf verteilen und wieder etwas Käse darüberstreuen. Dabei den Rand freilassen [→a]. Die zweite Tortilla darauflegen und mit der Hand oder einem Pfannenwender festdrücken. Wenn der Käse zu schmelzen beginnt, vorsichtig wenden und so lange weiterbraten, bis der Käse vollständig geschmolzen ist. Aus der Pfanne nehmen, in 4 Stücke teilen und servieren.

Dazu schmecken grüner Salat und eine Salsa sehr gut (z. B. die Tomatensalsa von Seite 29).

### Die Varianten

**Mit Guacamole**
Anstelle der gegrillten Avocadoscheiben (bei sehr reifen Avocados kann man auf das Grillen auch verzichten) kann man auch eine Guacamole verwenden (siehe Seite 101) und auf die Tortilla streichen, darauf die Frühlingszwiebeln und gehackten Chilischoten (nach gewünschter Schärfe) streuen. Den geriebenen Käse darüber verteilen.

**Mit Spinat**
Die Avocadoscheiben weglassen und stattdessen 100 g Babyspinat-Blätter mit Frühlingszwiebeln und Chilistreifen auf dem Käse (300 g) verteilen.

**SO SCHMECKT'S AUCH** Die Käsemischung mit Panela (weicher milder Kuhschnittkäse) und Cotija (aromatischer Hartkäse) kann man durch andere Käsesorten ersetzen. Gut schmeckt auch Fetakäse oder eine Mischung aus Manchego oder Greyerzer, Gouda und/oder Mozzarella.

# WÜRZSAUCEN
## *hot & spicy*

WAS WÄRE DIE KALIFORNISCHE KÜCHE OHNE DIE VIELFÄLTIGEN WARMEN, LAUWARMEN UND AUCH KALTEN SAUCEN – ZU STEAKS, GEGRILLTEM FISCH ODER EINFACH ALS DIP. BEI BARBECUE, KLEINEN SNACKS ODER FINGERFOOD GEHÖREN DIE WÜRZIGEN GAUMENSCHMEICHLER EINFACH DAZU. SCHNELL UND UNKOMPLIZIERT IN DER ZUBEREITUNG KÖNNEN SIE PROBLEMLOS EINIGE TAGE IM KÜHLSCHRANK AUFBEWAHRT WERDEN.

## SAUCEN

### ANCHO-CHILI-SAUCE

4 große getrocknete Ancho-Chilischoten für 30 Minuten in kaltem Wasser einweichen. Anschließend Kerne und Stielansätze entfernen. In der Zwischenzeit 2 kleine Zwiebeln und 4 Knoblauchzehen abziehen und fein würfeln. 1 Bund Koriandergrün waschen, trocken schwenken, die Blättchen abzupfen und fein hacken. 2 frische rote oder grüne Serrano-Chilischoten waschen, entkernen und fein würfeln. 250 g Tomaten blanchieren, häuten, entkernen und in kleine Würfel schneiden.
2 EL Erdnussöl in einer Pfanne erhitzen und darin die Zwiebelwürfel glasig dünsten. Dann die Knoblauchwürfel, 1 EL Fenchelsamen und die Chiliwürfel hinzufügen und unter ständigem Rühren 2–3 Minuten weiterbraten. Den Pfanneninhalt mit ⅛ l Rotwein ablöschen und mit ¼ l Hühnerbrühe aufgießen. Durchrühren und dabei ¼ TL Zimt und die Ancho-Chilischoten hinzufügen. Alles bei kleiner Hitze ca. 20 Minuten leise köcheln lassen, 150 g Sahne einrühren. Den Pfanneninhalt im Mixer pürieren und mit 2 El Honig sowie mit etwas Limettensaft abschmecken. Mit Salz und Pfeffer würzen und den gehackten Koriander unterziehen.
Lauwarm oder gut gekühlt passt die Sauce sehr gut zu gegrilltem Fleisch, schmeckt aber auch als Dip für Gemüse und Taco-Chips sehr lecker.

### BLACK BEAN SALSA

Die Körner von 2 gegrillten Maiskolben abstreifen und mit 250 g abgetropften, gekochten schwarzen Bohnen (Dose) sowie 2 fein gewürfelten und entkernten Jalapeño-Chilischoten in einer Schüssel vermengen. 250 g Tomaten häuten, entkernen und in kleine Würfel schneiden, 1 gewürfelte rote Zwiebel und ½ Bund fein gehacktes Koriandergrün hinzufügen. Zuletzt 4 kleine reife Avocados schälen, das Fruchtfleisch klein würfeln, mit dem Saft von 1 Limette beträufeln und ebenfalls unterheben. Mit Salz und Pfeffer würzen, mit Folie abdecken und für 1 Stunde im Kühlschrank durchziehen lassen.
Die Salsa schmeckt besonders gut zu Hähnchenfleisch und auch zu Fisch. Da Avocadofruchtfleisch sehr empfindlich ist, sollte man die Sauce nicht länger als 1 Tag aufbewahren.

### SANTA MARIA SALSA

Für diese kalte Sauce 250 g gehäutete und entkernte Tomatenwürfel mit 150 g fein gewürfeltem Bleichsellerie, 2 klein geschnittenen Frühlingszwiebeln und 2 klein gewürfelten grünen Chilischoten sowie 1 kleinen Bund gehacktem Koriandergrün locker vermengen. Mit 1 EL Weinessig, 1–2 Spritzern Worcestershire Sauce, je 1 Prise Knoblauchsalz und Oregano sowie 2–3 Tropfen scharfer Pfeffersauce (Fertigprodukt) würzen. Mit Folie abdecken und bei Zimmertemperatur 1 Stunde ziehen lassen.
Die Salsa schmeckt ganz besonders gut zu Steaks.

### CHIMICHURRI-DIP

1 klein gehackte Chilischote mit 2 fein gewürfelten Knoblauchzehen und je ½ Bund gehackten Oregano- und Petersilienblättchen in eine Schüssel geben. Mit 50 ml Rotweinessig und 100 ml Olivenöl kräftig verrühren und mit Salz würzen.
Passt gut zu gegrillten Fleischgerichten oder zu Shrimps.

### ADOBO RUB

Für diese mexikanische Würzmischung 2 EL mildes Chilipulver (Ancho-Chilis) mit 2 EL Limettensaft, 2 EL Olivenöl, 1 TL Kreuzkümmel, 1 TL Zwiebelpulver, 1 TL Knoblauchpulver, 1 TL Meersalz und ½ TL schwarzem Pfeffer in einer Schüssel gut vermengen. In ein Schraubglas füllen und in den Kühlschrank stellen, wo sie sich bis zu 4 Wochen hält.
Eine wunderbare Marinade für Fleisch.

# POSOLE
## *mexikanischer Eintopf*

EIN SCHARF-WÜRZIGER SUPPENEINTOPF DER PUEBLO-INDIANER AUS NEW MEXICO, DER MIT SCHWEINEFLEISCH UND ORIGINAL MIT HOMINY, GETROCKNETEN MAISKÖRNERN, ZUBEREITET WIRD.

### Zutaten für 4-6 Portionen

- 1 kg Schweinebraten
- Salz
- 2 kleine Zwiebeln
- 2 Knoblauchzehen
- 1 große Fleischtomate
- je 1 rote und grüne Chilischote
- 500 g Gemüsemais
- 1 EL Olivenöl
- ½ TL Oregano
- Pfeffer aus der Mühle

### Für die Garnitur

- 1 kleines Bund Koriander
- 2 Blätter Römersalat
- 6 Radieschen
- 1 Avocado
- 1 Limette
- 100 g Cheddar oder Monterey Jack
- 1 rote oder grüne Chilischote

### Zeitbedarf
- 30 Minuten + 90 Minuten garen

### So geht's

1. Das Fleisch in einen großen Topf geben und mit ca. 2 ½ l Wasser aufgießen, salzen und aufkochen lassen. 1 Zwiebel und 1 Knoblauchzehe abziehen, vierteln und in den Topf geben. Das Fleisch bei mittlerer Hitze in ca. 1 Stunde gar ziehen lassen.

2. In der Zwischenzeit die Tomate häuten, entkernen und in Würfel schneiden. Die rote Chilischote in einer heißen beschichteten Pfanne von allen Seiten 2 Minuten rösten; abkühlen lassen und zusammen mit der grünen Chilischote entkernen, die Stielansätze entfernen. Die Schoten fein hacken. Den Gemüsemais in einem Sieb gut abtropfen lassen.

3. Das gegarte Fleisch mit Zwiebeln und Knoblauch aus dem Topf nehmen. 1 Zwiebel und 1 Knoblauchzehe abziehen, hacken und mit Olivenöl, Chiliwürfeln und Oregano verrühren. Zusammen mit Gemüsemais und Tomatenwürfeln in das Fleischwasser geben. Aufkochen lassen und bei mittlerer Hitze weitere 30 Minuten garen lassen.

4. In der Zwischenzeit das Fleisch in Würfel schneiden, zum Gemüse in den Topf geben und mitgaren. Mit Salz und Pfeffer würzen.

5. Den Eintopf in Suppenschalen servieren. Dazu gibt es eine Auswahl an würzigen Zutaten, die separat in Schüsselchen angerichtet werden und die man unter den Eintopf mischen kann. Dafür den Koriander waschen, trocken schwenken, abzupfen und fein hacken. Den Römersalat waschen und quer in Streifen schneiden. Die Radieschen putzen, zuerst in Scheibchen und dann in Streifen schneiden. Die Avocado schälen und das Fruchtfleisch in Streifen schneiden. Die Limette in Achtel teilen. Den Käse grob raspeln. Die Chilischote rösten, schälen, entkernen und hacken.

MEXIKANISCH

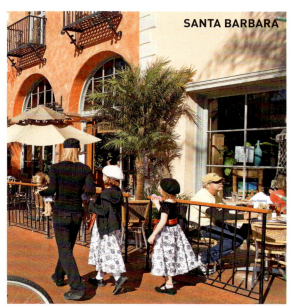

SANTA BARBARA

SANTA BARBARA

# DER TAG BEGINNT
## *frühstücken in Santa Barbara*

**FRÜHMORGENS IN SANTA BARBARA: DIE ERSTEN SONNENSTRAHLEN FALLEN DURCH DIE FENSTER DER WEISSEN HÄUSER IM KOLONIALSTIL. DER RICHTIGE ZEITPUNKT, UM AUFZUSTEHEN – UND AUCH FÜR EIN AUSGIEBIGES FRÜHSTÜCK.**

Doch der Genuss will erst verdient sein, und so denken vor der ersten Mahlzeit des Tages die meisten erst mal an ihren Frühsport. Auf dem Cabrillo Boulevard am Pazifik entlang zu joggen oder zu walken, mit tollem Blick auf die Channel Islands, die weit draußen vor der Küste bläulich schimmern, das lieben die Kalifornier. Und wenn man Glück hat, sieht man auch sogar die eine oder andere Delphin-Familie vorbeiziehen.

Die Menschen hier an der Amerikanischen Riviera lieben es, ausgiebig zu frühstücken, die Sonne zu genießen und sich auf den Tag zu freuen. Ganz ohne Hektik. Manch einer begnügt sich zwar mit einem Caffè Latte to go und einem Muffin, aber die meisten ziehen ein ausgedehntes Frühstück vor. Am liebsten in einem der vielen Cafés, direkt am Meer oder auch auf der Anhöhe mit Blick über die Stadt.

Hier genießt man Omeletts mit verschiedenen Füllungen, Croissants, French Toast, Muffins, Joghurt-Parfaits, frische Früchte und Haferflocken, dazu Kaffee und Tee in vielen Variationen: Kaffee mit Zimt, Cappuccino, Mocha, Vanilla Latte, Chai Latte, Tee mit Ingwer und Kardamom, grünen Tee, Jasmin-Tee.

Ein besonderer Ort, um zu frühstücken, an dem man eher Einheimische als Touristen findet, liegt mitten in der Stadt, in der unscheinbaren Seitenstraße Gutierrez: das D'Angelo. In der zum Café hin offenen Backstube wird, wie viele sagen, das beste Brot der Region gebacken. Der Besitzer, Dietmar Eilbacher, dessen Vater schon eine Bäckerei in Bayern hatte, steht hier morgens ab vier Uhr in der Backstube und fertigt in Handarbeit köstliche Spezialitäten: Vollkornbrote, Pumpernickel, Baguettes, Oliven- und Früchtebrot, Croissants, Rosinen-Zimt-Schnecken, Muffins und Obstkuchen.

Daher ist es kein Wunder, dass die kleinen Tische im und vor dem Café jeden Morgen belegt sind. Doch nicht nur die frischen Backwaren, sondern auch das familiäre Flair im D'Angelo, wo Dietmar Eilbacher die Gäste persönlich begrüßt, ziehen viele an. Und sie lieben den starken, dunkel gerösteten Filterkaffee, den er anbietet, und auch die vielen Frühstücksgerichte, z. B. Huevos Rancheros, mexikanische Eier mit Salsa, Bohnen und Käse auf knusprigen Tortillas, oder gefüllte Omeletts mit Röstkartoffeln und Buchweizen-Waffeln mit Butter und Ahornsirup.

Auch viele Prominente kann man hier beim Frühstück treffen: Schauspieler wie Christopher Lloyd, der geräucherten Lachs mit Tomaten, Zwiebeln und Kapern auf Roggen-Toast liebt, oder auch Julia Roberts, die besonders gerne pochierte Eier auf Toast bestellt.

SANTA BARBARA

## DAS IST *wirklich* WICHTIG

[a] **DIE AVOCADO** mag es nicht zu heiß, da sie sonst Bitterstoffe entwickelt. Deshalb erst zum Schluss zugeben, sonst bekommt das ganze Gericht einen sehr unangenehmen Geschmack.

[b] **DAS OMELETT** ist perfekt, wenn die Eimasse gestockt ist, aber an der Oberfläche noch schön feucht aussieht. Dann mit einem Spatel vom Pfannenrand lösen, damit man das Omelett zusammenklappen kann.

FRÜHSTÜCK

# OMELETT
## *Santa Barbara Style*

TOMATEN, AVOCADO UND OLIVEN IN EINEM SCHAUMIG-WEICHEN
EI-MANTEL, DAZU KROSS GEBRATENER SPECK – PERFEKT FÜR
EIN AUSGIEBIGES SOMMERFRÜHSTÜCK.

### Zutaten für 3–4 Portionen

| |
|---|
| 2 reife Tomaten |
| 1 Avocado |
| 12 schwarze Oliven |
| 1 EL Olivenöl |
| 1 Knoblauchzehe |
| 125 g Sahne |
| Salz, Pfeffer aus der Mühle |
| 6 Eier |
| 2 EL Milch |
| 2 EL Butter |
| 8 Scheiben Frühstücksspeck |

### Zeitbedarf
- 35 Minuten

### So geht's

1. Die Tomaten kurz in kochendes Wasser tauchen, enthäuten und entkernen und das Fruchtfleisch in kleine Würfel schneiden. Die Avocado schälen, halbieren, den Kern entfernen. Die Avocado in kleine Würfel schneiden. Die Oliven halbieren, dabei die Kerne entfernen.

2. Das Olivenöl in einem kleinen Topf oder einer kleinen Pfanne erhitzen, die Knoblauchzehe leicht anquetschen und kurz im Öl andünsten, dann wieder herausnehmen. Die Sahne und die Oliven in den Topf geben und leicht einköcheln lassen. Die Tomaten- und Avocadowürfel dazugeben, nur kurz erhitzen, aber nicht kochen lassen [→a]. Mit Salz und Pfeffer abschmecken.

3. Die Eier mit Milch und etwas Salz verquirlen. In einer Pfanne die Butter aufschäumen lassen, die Eimasse hineingießen, unter leichtem Bewegen der Pfanne gleichmäßig verteilen und stocken lassen [→b]. Sobald nur noch die Oberfläche etwas feucht ist, einen Teil der Tomaten-Avocado-Mischung auf einer Hälfte verteilen und die andere Hälfte darüberklappen. In einer zweiten Pfanne die Speckscheiben knusprig braten.

4. Das gefüllte Omelett auf eine vorgewärmte Platte geben, in 3 oder 4 Portionen teilen. Mit der restlichen Avocado-Tomaten-Mischung und mit den knusprig gebratenen Speckscheiben servieren.

**SO SCHMECKT'S AUCH** Gerne verwendet man hier als Füllung auch Shrimps oder Krebsfleisch oder blanchierte Babyspinatblätter mit Cheddar. Gut schmeckt auch eine Kombination aus ca. 16–20 gekochten grünen Spargelspitzen, 5–6 getrockneten, eingelegten Tomaten und 150 g Ziegenkäse. Tomaten und Spargel in dem Öl, in dem die Tomaten eingelegt sind, kurz erwärmen, dann mit dem in Würfel geschnittenen Käse auf das gestockte Omelett geben.

# POWER-MÜSLI
## Quinoa, Hanf, Chia & Açai

GETREIDEFLOCKEN, PFLANZENSAMEN UND BEEREN, KOMBINIERT MIT FRISCHEN FRÜCHTEN UND KNACKIGEN NÜSSEN: SIE SIND BEI DEN GESUNDHEITSBEWUSSTEN KALIFORNIERN ALS FRÜHSTÜCK BESONDERS BELIEBT.

### CHIA-SAMEN

Das Wunderkorn stammt von einem Kraut aus der Familie der Lippenblütler (Salvia hispanica), das ursprünglich in Mexiko beheimatet ist. Schon die aztekischen Krieger setzten auf seine kraftspendende Wirkung. Durch viele Proteine, Vitamine und Mineralien, Omega-3-Fettsäuren, Antioxidantien und viele Ballaststoffe erfreuen sich die Samen auch in Kalifornien großer Beliebtheit. Sie steigern die Leistungsfähigkeit, sind außerordentlich nahrhaft und helfen beim Abnehmen. Die Extra-Portion Nährstoffe, die sehr neutral schmeckt, kann man in Joghurt, Müsli und Getränke mischen, gemahlen für Brot, Kuchen und Gebäck verwenden. Mit Wasser verrührt lässt sich daraus ein Gel herstellen, das man vielen Speisen beifügen kann. Dafür 2 Tassen Wasser und 1/3 Tasse Chia-Samen verrühren. Die Samen absorbieren die Flüssigkeit und gelieren. Nach ca. 2 Stunden haben sie sich vollständig aufgelöst. Das Gel lässt sich im Kühlschrank ca. 2 Wochen aufbewahren.

### CHIA FRESCA

Aus Chia-Gel lässt sich auch ganz einfach ein Power-Drink herstellen, den vor allem Sportler sehr schätzen.

**Zutaten für 1 Glas**
2 EL Chia-Gel
250 ml Wasser
2–3 TL Limettensaft
2 TL Agavensaft

Alle Zutaten in einem Glas gut miteinander vermischen.

## AÇAI-MÜSLI

Man feiert sie als Wunderfrucht: Die dunkelvioletten Açai-Beeren der Kohlpalme, die in den Regenwäldern Brasiliens angebaut wird, sollen gesund, schön und schlank machen. Die Indios schwören seit langem auf ihre Kraft und bekannt wurde die Açai-Beere durch brasilianische Surfer und Hochleistungssportler, die auf die kraftspendende Wirkung von Açai in Verbindung mit Guaraná, Honig und Müsli setzen. Die Beeren gibt es auch als Fruchtmark, Saft und Pulver, in Deutschland kann man die Produkte vor allem über das Internet beziehen.

**Für 1 Portion**
je 100 g Açai-, Bananen- und Mangofruchtmark
100 ml Kokosmilch
100 ml Ananassaft
3–4 EL Müsli
½ kleine Banane
3 Erdbeeren
2 EL Blaubeeren
evtl. etwas Honig
1 EL Kokosflocken

Das Fruchtmark in einer Schüssel mischen, die Kokosmilch und den Ananassaft dazugießen. Müsliflocken, klein geschnittene Banane und Erdbeeren, Blaubeeren und evtl. etwas Honig dazugeben und mit Kokosflocken bestreuen.

## HANF-MÜSLI

Die heute für den Verzehr bestimmten Hanfsorten machen nicht mehr „high". Sie haben keine berauschenden Inhaltsstoffe mehr, dafür aber viele mehrfach ungesättigte essentielle Fettsäuren, Mineralstoffe wie Kalzium und Magnesium, Ballaststoffe, viele Vitamine und einen hohen Eiweißgehalt. Außerdem ist Hanf glutenfrei, was ihn für Allergiker interessant macht. Hanfsamen, Hanfmilch und Hanföl sind in Kalifornien zurzeit besonders beliebt.

**Für 1 Portion**
2 frische Datteln
¼ Banane
3 EL Hanf-Samen
1 EL Chia-Samen
1 TL brauner Zucker
1 Prise Zimt
150 ml ungesüßte Reis-, Kokos- oder Mandelmilch
1 TL Kokosraspeln

Die Datteln entsteinen und klein schneiden. Die Banane schälen und ebenfalls in kleine Stücke schneiden. Das Obst, Hanf-Samen und Chia-Samen mit Zucker und Zimt in eine Schüssel geben. Die Milch dazugießen und das Müsli mit den Kokosraspeln bestreuen.

## QUINOA-MÜSLI

Quinoa, das Inka-Korn, ist kein Getreide, sondern ein Gänsefußgewächs, das aus Südamerika stammt. Es enthält viel Eiweiß, Vitamine und Mineralien. Quinoa kann z. B. anstelle von Reis oder aber für Müsli verwendet werden. Für alle, die an Glutenunverträglichkeit leiden, ist es eine gesunde Alternative.

**Für 1 Portion**
50 g Quinoa
ca. 100 ml Wasser
½ kleiner Apfel
1 EL Rosinen
1 Prise Zimt
1 TL brauner Zucker oder Ahornsirup
1 EL gehackte Walnüsse
1–2 EL Vanille-Soja-Milch oder Sahne

Quinoa waschen und die Körner in einem Topf mit etwa der doppelten Menge Wasser zum Kochen bringen und bei schwacher Hitze ca. 20 Minuten köcheln lassen. Den Apfel schälen und klein würfeln. Am Ende der Garzeit Apfelwürfel, Rosinen, Zimt, Zucker, Walnüsse und die Vanille-Soja-Milch dazugeben und gut umrühren.
Oft gibt man auch, für eine Portion Extra-Power, noch 1 TL Hanföl und 1 Prise Spirulina-Pulver (Blaualgenpulver) dazu. Oder auch 1 Prise Maca-Pulver (aus der Wurzelknolle der Maca-Pflanze, die zu den Kreuzblütengewächsen gehört) oder Camu-Camu-Pulver (aus den Vitamin-C-reichen Früchten eines Strauches aus der Familie der Myrtengewächse).

SANTA BARBARA

## DAS IST
*wirklich*
WICHTIG

[a] **GERASPELTE ZUCCHINI** geben dem Teig nicht nur einen besonderen Geschmack, sondern machen ihn auch wunderbar saftig.

[a]

# ZUCCHINI BREAD
## *mit Walnüssen*

DAS „BROT", DAS ABER EIGENTLICH EIN KUCHEN IST, SCHMECKT VORZÜGLICH ZUM FRÜHSTÜCK. GANZ SCHNELL UND EINFACH GEMACHT UND AUCH NOCH NACH EIN PAAR TAGEN WUNDERBAR SAFTIG.

### Zutaten für 1 Kastenform

- 180 g Mehl
- ¼ TL Backpulver
- ½ TL Back-Natron
- ¼ TL Salz
- 1 gestr. TL Zimt
- ¼ TL gemahlene Muskatnuss
- 1 kleine Zucchini (ca. 150 g)
- 60 g klein gehackte Walnüsse oder Pekannüsse
- 200 g Zucker
- 2 kleine Eier
- 60 ml Öl
- ½ TL abgeriebene Zitronenschale
- Butter und Mehl für die Form

### besonderes Werkzeug
- 1 Kastenform (30 cm)

### Zeitbedarf
- 15 Minuten + ca. 45 Minuten backen

### So geht's

1. Den Backofen auf 180 °C vorheizen. Das Mehl mit Backpulver und Natron in eine Schüssel sieben. Salz, Zimt und geriebene Muskatnuss dazugeben und vermischen.

2. Die Zucchini waschen, trocknen und grob raspeln [→a]. Die Nüsse klein hacken. In einer zweiten Schüssel Zucker, Eier und Öl mit einem Schneebesen gut verrühren. Die Zucchiniraspel und die abgeriebene Zitronenschale unterrühren. Die Mehlmischung dazugeben und alles gut miteinander vermischen. Zum Schluss die gehackten Nüsse unterrühren.

3. Eine Kastenform mit etwas Butter fetten, mit Mehl bestäuben und den Teig einfüllen. Im vorgeheizten Backofen auf mittlerer Schiene ca. 45 Minuten backen. Mit einem Zahnstocher oder Metallspießchen zur Probe einstechen, wenn kein Teig mehr daran hängen bleibt, ist der Kuchen fertig. Herausnehmen, etwas abkühlen lassen und dann aus der Form stürzen.

### Die Variante

**Herzhaftes Zucchini Bread**
300 g Mehl, 1 TL Salz, 2 TL Backpulver und 1 EL getrockneten Thymian in einer Schüssel vermischen. 1 geraspelte Zucchini, 3 Eier, 100 ml Olivenöl und 50 ml Milch in einer zweiten Schüssel mit einem Schneebesen gut verrühren. Die Mehlmischung dazugeben und alles gut miteinander vermischen. In eine gefettete und bemehlte Kastenform füllen und im vorgeheizten Backofen ca. 45 Minuten backen. Herausnehmen, abkühlen lassen und z. B. mit einem Frischkäseaufstrich genießen.
Gut schmeckt es auch, wenn man je zur Hälfte geraspelte Möhren und Zucchini für den Teig verwendet. Würzen kann man den Brotteig zusätzlich mit 1 TL Currypulver.

SANTA BARBARA

# DIANE'S FOCACCIA
## mit Trockenfrüchten

BROTTEIG NACH ITALIENISCHER ART, FRÜCHTE EINGEBACKEN NACH KALIFORNISCHER ART: EINE SÜSSE FOCACCIA, DIE AUCH NOCH NACH TAGEN GUT SCHMECKT.

### Zutaten für 1 Blech

- 100 g Trockenfrüchte (Pflaumen, Aprikosen)
- 50 g goldene Rosinen
- 500 g Mehl
- 1 Würfel Hefe (42 g)
- 3 EL Honig
- abgeriebene Schale von 1 Bio-Orange
- 1 gute Prise Salz
- 100 g weiche Butterflöckchen
- 1 Eigelb (Größe L)
- 1 EL Leinsamen
- 3 EL Sahne
- 1 EL grober Zucker

### besonderes Werkzeug
- Backblech oder Backform (20 x 40 cm)

### Zeitbedarf
- 30 Minuten +
  2 Stunden ruhen +
  30 Minuten backen

### So geht's

1. Die Trockenfrüchte klein schneiden und mit den Rosinen in eine Schüssel geben, mit 350 ml heißem Wasser begießen und ca. 15 Minuten quellen lassen.
2. Das Mehl in eine Schüssel geben, in der Mitte eine Mulde formen und die Hefe hineinbröckeln. Mit etwas lauwarmem Wasser, Honig, Orangenschale und etwas Mehl vom Rand verrühren. Mit einem Küchentuch abgedeckt 15 Minuten gehen lassen.
3. Das Salz und die Butterflöckchen zum Vorteig geben, zunächst mit den Knethaken des Handrührgerätes, dann mit den Händen zu einem glatten Teig verkneten. Die eingeweichten Trockenfrüchte und so viel von der Einweichflüssigkeit dazugeben, dass sich der Teig gut kneten lässt. Den Teig abgedeckt ca. 45 Minuten gehen lassen.
4. Ein Backblech oder eine Form mit Backpapier auslegen. Den Teig durchkneten, etwas ausrollen, einen Fladen formen und auf das Blech legen. Mit den Fingern kleine Vertiefungen hineindrücken. Kurz gehen lassen.
5. Das Eigelb mit Leinsamen und Sahne gründlich verrühren und die Teigoberfläche damit bepinseln. Mit Zucker bestreuen und mit einem Tuch abgedeckt weitere 30 Minuten ruhen lassen. Den Backofen auf 180 °C (Umluft 160 °C) vorheizen.
6. Die Focaccia in den vorgeheizten Backofen schieben und 20–25 Minuten goldgelb backen. Herausnehmen und abkühlen lassen.

### Die Variante

**Mit Aprikosen**
Dazu 300 g frische, gehäutete Aprikosen in kleine Stücke schneiden und mit 100 ml Multivitaminsaft vermengen. Diese Mischung unter den Focaccia-Teig mischen, der wie im Rezept beschrieben zubereitet wird. Die Teigoberfläche mit einer Mischung aus 1 Eigelb, 3 EL Sahne, 2 EL braunem Zucker und 1 gestrichenen TL gemahlenem Zimt bestreichen. Im vorgeheizten Backofen bei 180 °C ca. 25 Minuten goldgelb backen.

**FEIN GEBACKEN**

# BANANA BREAD
*ideal zum Frühstück*

SÜSS-FRUCHTIG, SAFTIG UND ZIMT-WÜRZIG IM GESCHMACK – UND DABEI SO EINFACH UND SCHNELL GEBACKEN IST DIESER SÜSSE KLASSIKER, DER EINFACH KÖSTLICH SCHMECKT!

### Zutaten für 1 Kastenform

- Butter für die Form
- 150 g Zucker
- 100 g weiche Butter
- 2 Eier
- 4 reife Bananen (400 g Fruchtfleisch)
- 1 EL Milch
- 1 gestr. TL gemahlener Zimt
- 250 g Mehl
- 1 Päckchen Backpulver
- 1 Prise Salz

**besonderes Werkzeug**
- 1 Kastenform (30 cm)

**Zeitbedarf**
- 20 Minuten + ca. 60 Minuten backen

### So geht's

1. Den Backofen auf 180 °C (Umluft 160 °C) vorheizen und eine Kastenform mit Butter ausstreichen. Zucker, Butter und Eier mit einem elektrischen Handrührgerät cremig rühren.
2. Die Bananen schälen und mit einer Gabel zerdrücken. Mit Milch und Zimt gründlich verrühren. In eine größere Schüssel Mehl, Backpulver und Salz sieben.
3. Das Bananenmus mit der Zuckermischung gründlich verrühren und mit der Mehlmischung zu einem Teig rühren. Den Teig in die Kastenform füllen und mit einem Spatel glatt streichen.
4. Den Kuchen in den vorgeheizten Backofen schieben und etwa 1 Stunde backen. Nach etwa 50 Minuten eine Probe machen, dazu einen Zahnstocher in die Mitte des Kuchens stechen, wenn kein Teig daran haften bleibt, ist der Kuchen fertig. Herausnehmen, kurz abkühlen lassen, dann stürzen und in etwa 1 cm dicke Scheiben schneiden.

Dazu passt als Aufstrich eine Mischung aus Frischkäse, etwas Honig und gemahlenem Zimt sehr gut.

### Die Varianten

**Mit Pekannüssen**
100 g klein gehackte Pekannüsse in einer heißen Pfanne ohne Fett rösten und unter den Kuchenteig mischen. Es passen aber auch Mandelstifte, Haselnüsse oder Erdnüsse.

**Mit Kokosraspeln**
Dazu 100 g geröstete Kokosraspeln und 2 EL Rum unter den Kuchenteig mischen.

**Mit Zitronensaft**
Das Bananenfruchtfleisch mit dem Saft von 1 Zitrone (oder Orange) anstatt mit Milch vermengen. Der Kuchen schmeckt dadurch noch fruchtiger.

**Mit Glasur**
Das lauwarme Bananenbrot mit frischen Bananenscheiben belegen und mit Schokoladenglasur überziehen. Nach Belieben mit Kokosraspeln bestreuen.

# FRENCH TOAST
## *mit karamellisierten Bananen*

EIN ECHTER KLASSIKER, DER SCHNELL UND EINFACH GEMACHT IST UND UNWIDERSTEHLICH GUT SCHMECKT – IDEAL FÜR EIN AUSGIEBIGES FRÜHSTÜCK MIT DER FAMILIE AM WOCHENENDE.

### Zutaten für 4 Portionen

- 4 Scheiben Brioche
- 200 ml Milch
- 2 Eier
- 1 TL Vanille-Extrakt oder etwas Vanillemark
- 1 Prise Salz
- etwas Zimt
- etwas Butter zum Ausbacken
- 2 Bananen
- 40 g Butter
- 40 g brauner Zucker
- evtl. etwas Rum oder Kahlúa (Kaffeelikör) zum Flambieren

### Zeitbedarf
- 20 Minuten

### So geht's

1. Brioche in 4 ca. 2 cm dicke Scheiben schneiden. Die Milch mit den Eiern, Vanille-Extrakt, Salz und Zimt in einer Schüssel verquirlen. Die Brotscheiben langsam durch die Eiermilch ziehen, damit sie sich gut vollsaugen können [→a].

2. In einer Pfanne etwas Butter erhitzen und die Brotscheiben darin bei mittlerer Hitze von beiden Seiten ca. 2 Minuten backen, bis sie goldbraun sind. Danach herausnehmen und auf Küchenpapier abtropfen lassen.

3. Die Bananen in 1–2 cm dicke Scheiben schneiden. In einer Pfanne die Butter erhitzen, die Bananenscheiben darin anbraten, den braunen Zucker dazugeben und etwas karamellisieren lassen [→b]. Nach Belieben einen Schuss Rum oder Kahlúa darübergeben, anzünden und flambieren.

4. Den French Toast anrichten, die Bananen darübergeben und sofort servieren.

### Die Varianten

**Mit Ahornsirup**
Die Brotscheiben nach Rezept zubereiten und ausbacken. 2 kleine Bananen in Scheiben schneiden, mit dem French Toast anrichten und etwas Ahornsirup darübergießen.
Anstelle von Bananen schmecken auch 150 g frische Blaubeeren oder in Scheiben geschnittene Erdbeeren sehr gut dazu, der Ahornsirup kann durch Honig ersetzt werden.

**Mit Frischkäsecreme**
150 g Frischkäse und 100 g Joghurt mit 1 TL Puderzucker gut verrühren. In kleine Schälchen füllen, Honig oder Ahornsirup nach Geschmack und evtl. ein paar grob gehackte Walnüsse darübergeben und mit dem French Toast servieren.

**SO SCHMECKT'S AUCH** Man kann auch Toastbrot oder Weißbrot vom Vortag verwenden, in Kalifornien nimmt man dafür auch gerne Challah, einen jüdischen Hefezopf.

# DAS IST *wirklich* WICHTIG

**[a] DIE BROTSCHEIBEN** einige Sekunden in die Eiermilch tauchen und danach die überschüssige Flüssigkeit abtropfen lassen.

**[b] DIE BANANENSCHEIBEN** nur ganz kurz in der Butter anbraten, damit sie nicht zu weich werden.

FRÜHSTÜCK

SANTA BARBARA

# LOTUSLAND
## *ein ganz besonderes Gartenparadies*

IHR GARTEN HAT DIE EXZENTRISCHE OPERNSÄNGERIN GANNA WALSKA UNSTERBLICH GEMACHT. AUF IHREM ANWESEN IM HÜGELIGEN HINTERLAND VON SANTA BARBARA LEBT IHRE LEIDENSCHAFT FÜR SELTENE PFLANZEN BIS HEUTE WEITER.

Weder die großen Opernbühnen der Welt noch ihre sechs Ehen brachten ihr Glück und Erfüllung. Das alles fand die gebürtige Polin Ganna Walska erst hier in Lotusland, einem der ungewöhnlichsten Gärten nicht nur Kaliforniens. Ihr Ehemann Nummer sechs hatte sie 1941 überredet, das traumhafte Anwesen in Montecito, zwischen Bergen und Meer gelegen, zu kaufen. Und hier schuf sie ein Pflanzenreich der Superlative: Zedern, Agaven, Farne, Kakteen, eine Fülle exotischer Pflanzen, die jedem botanischen Garten der Welt mühelos den Rang ablaufen. Denn Ganna Walska wollte von allem das Größte und Beste und so sammelte sie im Laufe der Jahre mehr als 3.000 Arten. Noch bis zu ihrem Tod im Jahre 1984, mit knapp 97 Jahren, schritt sie täglich ihr Zauberreich ab, das heute auch für Besucher offen steht.

Insider berichten auch von Dinnerpartys der leidenschaftlichen Gärtnerin, die kulinarisch sehr experimentierfreudig war und ihre Gäste oft mit Gemüse, das sie in ihrem Garten kultivierte, überraschte. Gerne servierte sie Kaktusblätter, afrikanische Okraschoten oder den italienischen Stängelkohl Cime di Rapa, Gemüsesorten, die auch heute auf den Farmers' Markets angeboten werden.

Vor allem Kaktusblätter sind in Kalifornien sehr beliebt, wo Gourmets das Gemüse, das besonders in Mexiko in großen Mengen angebaut wird, schon seit einiger Zeit für sich entdeckt haben. Die Blätter des Nopales-Kaktus (Feigenkaktus), der in Deutschland umgangssprachlich auch Ohrenkaktus genannt wird, waren bereits bei den indianischen Ureinwohnern ein wichtiges Nahrungsmittel. Die jungen, weichen Blätter, die „Nopalitos", die in der Küche verwendet werden, schmecken nicht nur gut, sondern sind auch reich an Inhaltsstoffen wie Eisen, Kalium und Kalzium. Und ihr hoher Pektingehalt soll cholesterinsenkende Wirkung haben.

Die Nopalitos variieren geschmacklich, mal erinnern sie an grüne Paprika, mal an Bohnen, grünen Spargel oder Auberginen. Die Kaktusblätter lassen sich für die verschiedensten Gerichte verwenden: für Salate, für Reisgerichte, Suppen und Eintöpfe. Auch in Kombination mit Meeresfrüchten oder als Füllung für Omeletts schmecken sie köstlich.

Nopalitos sind recht einfach zuzubereiten, man muss nur darauf achten, die kleinen Stacheln mit einem Messer zu entfernen oder sie sorgfältig abzubürsten. Dann werden die Ränder entfernt und die Blätter in Streifen geschnitten. Man kocht sie ca. 15 Minuten in Salzwasser und schreckt sie dann kalt ab. Anschließend kann man sie kurz in Butter braten und beliebig würzen.

**SANTA BARBARA**

## Das ist *wirklich* wichtig

**[a] FRISCHE KAKTUSBLÄTTER** müssen mit dem Messer oder einer Bürste sehr sorgfältig von den Stacheln befreit werden, bevor man sie in Streifen schneidet.

**[b] DIE KAKTUSSTREIFEN** mit dem Reis kurz im Gewürzöl anschwitzen und dann erst mit dem Tomatensaft aufgießen.

GEMÜSE

# KAKTUS-REIS
## *mit Chili & Koriander*

IN KALIFORNIEN SIND SIE SEHR BELIEBT: DIE FEIGENKAKTUS-BLÄTTER, DIE MAN „NOPALES" ODER AUCH „NOPALITOS" NENNT, GIBT ES HIER FRISCH AUF ALLEN MÄRKTEN ZU KAUFEN.

### Zutaten für 4 Portionen

- 50 g geschälte Kürbiskerne
- 250 g Kaktusblätter
- ½ Bund Koriander
- 1 Zwiebel
- 2 Knoblauchzehen
- 2 EL Olivenöl
- 2–3 TL mildes Chilipulver
- ½ TL Kreuzkümmel
- 1 ½ TL getrockneter Oregano
- 300 g weißer Langkornreis
- 250 ml Tomatensaft
- ½ TL Salz

### Zeitbedarf
- 30 Minuten + 30 Minuten garen

### So geht's

1. Die Kürbiskerne in einer heißen beschichteten Pfanne unter Schwenken 2 Minuten rösten, bis sie duften. Herausnehmen und auf einen Teller legen. Die Kaktusblätter waschen, abtropfen lassen und in Streifen oder in Würfel schneiden [→a]. Den Koriander waschen, trocken schwenken, abzupfen und fein hacken.

2. Die Zwiebel und Knoblauchzehen abziehen und fein hacken. Das Olivenöl in einem breiten Topf erhitzen und darin die Zwiebel- und Knoblauchwürfel glasig dünsten. Chilipulver, Kreuzkümmel und Oregano einstreuen und dabei umrühren.

3. Die Kaktusstreifen und den Reis hinzufügen [→b] und alles mit Tomatensaft ablöschen. Dann mit 400 ml Wasser aufgießen, salzen und aufkochen lassen. Nach dem ersten Aufkochen den Topf mit einem Deckel verschließen und den Kaktus-Reis bei kleiner Hitze ca. 20 Minuten garen.

4. Anschließend den Topf vom Herd ziehen und den Reis bei geschlossenem Topf knapp 10 Minuten ziehen lassen. Vor dem Servieren den Reis mit einer Gabel locker durchmischen und den Koriander untermengen. Mit den gerösteten Kürbiskernen bestreuen.

Dazu schmeckt ein gemischter Salat. Der Kaktusreis ist auch eine wunderbare Beilage zu einem saftigen Steak oder für gegrillten Fisch.

### Die Variante

**Kaktus-Salat**
6 Kaktusblätter ohne Stacheln in kleine Würfel schneiden und in Salzwasser ca. 10–15 Minuten kochen, bis sie weich sind. In ein Sieb abgießen, mit kaltem Wasser gut abspülen. Alternativ Kaktus-Blätter aus dem Glas verwenden. Die Kaktuswürfel mit 4 großen gewürfelten Tomaten in eine Schüssel geben. 1 Frühlingszwiebel klein schneiden und mit 2 EL gehacktem frischem Koriander, 100 g in kleine Würfel geschnittenem Käse und dem Saft einer Limette dazugeben. Alles gut miteinander vermischen und mit Tortillas anrichten.

**KAKTUSBLÄTTER** In Kalifornien gibt es die essbaren Blätter des Feigenkaktus „Opuntia" (Ohrenkaktus) frisch zu kaufen. Als Alternative kann man hierzulande in Gläsern eingelegte Kaktusblätter, ganz oder in Streifen geschnitten, in Feinkostabteilungen kaufen oder im Internet bestellen.

# ZUCCHINIBLÜTEN
## *in feinem Ausbackteig*

EINE ZARTE VERSUCHUNG – DIE GELBEN BLÜTEN DER MÄNNLICHEN ZUCCHINI WERDEN HIER ALS KÖSTLICHE BEILAGE KNUSPRIG AUSGEBACKEN SERVIERT.

### Zutaten für 4 Portionen

16 Zucchiniblüten

ca. 1 l Pflanzenöl zum Frittieren

Meersalz

**Für den Ausbackteig**

1 Ei

250 ml Milch

250 ml Bier

4 EL Mehl

4 EL Speisestärke

Salz

1 TL Backpulver

**besonderes Werkzeug**
- Fritteuse oder hoher Topf

**Zeitbedarf**
- 35 Minuten

### So geht's

1. Für den Ausbackteig das Ei in einer Schüssel verquirlen. Die Milch und das Bier unterrühren, dann das Mehl und die Speisestärke mit Salz und Backpulver unterziehen. Nur leicht unterschlagen, nicht zu lange rühren. Den Teig kurz quellen lassen.

2. Inzwischen die Zucchiniblüten behutsam waschen und trocken tupfen. Die Blütenblätter vorsichtig auseinanderbiegen und den Blütenstempel mit den Staubgefäßen im Innern der Blüte entfernen.

3. Zum Ausbacken reichlich Öl in einer Fritteuse oder in einem Topf auf 170 °C erhitzen. Die Zucchiniblüten durch den Backteig ziehen, kurz abtropfen lassen und portionsweise in etwa 3 Minuten im heißen Öl goldbraun frittieren. Mit einer Schaumkelle herausheben und auf Küchenpapier kurz abtropfen lassen. Mit etwas Meersalz bestreut servieren.

Ideal als Beilage zu Fisch und auch zu kurz gebratenem Fleisch.

# ERBSENSUPPE
## *mit Minze*

SCHNELL UND EINFACH ZUBEREITET: DIESES ERBSENSÜPPCHEN SCHMECKT AUCH AN HEISSEN SOMMERTAGEN GEKÜHLT SERVIERT GANZ KÖSTLICH.

### Zutaten für 4 Portionen

1 kleine Zwiebel

3 EL Olivenöl

120 ml Wasser

450 g TK-Erbsen

700 g Eiswürfel

Salz, Pfeffer aus der Mühle

2 EL kalte Butter oder etwas Sahne

frische Minze zum Garnieren

**Zeitbedarf**
- 25 Minuten

### So geht's

1. Die Zwiebel abziehen und in feine Würfel schneiden. Das Olivenöl in einem Topf erhitzen und die Zwiebelwürfel darin glasig anschwitzen. Das Wasser dazugeben und aufkochen lassen. Die Erbsen zugeben, aufkochen lassen und die Eiswürfel dazugeben.

2. Den Topf vom Herd nehmen, die Suppe im Mixer einige Minuten pürieren und dann durch ein Sieb gießen. Mit Salz und Pfeffer kräftig abschmecken.

3. Vor dem Servieren die Suppe erwärmen, die kalte Butter unterrühren und die Suppe mit gehackten Minzeblättchen garnieren.

# BROKKOLI-SUPPE
## *mit Cheddar*

AUS DEN KLEINEN GRÜNEN RÖSCHEN LÄSST SICH EINE WUNDERBAR CREMIGE SUPPE ZUBEREITEN, DIE DURCH DEN WÜRZIGEN KÄSE PERFEKT ABGERUNDET WIRD.

### Zutaten für 4 Portionen

- 500 g Brokkoliröschen
- 1 Zwiebel
- 1 EL Butter
- 1 gestr. EL Mehl
- ¾ l Hühnerbrühe
- 1 TL getrockneter Thymian
- Saft von ½ Zitrone
- 250 ml Milch
- 150 g Cheddar
- Salz, Pfeffer aus der Mühle

### Zeitbedarf

- 20 Minuten + 20 Minuten kochen

### So geht's

1. Die Brokkoliröschen putzen, waschen und in einem Sieb abtropfen lassen. Die Zwiebel abziehen und fein hacken.

2. In einem breiten Topf die Butter erhitzen. Die Zwiebelwürfel einstreuen und unter gelegentlichem Rühren 4–5 Minuten glasig dünsten. Mit Mehl bestäuben, dabei ständig rühren und mit Hühnerbrühe aufgießen. Etwas kochen lassen, dabei umrühren, damit sich keine Klümpchen in der Suppe bilden können.

3. Die Brokkoliröschen, Thymian und Zitronensaft dazugeben. Die Hitze reduzieren, den Topf mit einem Deckel verschließen und die Suppe bei kleiner Hitze ca. 20 Minuten köcheln lassen.

4. Die Brokkolisuppe mit einem Stabmixer oder portionsweise im Küchenmixer so lange mixen, bis sie eine cremige Konsistenz hat. Die Suppe erneut aufkochen, die Hitze etwas verringern und die Milch einrühren. Den Käse raspeln und 120 g davon zum Schluss unterrühren, bis er geschmolzen ist. Mit Salz und Pfeffer würzen und die Suppe mit dem restlichen Cheddar-Käse bestreut servieren.

### Die Variante

**Kartoffel-Brokkoli-Suppe**
250 g kleine Kartoffelwürfel mit den Zwiebelwürfeln und den Brokkoliröschen in 3 EL Olivenöl andünsten. Nicht mit Mehl bestäuben, sondern nur mit 1 l Gemüsebrühe aufgießen und etwa 20 Minuten leise kochen lassen. Dann pürieren und mit 200 g Sahne verfeinern. Mit Salz, Pfeffer und Macis (gemahlener Muskatblüte) würzen. 50 g Mandelblättchen in einer heißen beschichteten Pfanne 1–2 Minuten rösten und vor dem Servieren über die Suppe streuen. Auch gehackte Walnüsse passen gut als Garnitur.

**SO SCHMECKT'S AUCH** Ein Drittel der Brokkoliröschen nicht pürieren und als Einlage verwenden. Die Brokkolistiele, geschält, in schmale Scheibchen geschnitten und in Olivenöl ca. 5 Minuten gebraten und mit Salz und Pfeffer gewürzt, sind ebenfalls eine feine Suppeneinlage. Auch kleine, in Butter geröstete Weißbrotwürfel passen sehr gut dazu.

# OKRASCHOTEN
## *mit Orangenfilets*

SCHNELL ZUBEREITET UND EIN SEHR LEICHTER UND LECKERER GENUSS. DIE GRÜNEN SCHOTEN HARMONIEREN BESTENS MIT DEN FRUCHTIGEN ORANGENFILETS.

### Zutaten für 4 Portionen

- 500 g Okraschoten
- Salz
- 4 Orangen (Sorte Navel)
- 1 kräftige Prise gemahlene Muskatnuss
- 50 g gehackter oder geriebener Ingwer
- 1 EL weiche Butter
- Butter für die Form

### Evtl. für die Garnitur

- 100 g gemischte Nüsse oder ungesalzene Erdnüsse

### Zeitbedarf

- 25 Minuten + 10 Minuten garen

### So geht's

1. Die Okraschoten an den Stielenden etwas zurechtschneiden, dabei aber die Schoten mit dem Messer nicht verletzen, damit kein klebriger Saft austreten kann. Die Schoten in einem Sieb mit kaltem Wasser waschen.

2. Die Okraschoten in kochend heißes Salzwasser geben und ein paar Minuten blanchieren. Anschließend abgießen und in kaltem Wasser abschrecken [→a]. Den Backofen auf 180 °C (Umluft 160 °C) vorheizen und eine Auflaufform mit etwas Butter ausstreichen.

3. Die Orangen schälen, dabei auch die weiße Haut vollständig entfernen. Dann mit einem scharfen Messer die Orangenfilets zwischen den Trennwänden herausschneiden. Dabei den Saft auffangen.

4. Die Orangenfilets in der gebutterten Form verteilen. Die Okraschoten darübergeben, mit Salz, Muskatnuss und Ingwer würzen. Die Butter in Flöckchen daraufsetzen, etwas Orangensaft darüberträufeln und die Form in den vorgeheizten Backofen schieben. Ca. 10 Minuten garen.

5. Evtl. für die Garnitur die Nüsse hacken und in einer heißen beschichteten Pfanne ohne Fett rösten, bis sie duften. Zum Servieren über die Orangen-Okras streuen.

Dazu passt ofenfrisches Baguette oder Olivenbrot.

### Die Varianten

**Mit Knoblauch**
3 gewürfelte Knoblauchzehen in 3 EL Olivenöl andünsten, die gegarten Okraschoten mit 2 EL Oreganoblättchen darin schwenken und über die Orangenfilets geben. Mit Salz und Pfeffer, ohne Muskatnuss, würzen.

**Mit Tomaten**
500 g Okraschoten quer in 2–3 Stücke schneiden. 1 gewürfelte Zwiebel und 2 klein gehackte Knoblauchzehen in Öl andünsten. Je 1 TL gemörserten Kreuzkümmel und Koriander mit andünsten. Die Okraschoten und 250 g gehäutete, entkernte Tomatenwürfel dazugeben und ca. 10–12 Minuten garen. Mit Salz und Pfeffer, evtl. mit etwas Chili würzen.

GEMÜSE

[a]

## DAS IST *wirklich* WICHTIG

**[a] DIE OKRASCHOTEN** nach dem Blanchieren kurz in eiskaltes Wasser tauchen, damit die schöne grüne Farbe erhalten bleibt.

MEERESFRÜCHTE

SANTA BARBARA

# FRÜCHTE DES MEERES
## Seeohren & Seeigel

DIE FISCHER AN DER AMERIKANISCHEN RIVIERA BETREIBEN SCHONENDEN FANG. DIE REGULIERUNGEN SIND MITTLERWEILE STRENG UND KALIFORNIEN WILL MIT GUTEM BEISPIEL VORANGEHEN – SCHLIESSLICH SIND DIE RESSOURCEN DER NATUR NICHT UNERSCHÖPFLICH.

### ABALONE: FEINE MEERESSCHNECKEN

Die Seeohren-Farm im Norden von Santa Barbara ist so ein Beispiel dafür, wie sehr man sich um das biologische Gleichgewicht des Meeres vor Kalifornien sorgt. Hier werden seit 1987 Seeohren, „Abalone", gezüchtet, die an Restaurants oder Fischfachgeschäfte verkauft werden. In Kalifornien gelten diese Meeresschnecken schon lange als Delikatesse, die sogar schon so gefragt war, dass die Seeohren vor der Küste vom Aussterben bedroht waren. Der kommerzielle Fang wurde daraufhin 1997 gesetzlich eingeschränkt. Es dauerte jedoch Jahre, bis sich die Population wieder erholte.

Ganze drei Jahre braucht es, bis die Seeohren so groß sind, dass man sie für kulinarische Zwecke verwenden kann. Daher liegt der Preis für ein Pfund Seeohren auch bei 60 bis 90 Dollar. Bei der Zubereitung wird der Fuß, der Saugmuskel, mit dem sich die Schnecken am Felsen festhalten, weich geklopft, um die zähe Struktur etwas aufzulockern. Anschließend werden die Seeohren bei starker Hitze ein bis zwei Minuten auf jeder Seite angebraten: „Do it hot and fast!", wie die Kalifornier sagen. Das Fleisch ist fest, sehr mager und gut bekömmlich. Es erinnert vom Geschmack her an Austern und Oktopus. In Asien gelten die Seeohren nicht nur als Delikatesse, sondern auch als Potenzmittel. In Deutschland sind die delikaten Meeresschnecken meist nur tiefgefroren oder in Dosen erhältlich.

### SEEIGEL: STACHELHÄUTER DES MEERES

Die Amerikanische Riviera ist auch berühmt für ihre qualitativ hochwertigen Seeigel. Sie sind aber eher eine neue Erscheinung in der kalifornischen Küche. Die skurrilen Meerestiere haben einen meist runden Körper mit langen Stacheln. An der Unterseite befindet sich der Mund mit Kauapparat und fünf beweglichen Zähnen. Der essbare Teil der Seeigel sind die Rogen (Eierstöcke), die sternförmig angeordnet in einer schleimigen Masse liegen. Sie sind gelb bis orangefarben und von fester Konsistenz.

Um den stacheligen Panzer zu öffnen, zieht man Handschuhe an und schneidet die Seeigel an der Unterseite, am besten mit einer Schere, kreisförmig auf. Mit der Öffnung nach unten über eine Schüssel halten und die Flüssigkeit auslaufen lassen. Diesen Seeigelsaft kann man auch für die Zubereitung von Saucen verwenden. Die sternförmig angeordneten Rogen können jetzt mit einem kleinen Löffel von der Schale gelöst werden. Man genießt sie roh, mit etwas Zitronensaft beträufelt. Oder man gart sie kurz in Salzwasser und serviert sie mit etwas Zitronensaft und Olivenöl und Brot als Vorspeise. Sie schmecken leicht salzig, etwas nussig und intensiv nach Fisch. In Japan sind die Seeigel-Eier besonders begehrt. Dort heißen sie „Uni", werden für Sashimi und Sushi verwendet und gelten als eine der größten Delikatessen der japanischen Küche. Da die Nachfrage nicht aus eigenen Beständen gedeckt werden kann, müssen Seeigel aus anderen Ländern, auch aus Kalifornien, importiert werden.

SANTA BARBARA

# ABALONE
## *mit Buttersauce*

DIE MEERESSCHNECKEN, DIE IN EINER PERLMUTTSCHALE EINGEBETTET SIND, FRISCH AUS DEM PAZIFIK, MIT EINER FEINEN BUTTERSAUCE SERVIERT – EIN KÖSTLICHER GENUSS.

### Zutaten für 4 Portionen

**Für die Meeresschnecken**

12 Baby-Abalone

Salz, Pfeffer aus der Mühle

3 kleine Eier

ca. 50 g Butter

1 EL gehackter Dill

1 Zitrone

**Für die Buttersauce**

4 Schalotten

¼ l Weißwein (Chardonnay)

300 g Sahne

100 g Enoki-Pilze

250 g Tomaten

je 2 Stängel Dill und Estragon

150 g kalte Butter

1 TL Zitronensaft

Salz, weißer Pfeffer aus der Mühle

### Zeitbedarf
- 30 Minuten +
  ca. 20 Minuten garen

### So geht's

1. Die Abalone aus den Schalen, wie Austern, lösen und in einem Sieb abtropfen lassen. Für die Buttersauce die Schalotten abziehen, fein hacken und in einen Topf geben. Mit Weißwein aufgießen, aufkochen lassen und dann bei reduzierter Hitze so lange leise köcheln lassen, bis der Wein fast verdampft ist.

2. Die Sahne in die eingekochten Schalotten gießen und bei kleiner Hitze auf die Hälfte einkochen lassen. In der Zwischenzeit die Enoki-Pilze putzen. Die Tomaten blanchieren, häuten, entkernen und in kleine Würfel schneiden. Dill und Estragon waschen, trocken schwenken, abzupfen und fein hacken.

3. Die Butter in kleinen Stückchen in die Schalottensahne rühren, nicht kochen lassen. Mit Zitronensaft würzen und die Sauce durch ein Haarsieb passieren. Erneut erhitzen und dabei Pilze, Tomatenwürfel und Dill einrühren. Den Topf beiseiteziehen.

4. Die Abalone quer halbieren und mit Salz und Pfeffer würzen. Die Eier aufschlagen, verquirlen und die Abalone durchziehen. In einer größeren Pfanne Butter erhitzen und darin die in Eier getauchten Abalone braten. Von jeder Seite nur kurz, insgesamt 2–3 Minuten. Die Abalone auf 4 Teller verteilen und mit der abgeschmeckten Buttersauce beträufeln. Mit Dill bestreuen, Zitronenecken an den Tellerrand legen.

Dazu schmecken Reis mit Safran gewürzt oder Pellkartoffeln in Zitronenbutter geschwenkt sehr gut.

**SO SCHMECKT'S AUCH** Fangfrische Abalone sind eine willkommene Abwechslung im vielfältigen Fisch- und Meeresfrüchte-Angebot Kaliforniens. In Deutschland werden Abalone meist nur als Dosenware angeboten, die man abgetropft wie oben beschrieben zubereiten kann. Dieses Rezept lässt sich auch sehr gut mit Jakobsmuscheln zubereiten.

MEERESFRÜCHTE

# AUSTERN-STEW
## *mit Kartoffeln*

AUSTERN SIND IN KALIFORNIEN SEHR BELIEBT. HIER WERDEN SIE MAL ETWAS ANDERS ZUBEREITET: ALS FEINE EINLAGE IN EINEM CREMIGEN EINTOPF MIT KARTOFFELN UND TOMATEN.

### Zutaten für 4 Portionen

- 24 Austern
- 2 Schalotten
- 400 g Kartoffeln
- 1 Tomate
- 1 EL Butter
- ½ TL Thymianblättchen
- 125 ml Weißwein
- 200 g Sahne
- 1 TL gehackte Petersilie
- Salz, Pfeffer aus der Mühle

### Zeitbedarf
- 30 Minuten + ca. 20 Minuten garen

### So geht's

1. Die Austern waschen. Die Schalen mit einem Austernmesser öffnen, die Flüssigkeit in eine Schale abgießen und beiseitestellen. Die Schalotten abziehen und fein hacken. Die Kartoffeln schälen und in kleine Würfel schneiden. Die Tomate kurz heiß überbrühen, häuten, die Kerne entfernen und das Fruchtfleisch in kleine Würfel schneiden.

2. In einem Topf die Butter zerlassen, die Schalotten darin anschwitzen, Thymian, Weißwein und den Austernsaft dazugeben und auf die Hälfte reduzieren. Die Sahne zugeben und einkochen lassen. Die Kartoffelwürfelchen dazugeben und garen, bis sie weich sind.

3. Die Austern, Tomatenwürfel und Petersilie zugeben und kurz erwärmen. Mit Salz und Pfeffer abschmecken und servieren.

Dazu passt am besten ofenfrisches Baguette.

### Die Variante

**Austern mit Salsa**
Die Schalentiere genießt man in Kalifornien besonders gerne roh mit etwas Limettensaft, etwas Tabasco oder mit einer Salsa. Dafür 2 reife Tomaten fein würfeln, mit 1 gehackten Zwiebel, 1 gehackten Chilischote, 2 EL gehacktem Koriandergrün, 1 EL Limettensaft und etwas Salz verrühren (siehe auch Rezepte Seite 29). Bei Barbecues legt man die Austern auch gerne für 10 Minuten geschlossen auf den heißen Grill und isst sie anschließend mit Salsa oder einem Ponzu-Dressing.

SANTA BARBARA

[a]

## DAS IST
## *wirklich*
### WICHTIG

**[a] MUSCHELN SÄUBERN** Kauft man ungeputzte Ware, muss man eventuell auch den sogenannten „Bart" entfernen, indem man ihn mit einem Ruck in Richtung spitzes Ende der Muschel zieht.

# CIOPPINO
## *Fischtopf mit Meeresfrüchten*

KALIFORNIEN HAT VIELE ITALIENISCHE EINWANDERER, DIE DIESES REZEPT FÜR EINEN FEINEN FISCHTOPF MIT IM GEPÄCK HATTEN – GEKOCHT MIT DEM „CATCH OF THE DAY".

### Zutaten für 4 Portionen

- 1 Zwiebel
- 1 Knoblauchzehe
- 1 Bund Kräuter (Thymian, Basilikum, Oregano)
- 1 Dose geschälte Tomaten (850 g)
- 2 EL Butter
- ⅛ l trockener Weißwein
- ¾ l Hühnerbrühe
- 1 Lorbeerblatt
- Salz, Pfeffer aus der Mühle
- 8 Garnelen mit Schale ohne Kopf (ca. 250 g)
- 200 g Jakobsmuschelfleisch
- je 8 frische Mies- und Venusmuscheln
- 250 g Fischfilet (z. B. Kabeljau)
- 100 g Krebsfleisch

### Zeitbedarf
- 35 Minuten + 25 Minuten garen

### So geht's

1. Die Zwiebel und die Knoblauchzehe abziehen und hacken. Die Kräuter waschen, trocken schwenken, die Blättchen abzupfen und fein hacken. Die Tomaten aus der Dose nehmen, klein schneiden und wieder zurück in den Saft legen.

2. Die Butter in einem breiten Topf erhitzen und darin die Zwiebel- und Knoblauchwürfel 3–4 Minuten andünsten. Die Tomaten mit Saft einrühren und alles ein paar Minuten einkochen lassen. Dann den Weißwein und die Hühnerbrühe angießen. Das Lorbeerblatt und die gehackten Kräuter einrühren und alles bei kleinster Hitze etwa 20 Minuten leise köcheln lassen. Mit Salz und Pfeffer würzen.

3. In der Zwischenzeit die Garnelen am Rücken entlang einschneiden, entdarmen und waschen, dabei aber die Schalen nicht entfernen. Die frischen Muscheln unter fließend kaltem Wasser waschen und bürsten [→a], dabei darauf achten, dass alle geschlossen sind. Geöffnete Muscheln aussortieren und wegwerfen.

4. Das Fischfilet in etwa 2 cm große Stücke schneiden. Das Krebsfleisch passend dazu schneiden. Die Suppe aufkochen lassen, die Muscheln, die Garnelen, das Fischfilet und das Krebsfleisch einlegen. Die Hitze verringern und sobald sich die Muscheln geöffnet haben, die Suppe nochmals abschmecken. Muscheln, die sich nach dem Kochen noch nicht geöffnet haben, entfernen, sie sind ungenießbar. Den Fischeintopf in Teller füllen und servieren.

Dazu wird gerne knuspriges Sauerteigbrot gereicht, aber auch Knoblauch-Baguette passt sehr gut dazu.

**SO SCHMECKT'S AUCH** Gemüse, z. B. 200 g gewürfelte Staudensellerie und 1 in Würfel geschnittene Paprikaschote, verwenden. Olivenöl statt Butter zum Andünsten nehmen und zusätzlich mit 1 TL Fenchelsamen würzen. Ein guter Fischeintopf lebt vom „Fang des Tages", daher kann das Kabeljaufilet auch durch anderen Fisch ersetzt werden.

# LACHSFILET

## *„Café Salmon"*

EIN KÖSTLICHES GERICHT, DAS AUCH IM FILM „SIDEWAYS" SERVIERT WURDE: MIT WILDLACHS, KNUSPRIG GEBACKENEN KARTOFFELN, ROTEN ZWIEBELN MIT TOMATEN UND BABYSPINAT MIT ZITRONENBUTTER.

### Zutaten für 4 Portionen

- 500 g rote Kartoffeln
- Salz
- 1 Schalotte
- 1 Bio-Zitrone
- ½ l trockener Weißwein
- 1 Lorbeerblatt
- 8 schwarze Pfefferkörner
- 150 g Crème fraîche
- 2 kleine Fenchel (ca. 300 g)
- 1 rote Zwiebel
- 6 Knoblauchzehen
- 500 g aromatische Tomaten
- 150 g Babyspinat
- 3 EL Olivenöl
- 4 EL trockener Weißwein
- Salz, schwarzer Pfeffer aus der Mühle
- 1 l Rapsöl zum Frittieren
- 4 Scheiben Wildlachs à 150 g
- 100 g kalte Butterstückchen

### Zeitbedarf
- 20 Minuten + 50 Minuten garen

### So geht's

1. Die Kartoffeln [→a] waschen, schälen und ca. 20 Minuten in Salzwasser garen. Inzwischen die Schalotte abziehen und fein würfeln. Die Zitrone waschen und in Scheiben schneiden. Den Weißwein mit den Schalottenwürfeln, Lorbeerblatt, Pfefferkörnern und Zitronenscheiben aufkochen. Die Flüssigkeit in ca. 10–15 Minuten auf die Hälfte einkochen lassen. Dann die Crème fraîche einrühren, 2–3 Minuten weiterkochen und durch ein Sieb passieren [→b]. Beiseitestellen und warm halten.

2. Die Kartoffeln abgießen und abkühlen lassen; dann in Viertel schneiden. Den Fenchel putzen, waschen, entstrunken und in schmale Streifen schneiden. Die Zwiebel und die Knoblauchzehen abziehen und klein würfeln. Die Tomaten waschen und in kleine Würfel schneiden. Den Spinat verlesen, waschen und trocken schwenken.

3. 1 EL Olivenöl in einer Pfanne erhitzen und darin die Zwiebel- und Knoblauchwürfel andünsten. Den Fenchel einstreuen, 2–3 Minuten schwenken und mit Weißwein ablöschen. Erst dann die Tomatenwürfel und den Spinat locker unterheben. Mit Salz und Pfeffer würzen und die Pfanne beiseiteziehen.

4. Das Rapsöl in einer Fritteuse oder einem Topf auf 180 °C erhitzen und darin die Kartoffelviertel portionsweise in 3–4 Minuten knusprig goldbraun frittieren. Herausnehmen, auf Küchenpapier abtropfen lassen und mit Salz und Pfeffer würzen.

5. Die Lachsscheiben mit Salz und Pfeffer würzen und in einer Pfanne in 2 EL Olivenöl auf jeder Seite 2–3 Minuten braten. Die Sauce mit den Butterstückchen mit einem Pürierstab aufmixen und nochmals abschmecken.

6. Die Lachsscheiben mit den Kartoffeln und dem Spinat-Tomaten-Gemüse anrichten. Die Sauce löffelweise darübergeben.

**SO SCHMECKT'S AUCH** Anstatt die Kartoffelstücke zu frittieren, diese einfach roh, in Viertel geschnitten, mit Salz und Pfeffer würzen und mit 3–4 EL Olivenöl vermengen. Auf einem Backblech verteilen und im Backofen bei 180 °C 35–40 Minuten backen. Die Kartoffeln zwischendurch wenden. Statt Wildlachs eignen sich auch festfleischige Fischscheiben vom Schwertfisch, Thunfisch, Kabeljau, Stör oder Tilapia.

FISCH

## DAS IST *wirklich* WICHTIG

**[a] ROTE KARTOFFELN,** d. h. Kartoffeln mit roter Schale, sind im Geschmack etwas süßlicher als die „normalen" Kartoffelsorten.

**[b] DIE SAUCE** durch ein Sieb passieren, dabei die Schalotten und die Zitronenscheiben gut ausdrücken.

[b]

SANTA BARBARA

Live!
LOBSTER       $16⁰⁰/LB
ROCK CRAB     $2⁵⁰/LB
SPIDER CRAB   $2⁵⁰/LB
ONE CLAW CRAB $1⁵⁰/LB
FRESH FISH    $4⁰⁰/LB
MUSSELS       $4⁰⁰/LB

# SEAFOOD
## Spezialitäten aus dem Pazifik

DIE SONNE GEHT ÜBER DEM PAZIFIK AUF UND DAS MEER RIECHT UNVERWECHSELBAR NACH SALZ UND FISCH. MIT ZU DEN SCHÖNSTEN DINGEN, DIE ES FÜR VIELE AM MORGEN IN SANTA BARBARA GIBT, GEHÖRT DAS FISCHEN AUF DEM PIER.

Bei herrlichem Sonnenschein die Angel ins Wasser zu halten, den weiten Blick über den Pazifik zu genießen und die Gedanken schweifen zu lassen – das lieben die Kalifornier. Die warmen und kalten Strömungen, die hier aufeinandertreffen, bringen eine Fülle an Fischen und Meeresfrüchten. Und so kehren auch die Fischer von Santa Barbara meist mit reichem Fang – mit Krebsen, Langusten, Tintenfischen und Seeigeln – in den Hafen zurück.

Samstag ist Fischmarkt in Santa Barbara. Die Fischer verkaufen direkt vom Boot aus, was sie in der Nacht gefangen haben. Fast immer bringen sie Krebse mit, die das ganze Jahr über Saison haben. An guten Tagen, allerdings nur zwischen März und Oktober, verkaufen sie auch Santa Barbara Spot Prawns. Allein schon wegen dieser Shrimps-Art lohnt sich der Besuch auf dem Fischmarkt.

Der Markt beginnt, wenn die Sonne über Santa Barbara aufgeht, und endet gegen elf Uhr. Danach bietet sich ein leichtes Mittagessen im Hafen bei Brophy Bros. an. Hier gibt es die besten Austernshooter und Clam Chowder der Region.

## CATCH OF THE DAY

Wer die Amerikanische Riviera besucht, verliebt sich in sie – nicht zuletzt wegen der Köstlichkeiten, die der Pazifik zu bieten hat. Wir stellen Ihnen die beliebtesten Spezialitäten vor.

### RED SNAPPER
In Kalifornien gehört der Red Snapper schon lange zur feinen Küche. Sein Name kommt daher, dass der Raubfisch mit seinem tief gespaltenen Maul beim Fang seiner Beute ganz plötzlich zuschnappt. Der Fisch wird wegen seines festen und weißen Fleisches sehr geschätzt und auch deswegen, weil er nur wenige Gräten hat. Er ist für alle Zubereitungsarten, auch zum Grillen, sehr gut geeignet.

### LANGUSTEN
Die Panzerkrebse gehören zu den beliebtesten und teuersten Krustentieren. Manche Feinschmecker halten das weiße Langustenfleisch für noch feiner im Geschmack als Hummerfleisch. Von diesen nahen Verwandten unterscheiden sich die Langusten dadurch, dass die vordersten der fünf Beinpaare nicht zu Scheren ausgebildet sind. Auffallend sind ihre zwei langen Fühler am Kopf. Der Fleischanteil ist bei Langusten zudem besonders hoch. Man sollte sie nur lebend einkaufen, die beste Zeit für Langusten ist von April bis September.

### RIDGEBACK SHRIMPS
Bei diesen Shrimps handelt es sich eigentlich um Garnelen. Sie haben festes Fleisch und einen leicht süßlichen Geschmack. Man bekommt sie in Santa Barbara frisch in der Zeit von Oktober bis Juni. Sie schmecken in einer Thai-Curry-Sauce besonders lecker.

### SPOT PRAWNS
Ihr Fleisch hat einen sehr delikaten, leicht süßlichen Geschmack. Sie sind an der ganzen Westküste äußerst beliebt, werden aber so mit Santa Barbara in Verbindung gebracht, dass man sie meist „Santa Barbara Spot Prawns" nennt. Es handelt sich bei ihnen allerdings nicht um Garnelen, sondern um große Shrimps, die man an den „spots", den hellen Punkten am Kopf, erkennen kann. Sie sind schwer zu fangen, daher liegt auch der Preis mit 20 bis 30 Dollar pro Pfund sehr hoch.

### CRABS
Sie sind eine besonders beliebte Seafood-Spezialität. An der Amerikanischen Riviera kommen die beiden Krebsarten Dungeness-Crab (Pazifischer Taschenkrebs) und Rock-Crab am häufigsten vor. Besonders lecker ist das Fleisch in den Scheren und Beinen. Große Exemplare haben eine Kochzeit von etwa 15 Minuten, kleinere Krebse sind in 8 bis 10 Minuten gar. Fischer Paul Teall rät, die Krebse nicht nur in Salzwasser zu kochen, sondern auch Bier dazuzugeben. Nach dem Kochen schreckt man sie mit kaltem Wasser ab. Krebsfleisch wird nicht nur für die beliebten Crab Cakes (Rezept Seite 78) verwendet, sondern ist auch einfach so, eventuell mit etwas Marinade, in einem Risotto oder Fischeintopf, z.B. im beliebten Cioppino (Rezept Seite 69), sehr lecker. Es schmeckt in Verbindung mit Cheddar-Käse und auch Nüsse passen sehr gut dazu.

# GARNELEN „AMA EBI"
## *mit Kartoffeln & Pilzen*

KNUSPRIG GEBRATENE GARNELEN, ÜBERZOGEN MIT FRUCHTIGER
GEMÜSESAUCE, AUF PILZEN UND KARTOFFELN ANGERICHTET:
EIN GANZ BESONDERES GESCHMACKSERLEBNIS.

### Zutaten für 4 Portionen

**Für die Sauce**

1 Zwiebel

1 Möhre

1 Stange Staudensellerie

5 EL Olivenöl

2 EL Tomatenmark

4 EL trockener Weißwein

1 Lorbeerblatt, 1 Thymianzweig

Meersalz, Pfeffer, Zucker

**Für die Garnelen**

16 große geschälte Garnelen

½ Bund gemischte Kräuter (Estragon, Petersilie, Basilikum)

1 Eiweiß (Größe L)

3 EL Olivenöl

2 EL Sherryessig

2 EL Butter

etwas Zitronensaft

100 ml Gemüsebrühe

1 Schalotte

250 g Austernpilze

500 g gekochte Kartoffeln

### Zeitbedarf
- 20 Minuten +
  45 Minuten garen

### So geht's

1. Die Zwiebel und die Möhre schälen und klein würfeln. Staudensellerie putzen und in kleine Stückchen schneiden. Das vorbereitete Gemüse in Olivenöl 4–5 Minuten andünsten, dann mit Tomatenmark 2 Minuten rösten und mit Weißwein und ¼ l Wasser ablöschen. Aufkochen lassen und bei kleiner Hitze etwa 25 Minuten unter mehrmaligem Rühren auf die Hälfte einkochen lassen. Dabei das Lorbeerblatt und den Thymianzweig zugeben und mit Meersalz, Pfeffer und einer Prise Zucker würzen.

2. Die Garnelen am Rücken entlang einschneiden, entdarmen, waschen und trocken tupfen. Die Kräuter waschen, von den Stielen zupfen, hacken und mit dem Eiweiß kurz aufschlagen. Die Garnelen darin eintauchen [→a] und danach in 2 EL heißem Olivenöl von allen Seiten 3–4 Minuten braten [→b], dabei mit Meersalz und Pfeffer würzen. Mit Sherryessig ablöschen, ½ EL Butter und Zitronensaft hinzufügen und die Gemüsebrühe angießen. Nach dem ersten Aufkochen die Pfanne beiseiteziehen.

3. Die Gemüsesauce durch ein Sieb passieren und warm halten. Die Schalotte abziehen und klein hacken. Die Austernpilze putzen, kleiner schneiden und in der restlichen Butter mit den Schalottenwürfeln 6–8 Minuten braten. Mit etwas Meersalz und Pfeffer würzen.

4. In der Zwischenzeit die Kartoffeln in kleine Würfel schneiden, in 1 EL heißem Olivenöl rundherum knusprig braten und mit Meersalz und Pfeffer würzen. Die Austernpilze unter die Kartoffeln mengen und auf 4 vorgewärmte Teller verteilen. Darauf je 4 Garnelen legen. Diese mit etwas Brühe aus der Pfanne beträufeln und mit der Tomatensauce löffelweise überziehen.

Dazu schmecken knackige Salatherzen mit einer Sherryessig-Vinaigrette.

MEERESFRÜCHTE

## DAS IST *wirklich* WICHTIG

**[a] DIE GARNELEN** vor dem Braten durch das mit den Kräutern verquirlte Eiweiß ziehen und etwas abtropfen lassen.

**[b] KRÄUTERMANTEL** Das Eiweiß sorgt dafür, dass die Kräutermischung gut an den Garnelen haften bleibt, während sie in der Pfanne gebraten werden.

SANTA BARBARA

## DAS IST *wirklich* WICHTIG

**[a] DAS HUMMERFLEISCH** in einem Stück vorsichtig aus dem Panzer heben. Das ausgelöste Schwanzfleisch kann dann in der Schale überbacken und serviert werden.

# HUMMER
## *mit Mandelbutter gratiniert*

DER KÖNIG DER MEERESFRÜCHTE – HIER WIRD ER MIT NUSSIGER KRÄUTERKRUSTE ÜBERBACKEN UND MIT EINEM FEINEN RISOTTO SERVIERT.

### Zutaten für 4 Portionen

- 1 Knoblauchzehe
- 2 Schalotten
- 2 Stängel Basilikum
- 2 EL Butter
- ¼ l trockener Weißwein
- ½ l Hummerfond (Glas)
- Saft von ½ Zitrone
- Salz, Pfeffer aus der Mühle
- 50 g Mandeln
- 50 g Semmelbrösel
- 1 Prise Cayennepfeffer
- je 2 EL gehackte Petersilie und Schnittlauch
- 1 TL Knoblauchpulver
- 1 TL mildes Paprikapulver
- 4 gegarte Hummerschwänze

### Für das Risotto

- 1 Zwiebel, 1 Knoblauchzehe
- 2 EL Olivenöl
- 400 g Risottoreis (z. B. Arborio)
- ⅛ l trockener Weißwein
- ca. 700 ml Hühnerbrühe
- 1–2 EL Butterflöckchen
- 30 g gehobelter Parmesan

### Zeitbedarf
- 40 Minuten + 50 Minuten garen

### So geht's

1. Knoblauchzehe und Schalotten schälen und fein hacken. Das Basilikum waschen, trocken schwenken, die Blättchen abzupfen und klein schneiden. Die Butter in einem kleinen Topf erhitzen und bei kleiner Hitze köcheln lassen, bis sie goldbraun ist und nussig schmeckt. Darauf achten, dass sie nicht zu dunkel und damit bitter wird. Dann durch ein mit Küchenpapier ausgelegtes Sieb in einen Topf gießen, Knoblauch- und Schalottenwürfel einstreuen und 2–3 Minuten unter Rühren anbraten. Mit Weißwein ablöschen und mit Hummerfond aufgießen, bei mittlerer Hitze 15–20 Minuten auf die Hälfte einkochen. Kurz abkühlen lassen, mit Zitronensaft, Salz und Pfeffer würzen und mit dem Basilikum im Mixer pürieren.

2. Die Mandeln fein hacken, mit Semmelbröseln, Cayennepfeffer, Petersilie und Schnittlauch, Knoblauch- und Paprikapulver sowie mit der Buttermischung vermengen und noch mal abschmecken.

3. Die Hummerschwänze aus den Schalen lösen und wieder zurücklegen [→a]. Die Mandelmischung gleichmäßig darauf verteilen. Die Hummerschwänze auf ein Backblech legen. Den Backofen auf 180 °C (Grillstufe) vorheizen.

4. Für das Risotto Zwiebel und Knoblauchzehe schälen und fein hacken. Das Olivenöl in einem Topf erhitzen und darin Zwiebel- und Knoblauchwürfel andünsten. Den Reis einstreuen, 1 Minute weiterrühren und mit Weißwein ablöschen. Die Hühnerbrühe nach und nach zugießen, immer wieder rühren, bis das Risotto nach ca. 25 Minuten bissfest gegart ist.

5. Kurz bevor das Risotto fertig ist, die Hummerschwänze in den vorgeheizten Backofen schieben und ca. 10 Minuten überbacken. Das fertige Risotto mit einer Gabel locker durchmischen, die Butterflöckchen und frisch gehobelten Parmesan untermengen.

**HUMMER** Am besten schmecken natürlich frische Hummer, die man vor dem Gratinieren kurz in heißem Wasser kocht und dann halbiert. Man kann auch TK-Ware verwenden oder beim Fischhändler 4 gegarte Hummerschwänze bestellen. Je nach Angebot können für das Rezept auch Langusten verwendet werden.

# CRAB CAKES
## *mit Paprika & Chili*

KNUSPRIG FRITTIERT ODER IN DER PFANNE GEBRATEN UND MIT SALAT UND FEINEN DIPS SERVIERT, SIND DIE WÜRZIGEN KREBSKÜCHLEIN AUCH EIN BELIEBTES FINGERFOOD.

### Zutaten für 4 Portionen

- 1 kleine Zwiebel
- 2 Knoblauchzehen
- 1 gelbe Paprikaschote
- 1 rote Paprikaschote
- 1 milde Chilischote (Poblano)
- 1 Jalapeño-Chili
- 2 Frühlingszwiebeln
- 4 Stängel Koriander
- 4 Stängel Basilikum
- 1 TL Butter
- Saft von 1 Limette
- 2–3 Spritzer Tabasco
- ½ TL Worcestershiresauce
- 1 TL mittelscharfer Senf
- 2 EL Mayonnaise
- 1 Ei
- Salz, Pfeffer aus der Mühle
- 400 g ausgelöstes Krebsfleisch
- 80–100 g Semmelbrösel
- Pflanzenöl zum Braten oder Frittieren

### Zeitbedarf
- 40 Minuten + 10 Minuten braten

### So geht's

1. Die Zwiebel und Knoblauchzehen schälen und in feine Würfel schneiden. Paprikaschoten und Chilischoten waschen, entkernen, die Stielansätze entfernen und das Fruchtfleisch in kleine Würfel schneiden. Die Frühlingszwiebeln putzen und ebenfalls klein würfeln. Koriander und Basilikum waschen, trocken schwenken, die Blättchen abzupfen und fein hacken.

2. In einer Pfanne die Butter erhitzen und die Zwiebel- und Knoblauchwürfel darin andünsten. Paprika- und Chiliwürfel hinzufügen, 2 Minuten unter Schwenken garen, anschließend in eine Schüssel geben und abkühlen lassen. Frühlingszwiebeln und Kräuter darüberstreuen. Zusammen mit Limettensaft, Tabasco, Worcestershiresauce und Senf gründlich vermischen.

3. Die Mayonnaise und das Ei unter die Mischung mengen und mit Salz und Pfeffer abschmecken. Das Krebsfleisch nur grob hacken [→a] – es schmeckt gut, wenn ein paar größere Krebsstücke dabei sind – und mit den Semmelbröseln unter die Paprikamischung mengen. Daraus 8–12 Küchlein formen.

4. Zum Braten das Pflanzenöl in einer großen Pfanne erhitzen und darin die Krebsküchlein unter mehrmaligem Wenden 8–10 Minuten braten. Zum Frittieren das Pflanzenöl in einer Fritteuse erhitzen. Die Küchlein portionsweise 3–4 Minuten goldgelb ausbacken. Auf Küchenpapier abtropfen lassen.

Dazu passen Dips (z. B. Remoulade) und auch ein Krautsalat (aus in Streifen geschnittenem Weißkohl, geraspelten Karotten und Rosinen mit einem leichten Mayonnaise-Dressing angemacht) sehr gut.

**SO SCHMECKT'S AUCH** Statt Semmelbröseln kann man auch 100 g Cornflakes (in eine Plastiktüte geben und mit einer Teigrolle fein zerkrümeln) verwenden. Die Mayonnaise lässt sich auch durch Crème fraîche ersetzen. Wer es gerne würzig mag, kann 100 g gewürfelten Frühstücksspeck anbraten und dann die Zwiebel- und Knoblauchwürfel darin andünsten.

MEERESFRÜCHTE

[a]

## DAS IST *wirklich* WICHTIG

**[a] KREBSFLEISCH** gibt es in verschiedenen Varianten: frisch gegartes Krebsfleisch (vom Fischhändler), ausgelöste Flusskrebse, die im Kühlregal angeboten werden, oder ausgelöste Königskrabben in Dosen. Eine schmackhafte Alternative sind auch geschälte Garnelen. Nicht zu empfehlen ist dafür Krebsfleischersatz (Surimi), eine feste, gepresste Masse aus zerkleinertem Fischfleisch.

**SANTA BARBARA**

# DAS IST *wirklich* WICHTIG

**[a] CLAMS** Frische Muscheln sind ein Muss für diese cremige Suppe. Nicht immer bekommt man beim Fischhändler „Clams", aber es sollten Venus- oder Miesmuscheln oder Bouchotmuscheln sein.

**[b] MUSCHELN,** die sich nach dem Kochen nicht geöffnet haben, müssen aussortiert werden und dürfen nicht verwendet werden.

**MEERESFRÜCHTE**

# CLAM CHOWDER
## *feiner Muscheleintopf*

VON SCHIFFSKÖCHEN MITGEBRACHT, HAT ER SICH IN DEN USA ZUR NATIONALSUPPE ENTWICKELT, DIE ES IN VERSCHIEDENEN VARIATIONEN GIBT – ABER MUSCHELN SPIELEN DIE HAUPTROLLE.

### Zutaten für 4 Portionen

- 1 kg Venusmuscheln
- ¾ l trockener Weißwein
- 500 g Kartoffeln
- Salz
- 100 g Räucherspeck (Frühstücksspeck)
- 2 Stangen Bleichsellerie
- 1 Zwiebel
- 2 Knoblauchzehen
- 2 Frühlingszwiebeln
- 3 EL Butter
- 1 EL Mehl
- ¾ l Fischbrühe (Glas)
- 200 g Sahne
- Pfeffer aus der Mühle
- 1 Lorbeerblatt
- 1 Prise Cayennepfeffer
- etwas Worcestershiresauce
- Tabasco nach Geschmack

### Zeitbedarf
- 35 Minuten +
  25 Minuten garen

### So geht's

1. Die Muscheln putzen, waschen und nur die geschlossenen Muscheln in einen Topf legen. Weißwein darübergießen [→a], den Topf verschließen und die Muscheln so lange garen, bis sie sich öffnen, das dauert ca. 3–5 Minuten. Dabei den Topf öfter schütteln, damit die Muscheln gleichmäßig garen.

2. Aus ⅔ der Muscheln das Fleisch herauslösen [→b]. 8 Muscheln mit Schale als Garnitur zurückbehalten. Den Muschelsud durch ein Haarsieb gießen und beiseitestellen.

3. Die Kartoffeln waschen, schälen, in gleich große Viertel schneiden und in Salzwasser ca. 10 Minuten halb fertig garen. Abgießen und ausdampfen lassen. In der Zwischenzeit den Speck fein würfeln. Sellerie waschen und in kleine Stücke schneiden. Zwiebel und Knoblauchzehen abziehen und fein würfeln. Die Frühlingszwiebeln putzen und klein würfeln.

4. Die Speckwürfel in einem Topf auslassen, dann 2 EL Butter, Sellerie, Zwiebel- und Knoblauchwürfel hinzufügen. Unter ständigem Rühren 1 Minute garen, mit Mehl bestäuben und 1 Minute verrühren. Mit dem Muschelsud ablöschen und mit Fischfond aufgießen. Nach dem ersten Aufkochen die Hitze verringern, die Sahne einrühren, mit Salz und Pfeffer würzen und bei kleiner Hitze 10 Minuten sanft köcheln lassen. Dabei die Kartoffeln und das Lorbeerblatt zugeben und mitgaren.

5. In einer Pfanne 1 EL Butter erhitzen und darin die Frühlingszwiebeln 2 Minuten anschwenken. Das Muschelfleisch in die Fischsuppe geben und mit Cayennepfeffer, Worcestershiresauce und Tabasco abschmecken, das Lorbeerblatt entfernen. Die Suppe in vorgewärmte Suppenteller oder -schalen verteilen, mit den Frühlingszwiebeln garnieren und je 2 Muscheln mit Schale einlegen.

SANTA BARBARA

# SWEETS & DRINKS
## *kalifornische Trends*

## OYSTERSHOOTER

Das erste Mal soll der „Austern-Cocktail", der heute in Kalifornien eine Art Kultstatus hat, im Jahr 1860 zubereitet worden sein, als ein Goldgräber in der Nähe von San Francisco mit vielen Nuggets beladen zurückkam. Hocherfreut über die erfolgreiche Goldsuche bestellte er in einem Lokal Whiskey, Austern, Ketchup, Meerrettich, Essig und Worcestershire-Sauce. Zuerst trank er seinen Whiskey, dann gab er die Austern in das Glas und fügte die Gewürze dazu. Auf die erstaunte Frage des Barkeepers antwortete er, das sei ein Austern-Cocktail. Am nächsten Tag stand dieser als Spezialität auf der Karte des Lokals – und bald danach in ganz San Francisco.

### So geht's
Heute wird der Austernshooter so zubereitet: Pro Portion eine Auster öffnen und in ein gekühltes Glas (Tumbler) legen. Das Austernwasser dazugießen. 2 EL eiskalten Wodka, je 1 Spritzer Tabasco und Worcestershiresauce, etwas Zitronensaft, Salz und Pfeffer dazugeben. Oft wird auch noch 100 ml Tomatensaft, der mit allen Gewürzen gemischt wird, dazugegeben.
Der Aperitif wird in einem Ruck getrunken bzw. gegessen, daher der Name „Oystershooter".

## BUBBLE TEA

Ursprünglich stammt der Bubble Tea, auch Perlentee genannt, aus Taiwan. In den 1980er Jahren sorgte er dort das erste Mal für Schlagzeilen und kam dann über Umwege nach Kalifornien und auch nach Santa Barbara. Dort, genauer gesagt auf der Isla Vista, wurde er zum Kult-Drink und ein Café hatte von da an nur noch Bubble Tea auf der Karte.
Das Original besteht aus Schwarztee (Oolong, Earl Grey), Tapioka-Perlen, etwas Kondensmilch und Honig. Heute stellt man die Drinks auch auf Frucht- oder Milchbasis her. Auch Smoothies und Kaffee gibt es mit den Tapioka-Perlen, die aus Maniokwurzelmehl hergestellt werden. Die Bubble-Tea-Variationen werden meist kalt mit einem extra-dicken Strohhalm serviert, durch den man die Perlen ziehen und dann kauen kann. Heute gibt es die Drinks auch manchmal mit „Popping Boba", kleinen Perlen, die mit Fruchtsirup gefüllt sind. Beim Draufbeißen zerplatzen die Perlen und geben den fruchtigen Geschmack frei.

### Zutaten für 4 Gläser
100 g Tapioka-Perlen
500 ml starker kalter Schwarztee
250 ml Milch
2 EL Honig
150 g Crushed Ice

### So geht's
Die rohen Tapioka-Perlen in reichlich kochendes Wasser geben und 15 Minuten köcheln lassen. Den Topf vom Herd ziehen und die Perlen im Wasser weitere 15 Minuten ziehen lassen. Anschließend in ein Sieb gießen, mit kaltem Wasser abschrecken und abtropfen lassen. Die Perlen auf 4 Gläser verteilen.
In einem Cocktailshaker den Tee mit kalter Milch, Honig und Crushed Ice kräftig durchschütteln. Anschließend in die 4 Gläser gießen und mit dicken Strohhalmen servieren.

## S'MORE

Erfunden haben soll die süße Verführung, von der manche nicht genug kriegen können – s'more steht für „some more" –, Loretta Scott Crew, als sie mit einer Gruppe „Girl Scouts" in den 1920er Jahren beim Campen unterwegs war. Heute werden die Marshmallows nicht mehr nur am Lagerfeuer, auf einen Stock gespießt, gegrillt, sondern auch in feinen Restaurants.

### So geht's
Pro Portion 1 großen Marshmallow grillen. Entweder auf einem Stock über dem heißen Grill oder im Backofen auf Alufolie gelegt und bei 220 °C in 3–4 Minuten grillen. Je 1 gegrillten Marshmallow zwischen 2 Schoko-Butterkekse drücken und auf einen Teller geben. Mit frischen Früchten, z. B. Erdbeeren und Blaubeeren, garnieren.

## MOCHI-EISCREME

Im japanischen Viertel von Los Angeles wurde das Eis im Reismehlmantel vor einigen Jahren kreiert und findet seither immer mehr Anhänger. Die golfballgroßen Kugeln sind besonders in den Geschmacksrichtungen grüner Tee und Mango beliebt.

### Zutaten für 4 Portionen
8 kleine Kugeln Eis
50 g Mochi-Mehl (japanisches Reismehl)
100 g Zucker
100 ml Wasser
etwas Speisestärke
frische Früchte zum Garnieren

### So geht's
8 kleine Eiskugeln (Sorte nach Geschmack) im Gefrierschrank bereithalten. Für den Teig das Reismehl mit Zucker und Wasser in einer mikrowellengeeigneten Schüssel glatt rühren. Die Schüssel abdecken und für 2 Minuten (bei 800 Watt) in die Mikrowelle stellen. Dann kräftig umrühren, der Teig soll leicht transparent, glänzend sein. Nochmals für 30 Sekunden in die Mikrowelle stellen.
Auf einer Arbeitsfläche Frischhaltefolie auslegen und mit etwas Speisestärke bestreuen. Den Teig auf die Folie geben und abkühlen lassen. Dann mit etwas Speisestärke bestreuen, Folie darauflegen und den Teig dünn ausrollen.
In 8 Stücke teilen. Die Eiskugeln jeweils mit 1 Teigstück ummanteln und dann für 2 Stunden in den Gefrierschrank stellen.
Beim Anrichten die Eiskugeln mit frischen Früchten wie Erdbeeren, Bananenscheiben und hellen, kernlosen Weintrauben garnieren.
Mochi-Eis wird in Kalifornien meist mit den Fingern oder mithilfe eines Zahnstochers verzehrt.

# CALIFORNIA ROLL
## mit Krebsfleisch & Avocado

MIT VERSCHIEDENEN FEINEN ZUTATEN GEFÜLLT UND IN GERÖSTETEM SESAM GEWÄLZT – DIESE „INSIDE-OUT-RÖLLCHEN" SIND DIE KALIFORNISCHE SUSHI-VARIANTE.

### Für 30 Sushiröllchen

**Für den Reis**

250 g Sushi-Reis

6 EL Reisessig

1 EL Zucker

1 gestr. TL Salz

**Für die Röllchen**

1 Salatgurke

2 reife Avocados

Saft von ½ Zitrone

150 g Surimi oder Krebsfleisch

5 getrocknete Nori-Blätter

5 EL geröstete Sesamsamen

etwas Wasabi

etwas Sojasauce

eingelegte Ingwerscheibchen

### besonderes Werkzeug
- 1 Bambus-Sushimatte

### Zeitbedarf
- 30 Minuten +
  15 Minuten garen +
  15 Minuten kühlen

### So geht's

1. Den Reis in einem Sieb unter fließend kaltem Wasser waschen, bis das Wasser klar bleibt, gut abtropfen lassen. Anschließend in einem Topf mit 300 ml Wasser aufkochen und 2 Minuten köcheln lassen. Dann die Herdplatte ausstellen und den Reis bei geschlossenem Topf ca. 10 Minuten ausquellen lassen. Anschließend abkühlen lassen. Reisessig mit Zucker und Salz kurz aufkochen, abkühlen lassen und mit dem Sushi-Reis vermischen.

2. Die Gurke schälen, längs halbieren und mit einem Löffel entkernen. In längliche, dünne Streifen schneiden. Die Avocados der Länge nach halbieren, Schale und Kerne entfernen und das Fruchtfleisch in lange, dünne Streifen schneiden. Mit Zitronensaft beträufeln. Surimi in längliche Streifen schneiden. Alle Zutaten in 5 Portionen teilen, ebenso den Sushi-Reis.

3. Die Nori-Blätter kurz rösten. Vorsicht, sie können leicht verbrennen! Die Bambusmatte auf eine Arbeitsfläche legen und mit Frischhaltefolie belegen. Darauf ein Nori-Blatt geben und darauf breitflächig mit feuchten Händen Reis verteilen, die Ränder dabei etwas freilassen. Eine Lage Frischhaltefolie darüberlegen [→a]. Jetzt das Nori-Blatt vorsichtig umdrehen, sodass der Reis auf der Klarsichtfolie liegt.

4. Quer mittig auf dem Nori-Blatt eine Bahn Gurken-, Avocado- und Krebsfleischstreifen legen [→b]. Mithilfe der Matte alles zu einer Rolle aufdrehen und an den Enden leicht zusammendrücken. Die Rolle in gerösteten Sesamsamen wälzen. Mit einem scharfen Messer die Rolle in der Mitte durchschneiden, jede Hälfte in 3 gleich große Stücke schneiden.

5. Mit den anderen 4 Nori-Blättern genauso verfahren. Die fertigen Röllchen auf eine Platte legen und mit Wasabi, Sojasauce und eingelegten Ingwerscheibchen servieren.

SUSHI

[a]

[b]

# DAS IST *wirklich* WICHTIG

**[a] FRISCHHALTEFOLIE** sorgt dafür, dass sich die Bambusmatte leichter reinigen lässt, und auch, dass man das mit Reis belegte Nori-Blatt sicher wenden kann.

**[b] DIE ALGENBLÄTTER** gewinnen an Geschmack, wenn man sie vor dem Belegen röstet. Dafür kurz über eine heiße Herdplatte ziehen oder in einer beschichteten Pfanne erhitzen. Dann die Gemüse- und Surimistreifen darauflegen.

# CARPINTERIA
## im Einklang mit der Natur

EIN WUNDERSCHÖNER KÜSTENORT AM PAZIFIK UND DAHINTER EINE IDYLLISCHE, HÜGELIGE LANDSCHAFT – EINE WELT FÜR SICH, MIT FARMEN, AUF DENEN EINFACH ALLES ZU WACHSEN UND ZU GEDEIHEN SCHEINT.

CARPINTERIA

# IN CARPINTERIA
## *den Tag genießen*

**IM KLEINEN, MALERISCHEN STRANDORT CARPINTERIA HERRSCHT NUR SELTEN TRUBEL. WENN NICHT GERADE DAS JÄHRLICH STATTFINDENDE, VIEL BESUCHTE AVOCADO-FESTIVAL GEFEIERT WIRD, GEHT ES HIER EHER RUHIG UND BESCHAULICH ZU.**

Es ist früh am Morgen und die Linden Avenue füllt sich langsam mit Leben. Vor einer wunderschönen Kulisse mit Bergen und Avocadobäumen beginnt ein neuer Tag und wie fast immer scheint hier die Sonne. Die Café- und Restaurantbesitzer entlang der Hauptstraße, die direkt auf den langen Sandstrand – den „sichersten Strand der Welt" – zuführt, richten die kleinen bunten Tische für ihre Gäste her. Die ersten Surfer, die schon mit ihrem Brett unter dem Arm zum Rincon Point unterwegs sind, trinken hier vorher noch einen Kaffee.

Am Ende der Linden Avenue fegt ein imposanter, weißbärtiger Mann mit Schürze den Gehweg. Sternekoch James Sly sorgt vor seinem Restaurant „Sly's" selbst für Ordnung. Danach fährt er täglich mit seinem alten VW zum Markt oder in das Hinterland, in die Berge von Carpinteria, um frisches Gemüse, Früchte und Fleisch zu kaufen. Hier gibt es viele Farmen, jeder kennt jeden. Es ist ruhig hier, die Gegend erinnert an das Amerika der 50er Jahre, und man begegnet der Natur mit großem Respekt.

In der Santa Claus Lane, etwas außerhalb von Carpinteria, wo über 50 Jahre lang ein überdimensional großer Weihnachtsmann an der Straße stand, ticken die Uhren noch langsamer. Ein perfekter Ort, um mit Ruhe und Gelassenheit in den Tag zu starten. Im „Garden Market", wo es auch Lavendelpflanzen, außergewöhnliche Duftkerzen, Kunst und Wein gibt, kann man sich mit Caffè latte und Croissant einen Platz im dahinterliegenden Garten suchen, umgeben von Terrakotta- und Kräutertöpfen. Noch schöner ist es aber, beides einfach in die Hand zu nehmen und über ein paar kleine Felsen hinunter zum Meer zu gehen. Nach einem langen Spaziergang am Santa-Claus-Strand hat man schnell wieder Appetit, doch für einen Restaurantbesuch ist es noch zu früh. Da gibt's nur eins: eine Pause beim „Hot Dog Man". Schon von weitem ist sein rotschimmernder Stand mit der großen Amerika-Flagge auf dem Dach zu erkennen. Tagaus, tagein steht Bill Connell hier und verkauft seine Hot Dogs. Die gibt es mit viel Sauerkraut, Zwiebeln, Senf und Gurken-Relish. Gratis dazu gibt es meist noch eine von Bills Geschichten, ob von seiner Zeit als Soldat in Deutschland oder als Boxer.

Mittlerweile ist es Spätnachmittag in Carpinteria und die Einheimischen treffen sich in der Brauerei „The Island Brewing Company", direkt am Meer. Wie könnte man in der Stadt und Region, die für Avocados und auch für Lebensfreude steht, einen Tag besser ausklingen lassen als in Gesellschaft, bei einem Glas Avocado-Bier und Live-Musik. Und da ist auch wieder der „Hot Dog Man", auch er verbringt hier seinen Feierabend.

# SPARGEL-AUFLAUF
## *mit Ziegenkäse*

GANZ EINFACH ZUZUBEREITEN UND EINE VORSPEISE, MIT DER MAN GÄSTE BEEINDRUCKEN KANN: GRÜNER SPARGEL MIT LAUCH, CHAMPIGNONS UND WÜRZIGEM ZIEGENKÄSE IM OFEN GEBACKEN.

### Zutaten für 4 Vorspeisen

- 500 g grüner Spargel
- 1 Stange Lauch (nur das Weiße)
- 1 Knoblauchzehe
- 250 g Champignons
- 1 EL Butter
- Salz, Pfeffer aus der Mühle
- Butter für die Form
- 250 g knuspriges Baguette
- 2 Eier
- 1 TL Dijon-Senf
- 500 ml Milch
- 1 EL gehacktes Basilikum
- 250 g Ziegenweichkäse (Rolle)

### Zeitbedarf
- 30 Minuten + ca. 2 Stunden ruhen + 40 Minuten backen

### So geht's

1. Die Spargelstangen putzen und die Enden großzügig entfernen. Den Spargel in etwa 2 cm große Stücke schneiden. Den Lauch längs halbieren, zwischen den Blattschichten gründlich waschen und quer in dünne Streifen schneiden. Die Knoblauchzehe abziehen und fein würfeln. Die Champignons putzen und in Scheiben schneiden.

2. Die Butter in einer Pfanne erhitzen und darin die Lauchstreifen und den Knoblauch glasig dünsten. Die Champignonscheibchen und die Spargelstücke dazugeben und ca. 4 Minuten bei mittlerer Hitze garen. Mit Salz und Pfeffer würzen. Die Pfanne beiseiteziehen. Eine Auflaufform mit Butter ausstreichen.

3. Das Brot in etwa 2 cm große Stücke schneiden und mit der Hälfte davon den Boden der Form bedecken. Darüber das Pfannengemüse verteilen [→a] und mit den restlichen Brotwürfeln bedecken.

4. Die Eier mit Senf verrühren, mit der Milch aufschlagen und das gehackte Basilikum unterziehen. Den Ziegenkäse in Scheibchen schneiden [→b], auf den Brotwürfeln gleichmäßig verteilen und die Eiermilch langsam darübergießen. Leicht andrücken. Die Form für ca. 2 Stunden in den Kühlschrank stellen.

5. Den Backofen auf 200 °C (Umluft 180 °C) vorheizen. Die Auflaufform aus dem Kühlschrank nehmen. In den Ofen schieben und ca. 40 Minuten backen. Den Spargel-Auflauf in 4 Portionen teilen und auf Tellern anrichten.

Dazu passt ein gemischter Blattsalat sehr gut.

**SO SCHMECKT´S AUCH** Das gedünstete Pfannengemüse auf Baguette-Scheiben verteilen und mit je 1 dünnen Scheibe Ziegenkäse belegen. Die Brotscheiben auf ein mit Backpapier ausgelegtes Blech legen und im Backofen ca. 5–6 Minuten gratinieren.

SPARGEL

## DAS IST *wirklich* WICHTIG

**[a] EINSCHICHTEN** Das Pfannengemüse sollte schon etwas abgekühlt sein, bevor man es in die Auflaufform gibt und auf den Weißbrotwürfeln verteilt.

**[b] ZIEGENKÄSE** eignet sich sehr gut zum Überbacken und harmoniert mit seiner würzigen Note besonders gut mit dem grünen Spargel und den Champignons.

[a]

[b]

# GRÜNER SPARGEL
*würzig mariniert*

EINGELEGT IN DIE ASIATISCH INSPIRIERTE MARINADE MIT INGWER UND FEURIGEM CHILI SCHMECKT DER SPARGEL BESONDERS AROMATISCH.

**Zutaten für 4 Vorspeisen**

- 1 kg grüner Spargel
- Salz
- 2 cm frische Ingwerwurzel
- 2 Knoblauchzehen
- 5 EL helle Sojasauce
- 5 EL Reisessig
- 1 EL Agavendicksaft (oder Ahornsirup)
- 3 EL Sonnenblumenöl
- 1 Prise Cayennepfeffer
- 1 kleine, rote Chilischote
- 1 EL geröstete Sesamsamen

**Zeitbedarf**
- 20 Minuten + 3 Stunden marinieren

**So geht's**

1. Den Spargel putzen, die Enden abschneiden und den Spargel nur im unteren Drittel schälen. Ca. 7–8 Minuten in kochendem Salzwasser gar ziehen. Abgießen, mit eiskaltem Wasser abschrecken und abtropfen lassen. Ingwer und Knoblauch schälen und fein hacken. Zusammen mit Sojasauce, Reisessig, Agavendicksaft und Sonnenblumenöl verrühren. Mit etwas Cayennepfeffer würzen.

2. Die Spargelstangen in eine Form legen, mit der Marinade begießen, abdecken und für 2–3 Stunden in den Kühlschrank stellen.

3. Kurz vor dem Servieren die Chilischote waschen, entkernen, Stielansatz entfernen und in feine Ringe schneiden. Sesamsamen kurz in einer Pfanne ohne Fett anrösten. Die Marinade abgießen und die Spargelstangen auf 4 Tellern anrichten Die Chiliringe darauf verteilen und alles mit Sesam bestreuen.

Dazu schmeckt röstfrisches Knoblauchbaguette oder Walnussbrot sehr gut.

**SO SCHMECKT´S AUCH** Grünen Spargel in 2 cm große Stücke schneiden und mit gehacktem Knoblauch, Chili und Ingwer in 1 EL Butter 7–8 Minuten dünsten. Mit Sojasauce, Reisessig, Agavendicksaft und schwarzem, grob geschrotetem Pfeffer würzen. Heiß, lauwarm oder kalt genießen. Mit gerösteten Sesamsamen garnieren.

# SANDWICH
*mit Spargel & Mandeln*

GRÜNER SPARGEL MIT WÜRZIGEM MANDELMUS UND MIT KÄSE ÜBERBACKEN: SCHMECKT KÖSTLICH ALS VORSPEISE ODER AUCH ALS FEINER SNACK.

**Zutaten für 4 Vorspeisen**

- 1 kleine Knoblauchknolle
- 40 g Mandelblättchen
- 500 g grüner Spargel
- 3 EL Olivenöl
- Saft von 1 Limette
- 1 kräftige Prise Meersalz
- Pfeffer aus der Mühle
- 4 große Scheiben Ciabatta-Brot
- 100 g Cheddarkäse

**Zeitbedarf**
- 30 Minuten

**So geht's**

1. Den Backofen auf 200 °C (Umluft 180 °C) vorheizen. Die Knoblauchknolle in eine feuerfeste Form legen und im vorgeheizten Backofen etwa 20 Minuten garen lassen. In der Zwischenzeit die Mandelblättchen in einer heißen beschichteten Pfanne 2–3 Minuten rösten, bis sie duften. Herausnehmen und auf einen Teller legen.

2. Die Spargelstangen putzen und längs so zurechtschneiden, dass sie die Länge der Brotscheiben haben. In eine Auflaufform geben, mit 2 EL Olivenöl beträufeln und im Backofen 6–8 Minuten garen. Die Knoblauchknolle aus dem Backofen nehmen und den weichen Knoblauch aus den Schalen drücken. Zusammen mit Limettensaft, 1 EL Olivenöl, Meersalz, Pfeffer sowie den Mandeln im Mixer pürieren. Die Brotscheiben für 3–4 Minuten im Backofen rösten.

3. Die gerösteten Brotscheiben mit Mandel-Knoblauch-Mus bestreichen. Darauf die Spargelstangen verteilen. Mit grob geraspeltem Cheddarkäse bestreuen und nochmals für 2–3 Minuten in den Backofen schieben.

Dazu passt ein Glas gut gekühlter kalifornischer Chardonnay.

**SO SCHMECKT´S AUCH** Die Brotscheiben mit Mandel-Knoblauch-Mus bestreichen und im Backofen kurz grillen. Die Spargelstangen mit geraspeltem Cheddar gratinieren. Die gratinierten Spargelstangen anrichten und je 1 Scheibe geröstetes Ciabattabrot dazu auf den Teller legen.

# SPARGELSUPPE
## mit Parmesanplätzchen

EINE KÖSTLICHE SUPPE, DIE AUCH MIT WEISSEM SPARGEL ZUBEREITET WERDEN KANN. DER GRÜNE SPARGEL WIRD HIER AUSNAHMSWEISE MAL GESCHÄLT, DA ER PÜRIERT WERDEN MUSS.

**Zutaten für 4 Portionen**

- 1 kg grüner Spargel
- Salz
- 1 EL Zitronensaft
- 1 TL Zucker
- 2 EL Butter
- 1 kleine Zwiebel
- ½ l Gemüsebrühe
- 1 TL getrockneter Thymian
- 100 g Sahne
- Pfeffer aus der Mühle
- 100 g Parmesankäse
- Backpapier

**Zeitbedarf**
- 25 Minuten + 25 Minuten garen

**So geht's**

1. Den Spargel schälen, holzige Enden abbrechen und die Spargelköpfe beiseitelegen. Die Stangen in etwa 1 cm große Stücke schneiden. Die Schalen in kochendem Salzwasser mit Zitronensaft, Zucker und 1 Stich Butter ca. 10 Minuten garen. Die Zwiebel abziehen und fein würfeln.

2. Die gegarten Schalen in einem Sieb abgießen, von dem Sud ½ l für die Suppe beiseitestellen. Die restliche Butter in einem Topf erhitzen und darin die Zwiebelwürfelchen 3–4 Minuten glasig dünsten. Mit Gemüsebrühe und Spargelwasser aufgießen und dabei den Thymian einrühren.

3. Die Spargelstücke zugeben, etwa 10 Minuten kochen lassen, dann die Suppe mit einem Mixstab pürieren und durch ein Sieb gießen. Mit Sahne verfeinern und mit Salz und Pfeffer würzen. Die Spargelköpfe einlegen und 2–3 Minuten garen. Nochmals abschmecken. Den Backofen auf 200 °C (Umluft 180 °C) vorheizen.

4. Ein Backblech mit Backpapier auslegen. Den Parmesan reiben. Jeweils 1 EL Parmesan, mit genügend Abstand zum nächsten, auf dem Backblech verteilen. Jedes Käsehäufchen mit dem Löffelrücken etwas flacher drücken. Im Backofen auf der mittleren Schiene 5–6 Minuten backen. Aus dem Ofen nehmen und die Parmesan-Chips vom Backpapier lösen. Die Chips erst kurz vor dem Servieren backen, da sie sonst leicht „gummiartig" werden, wenn sie zu lange stehen. In den letzten Backminuten darauf achten, dass man sie, sobald die Ränder bräunlich werden, aus dem Ofen nimmt, da sie sehr schnell zu dunkel werden. Die Parmesan-Chips mit der Suppe servieren.

CARPINTERIA

# DIE AVOCADO
## *cremig-frische Powerfrucht*

**URSPRÜNGLICH AUS MEXIKO, IST SIE INZWISCHEN AUCH AN DER AMERIKANISCHEN RIVIERA ZU HAUSE. UND ÜBERZEUGT NICHT NUR GESCHMACKLICH, SONDERN IST MIT VIELEN VITAMINEN, MINERALIEN UND UNGESÄTTIGTEN FETTSÄUREN AUCH SEHR GESUND.**

Hier startete die Avocado ihre Karriere 1871, als R.B. Ord drei Bäume aus Mexiko mitbrachte und in der Region um Carpinteria anpflanzte – allerdings mit noch verhaltenem Erfolg. Auch Carl Schmidt reiste in Richtung Süden, um sich dort nach Bäumen von besonders hoher Qualität umzuschauen. Von den Setzlingen, die er mitbrachte, wollte nur einer gedeihen, der sogar eine schlimme Frostperiode im Jahr 1913 überstand. So kam die beliebte Sorte auch zu ihrem Namen „Fuerte", was „stark" bedeutet.

Eine weitere populäre Sorte brachte der Postangestellte Rudolph Hass 1926 aus Guatemala nach Kalifornien. Doch auch sie hatte Schwierigkeiten im fremden Klima und brachte erst vier Jahre später, als Hass schon nicht mehr an seinen Traum als Avocadozüchter glaubte, Ertrag. Die hochwertige, dunkelhäutige Hass-Avocado mit ihrem cremig-nussigen Geschmack konnte sich aber nicht sofort gegen die beliebte grüne Fuerte durchsetzen. Erst Ende der 1960er Jahre lief sie ihr zunehmend den Rang ab.

Heute ist Kalifornien das Hauptanbaugebiet von Avocados in den USA und wichtiger Exporteur. Vor allem in der Region um Carpinteria reiht sich Avocadobaum an Avocadobaum. Viele Farmer stellen an der Einfahrt zu ihrem Gut Kartons mit frisch geernteten Avocados auf, die man für wenig Geld, das man in das danebenstehende Kästchen wirft, erwerben kann. Auch gegen einen persönlichen Besuch haben die Farmer meist nichts – ganz im Gegenteil. Ein besonderes Highlight ist das jährliche, Anfang Oktober stattfindende Avocado-Festival in Carpinteria. Über 100.000 Besucher kommen zu dieser Zeit in die kleine Stadt, um die Avocado in all ihrer Vielfalt zu genießen: Von Avocado-Eiscreme über Avocado-Bier bis hin zu Avocado-Pudding. Und beim abschließenden Avocado-Wettbewerb werden die größten Früchte feierlich prämiert.

Beim Einkauf sollte man möglichst feste Avocados wählen, die am besten noch ihren kurzen Stiel haben. Dadurch wird garantiert, dass keine Bakterien in die Frucht eindringen konnten. Da Avocados unreif in den Handel gelangen, können sie bei Raumtemperatur zwei bis zehn Tage gelagert werden, im Kühlschrank sogar einige Wochen. Der Reifungsprozess kann beschleunigt werden, wenn man die Avocados in einer Papiertüte, zusammen mit einer Orange oder einem Apfel, lagert.

Für die Zubereitung schneidet man die weiche Frucht der Länge nach bis zum Kern ein, nimmt sie in beide Hände und dreht die Hälften leicht gegeneinander. Den Kern entfernen und das Fruchtfleisch mit etwas Zitronen- oder Limettensaft beträufeln, um die schnelle Oxidation zu vermeiden. Und nun lässt sich die Frucht auf vielfältigste Weise weiterverarbeiten.

# FENCHELSALAT
## *mit Avocado & Shrimps*

EIN VITAMINREICHER FITNESS-SALAT MIT FENCHEL UND AVOCADO, HARMONISCH ERGÄNZT DURCH DAS SÜSSLICHE FRUCHTFLEISCH DER ROTEN GRAPEFRUIT, DAZU GEBRATENE SHRIMPS – SO KÖSTLICH SCHMECKT DER SOMMER.

### Zutaten für 4 Vorspeisen

- 1 rote Grapefruit
- 1 Schalotte
- 125 ml kalt gepresstes Olivenöl
- Saft von 1 Limette
- ½ TL Fenchelsamen
- grobkörniges Salz
- Pfeffer aus der Mühle
- 400 g rohe, geschälte Jumbo-Shrimps (Tiger Prawns)
- 1 kleiner Kopfsalat
- 50 g Feldsalat
- ½ Fenchelknolle
- 1 kleiner Bund Koriander
- 1 reife Avocado
- nach Belieben 100 g Fetakäse

### Zeitbedarf
- 40 Minuten

### So geht's

1. Die Grapefruit schälen und die weiße Haut vollständig entfernen. Die Grapefruit halbieren und 1 Hälfte filetieren [→a]. Das übrige Fruchtfleisch zu Saft auspressen.

2. Die Schalotte abziehen und fein würfeln. Zusammen mit 3 EL Grapefruitsaft, 100 ml Olivenöl und Limettensaft verrühren, am besten in einem Becher oder einem Glas mit Deckel. Die Fenchelsamen fein hacken oder mörsern und dazugeben. Mit Salz und Pfeffer würzen.

3. Die Shrimps waschen, mit Küchenpapier trocken tupfen und in eine Schüssel legen. Mit der Hälfte des Dressings beträufeln, abdecken und 30 Minuten ziehen lassen. In der Zwischenzeit den Kopfsalat in schöne Stücke zerpflücken, waschen und trocken schleudern. Den Feldsalat säubern, waschen und ebenfalls trocken schleudern.

4. Den Fenchel putzen, längs vierteln und den harten Strunk entfernen. Den Fenchel in Streifen schneiden. Den Koriander waschen, trocken schwenken, die Blättchen abzupfen und fein hacken. Die Avocado schälen, den Kern entfernen und das Fruchtfleisch in kleine Würfel schneiden. Den Fetakäse mit einem Messer in Stückchen bröckeln.

5. In einer großen Schüssel Kopfsalat, Feldsalat, Koriander und Fenchelstreifen locker vermengen. Das Dressing im geschlossenen Becher kurz schütteln, über den Salat gießen, mit Salz und Pfeffer abschmecken und alles vermischen.

6. Das restliche Olivenöl in einer Pfanne erhitzen und darin die abgetropften Shrimps auf jeder Seite ca. 1 Minute braten [→b]. Den Salat auf 4 Teller verteilen. Grapefruit, Avocado und Shrimps darauf anrichten. Mit Fetakäse bestreuen.

**SO SCHMECKT'S AUCH** Varianten sind beim Salat (verschiedene Blattsalate) und den Kräutern möglich – wer den intensiven Koriander nicht so gerne mag, kann glatte Petersilie oder gemischte Kräuter verwenden. Etwas mehr Schärfe, die besonders gut in der Kombination mit Koriander passt, bekommt das Dressing durch 1 klein gewürfelte Chilischote oder durch 1 TL gehackten Ingwer.

AVOCADO

## DAS IST *wirklich* WICHTIG

**[a] FILETIEREN** Die Filets der sorgfältig geschälten Grapefruit mit einem sehr scharfen Messer herausschneiden, sodass nur die Trennwände stehen bleiben.

**[b] PERFEKT BRATEN** Shrimps immer nur kurz und nicht zu heiß braten, sonst werden sie zäh. Sie sind fertig, wenn sie sich rötlich verfärben und nicht mehr glasig aussehen.

[a]

[b]

# AVOCADOSUPPE
## *mit Krebsschwänzen*

EIN KÖSTLICH-CREMIGES SÜPPCHEN MIT FEINER MEERESFRÜCHTE-EINLAGE, EISKALT SERVIERT – PERFEKT FÜR HEISSE TAGE.

### Zutaten für 4 Portionen

- 1 kleine Zwiebel
- 2 Knoblauchzehen
- 1 mild-würzige Chilischote (z.B. Poblano)
- 1 kleiner Bund Koriander
- 1 EL Olivenöl
- 1 l Gemüsebrühe
- Saft von 1 Limette
- 1 kräftige Prise Kreuzkümmel
- 2 reife Avocados
- 150 g Sauerrahm
- Salz, Pfeffer aus der Mühle
- 100 g Krebsschwänze (Kühlregal)

### Zeitbedarf
- 30 Minuten + 90 Minuten kühlen

### So geht's

1. Zwiebel und Knoblauchzehen abziehen und fein würfeln. Die Chilischote waschen, Stielansatz und Kerne entfernen, dann fein würfeln. Den Koriander waschen, trocken schwenken, die Blättchen abzupfen und fein hacken.

2. Das Olivenöl in einem Topf erhitzen und darin Zwiebel-, Knoblauch- und Chiliwürfel unter Rühren 2 Minuten andünsten. Mit knapp 1 l Gemüsebrühe ablöschen und auf über die Hälfte einkochen lassen. Den Topf vom Herd ziehen und unter die Reduktion Koriander, die Hälfte des Limettensafts und Kreuzkümmel rühren.

3. Die Brühe bei Zimmertemperatur abkühlen lassen und zum vollständigen Durchkühlen für 1 Stunde in den Kühlschrank stellen. Die Avocados schälen, Kerne entfernen und das Fruchtfleisch klein schneiden. Mit dem restlichen Limettensaft beträufeln und mit dem Sauerrahm vermengen.

4. Die abgekühlte Brühe mit dem Avocado-Sauerrahm im Küchenmixer fein pürieren. Mit Salz und Pfeffer würzen. Nochmals zum Durchziehen für 20 Minuten in den Kühlschrank stellen. Zum Servieren die Krebsschwänze in Suppenschalen verteilen und mit der gut gekühlten Avocadocreme auffüllen.

Dazu schmeckt ein röstfrisches Baguette.

**SO SCHMECKT´S AUCH** Anstelle von Krebsfleisch kann man als Suppeneinlage auch Garnelen oder Räucherlachs, den man in schmale Streifen schneidet, verwenden.

# AVOCADO
## *mit Gurkencreme*

FEIN GEFÜLLT MIT FRISCHKÄSE UND ZITRONIG-WÜRZIG ABGESCHMECKT: IDEAL ALS VORSPEISE ODER KLEINER SNACK.

### Zutaten für 4 Vorspeisen

- 1 kleine Salatgurke
- ½ Bund Schnittlauch
- Saft und Schale von ½ Bio-Limette
- 150 g Frischkäse oder Ricotta
- 2 EL Pistazienkernöl
- Salz, Pfeffer aus der Mühle
- 1 Prise Muskatnuss
- 2 reife Avocados
- 2 EL Pistazien

### Zeitbedarf
- 20 Minuten + 30 Minuten kühlen

### So geht's

1. Die Salatgurke waschen, schälen, längs durchschneiden, entkernen und das Fruchtfleisch klein würfeln. Den Schnittlauch säubern und in Röllchen schneiden. Limetten-Abrieb und die Hälfte des Limettensafts zusammen mit Frischkäse und Pistazienöl cremig rühren. Nach und nach die Gurkenwürfel und die Schnittlauchröllchen daruntermengen.

2. Die Gurkencreme mit Salz, Pfeffer und Muskatnuss würzen. Mit Folie abdecken und im Kühlschrank 30 Minuten durchziehen lassen.

3. Die Avocados halbieren, die Kerne entfernen und die Käsecreme in die Avocadohälften füllen. Die Pistazien fein hacken und darüberstreuen.

**SO SCHMECKT'S AUCH** Pistazienkernöl passt besonders gut, aber man kann auch ein anderes gutes Nussöl wie Walnuss-, Haselnuss- oder Macadamiaöl verwenden.

# AVOCADOSALAT
## *mit Blaubeeren*

EINE RAFFINIERTE MISCHUNG: HIER WIRD DER GRÜNE ALLROUNDER MIT SÜSSEN FRÜCHTEN UND BEEREN KOMBINIERT.

### Zutaten für 4 Portionen

- 2 EL Walnusshälften
- 1 kleine Mango
- 100 g Blaubeeren
- 150 g grüne Blattsalate-Mischung
- ½ Bund Schnittlauch
- 1 reife Avocado
- Saft von ½ Limette
- 1 großer Apfel (z. B. Golden Delicious)

### Für das Dressing

- 1 EL Honig
- 150 g Naturjoghurt
- 1 kräftige Prise gemahlener Zimt
- 100 ml Orangensaft (oder mit Grapefruitsaft gemischt)
- Salz, Pfeffer aus der Mühle

### Zeitbedarf
- 35 Minuten

### So geht's

1. Die Walnusshälften in einer heißen Pfanne ohne Fett 2–3 Minuten unter Schwenken rösten. Kurz abkühlen lassen und dann grob hacken. Die Mango schälen, das Fruchtfleisch vom Kern abschneiden und klein würfeln. Die Blaubeeren waschen und vorsichtig trocken tupfen.

2. Die Blattsalate waschen und trocken schleudern, evtl. noch etwas kleiner zupfen. Den Schnittlauch säubern und in feine Röllchen schneiden. Die Avocado schälen, den Kern entfernen und das Fruchtfleisch in kleine Würfel schneiden; mit etwas Limettensaft beträufeln.

3. Den Apfel schälen, entkernen und ebenfalls in Würfel schneiden, mit dem restlichen Limettensaft beträufeln. Blaubeeren, Mango-, Avocado- und Apfelwürfel in eine Schüssel geben. Die Blattsalate in eine zweite Schüssel geben. Für das Dressing Honig, Joghurt sowie Zimt kräftig verrühren. Mit Orangensaft etwas aufschlagen und mit Salz und Pfeffer würzen.

4. Etwa ⅔ des Dressings mit der Fruchtmischung locker vermengen. Das restliche Dressing mit den Blattsalaten vermischen. Die Blattsalate auf 4 Teller breitflächig verteilen. Darauf die Fruchtmischung anrichten und mit Schnittlauch und Walnüssen garnieren.

Dazu passt geröstetes Knoblauch- oder Kräuterbaguette sehr gut.

**SO SCHMECKT'S AUCH** Diesen Salat kann man auch gut als Hauptmahlzeit servieren, dann die Zutatenmengen jeweils verdoppeln. Zusätzlich über den Salat noch gebratene Hähnchenbrust- oder Putenstreifen, gegrillte oder gebratene Garnelen oder Fischfilets geben.

# AVOCADOS
## *köstlicher & gesunder Genuss*

DIE GRÜNEN ODER SCHWARZEN FRÜCHTE FEHLEN AUF KEINER SPEISEKARTE: ZUM FRÜHSTÜCK, MITTAG- ODER ABENDESSEN ODER EINFACH ALS KLEINER SNACK ZWISCHENDURCH. OB ROH, GEGRILLT ODER IM SALAT, ALS SANDWICHBELAG, PÜRIERT ZUM DIPPEN, ALS FÜLLUNG ODER MIT ANDEREN ZUTATEN KOMBINIERT – AVOCADOS SIND VIELSEITIG EINSETZBAR UND ÜBERZEUGEN STETS DURCH IHR FEINES AROMA.

### GEGRILLTE AVOCADO

2 reife Avocados schälen, halbieren, die Kerne entfernen und das Fruchtfleisch in dünne Scheiben schneiden. Mit einer Mischung aus dem Saft von 1 Limette sowie 2 EL Olivenöl begießen. Zum Grillen die Avocadoscheiben in eine Grillschale legen und über dem heißen Grill unter Wenden 2–3 Minuten grillen. Erst danach mit Salz und Pfeffer würzen.
Passt wunderbar als Beilage zu Fisch, Meeresfrüchten und Fleisch.

### BACARA GUACAMOLE

1 süßlich-scharfe Peperoni rösten und klein würfeln. Zusammen mit ½ klein gehackten Zwiebel und 1 geschälten, entkernten, in kleine Würfel geschnittenen Tomate sowie 1 EL gehacktem Koriander in einer Schüssel vermengen. 3 Avocados halbieren, die Kerne entfernen und das weiche Fruchtfleisch aus den Hälften herauslöffeln. Mit dem Saft von 1 Limette und etwas Salz mit einer Gabel gut unter die vorbereiteten Zutaten mengen.
So schmeckt's auch: Anstatt Koriander dieselbe Menge klein gehacktes Basilikum verwenden und zusätzlich 100 g zerkleinerten, zerkrümelten Fetakäse unterrühren.

### AVOCADO-FRISCHKÄSE

Das Fruchtfleisch von 1 reifen Avocado mit einer Gabel zerdrücken und mit dem Saft von 1 Limette vermischen. 250 g Frischkäse, ½ in feine Würfel geschnittene Zwiebel und 2 EL gehackte Kerbelblätter untermengen. Mit Salz und Cayennepfeffer nach gewünschter Schärfe würzen. Die Avocado-Creme mit Folie abdecken und 1 Stunde im Kühlschrank durchziehen lassen.
Passt gut als Dip für Gemüsestangen wie Fenchel, Möhren oder Paprikaschoten und schmeckt auch sehr gut mit Crackern.

### AVOCADO-BRUSCHETTA

In einer Schüssel 1 geschälte, klein gewürfelte Avocado mit 250 g klein gehackten, gehäuteten und entkernten Tomaten sowie 1 roten gewürfelten Zwiebel und 1 gehackten Knoblauchzehe locker vermengen. 2 EL Olivenöl, 1 EL gehacktes Basilikum und 2 EL gehackte Petersilie untermischen und alles mit Salz und Pfeffer würzen. 1 kleines Ciabattabrot in Scheiben schneiden, im Backofen bei 200 °C (Umluft 180 °C) einige Minuten rösten und anschließend mit der Avocadomischung belegen.

### AVOCADO-TARTINES

Pro Portion 1 Scheibe Bauernbrot grillen und mit 1 EL Aioli (Knoblauchmayonnaise) bestreichen. Darauf ½ in dünne Scheiben geschnittene Tomate legen und mit Salz würzen. Darüber 1 knusprig gegrillte Scheibe Frühstücksspeck geben und mit ¼ in Scheibchen geschnittener Avocado abschließen. Mit Basilikumblättchen garnieren.
Für eine selbst gemachte Aioli (für 4 Portionen) 4 Knoblauchzehen abziehen und mit ½ TL Salz sowie 1 TL Dijon-Senf im Küchenmixer zerkleinern. 2 Eigelbe mit aufschlagen und langsam nach und nach 100 ml Olivenöl zugießen. So lange rühren, bis die Sauce cremig aufgeschlagen ist. Aioli vor der Verwendung gut abgedeckt im Kühlschrank 30 Minuten ruhen lassen.

### SANTA BARBARA CAPRESE

2 Tomaten waschen, in dünne Scheiben schneiden und breitflächig auf 4 Teller verteilen. Mit je 1 Basilikumblatt und 1 Scheibe Mozzarella belegen. 1 Avocado schälen, den Kern entfernen und das Fruchtfleisch in Scheibchen schneiden. Je 1 Scheibe auf die Mozzarellascheiben legen. Mit einer Mischung aus 50 ml Olivenöl und dem Saft von 2 Limetten beträufeln. Mit Meersalz und Pfeffer aus der Mühle würzen. Zum Garnieren 2 EL Kapern darüberstreuen.

**CARPINTERIA**

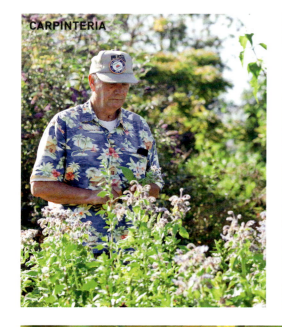

# FARMERS' LAND
## *Obst- und Gemüseanbau*

IM MALERISCHEN HINTERLAND VON CARPINTERIA, ZWISCHEN SANFTEN HÜGELN, LIEGT EIN KLEINES PARADIES. HIER WÄCHST ALLES, WAS ES AUF DEN FARMERS' MARKETS TÄGLICH ZU KAUFEN GIBT: KUMQUATS UND LOQUATS, GRÜNER SPARGEL UND DIE GANZ BESONDEREN MEYER-ZITRONEN.

Eine enge und kurvige Straße führt an Zitronen- und Avocadobäumen und farbenfrohen Blumengärten vorbei. Idyllisch ist es hier, die Stille, die Farben und Gerüche bilden eine zarte Harmonie. Farmen tauchen auf, mal ganz imposant, mal versteckt. Die Bio-Farm der Familie Coleman liegt eher abseits und kann nur über eine private Straße erreicht werden. Die ganze Familie, sechs Kinder und deren Nachwuchs, helfen auf der Farm mit. Ihre Produkte bieten die Colemans, die mit zu den Gründern des Santa Barbara Farmers' Markets gehören, dort täglich an: Obst, Kräuter und Gemüse, wie z. B. grünen Spargel, der, wie Bill Coleman seinen Kunden rät, besonders lecker schmeckt, wenn man ihn mit etwas Olivenöl im Ofen bei 220 °C gart.

Kumquats, die zwischen November und März geerntet werden, sind hier sehr beliebt. Die herb-süßliche Schale schmeckt zwar manchmal etwas bitter, aber durch kurzes Reiben verliert sich das. Sie schmecken nicht nur pur als kleines Naschdessert, sondern auch als Kompott oder im Salat, z. B. in dünne Scheiben geschnitten in einem Endiviensalat mit Fenchel und Zwiebeln.

Wenn an den Kumquats-Bäumen keine Früchte mehr hängen, fängt die Loquat-Zeit auf der Farm an. Das merkt man daran, dass ein süßlicher Duft von Ananas, Aprikose und Banane in der Luft liegt. Die Früchte sind allerdings nicht lange lagerfähig. Die Colemans pürieren sie und genießen sie gerne zu einem Zitronensorbet.

### MEYER LEMONS

Auch Rachel und Ralph Whitney betreiben hier seit Jahren eine Farm. Sie bauen Meyer-Zitronen an, die heiß begehrten Lieblings-Zitrusfrüchte der Region und liefern sie an Restaurants oder bieten sie auf den umliegenden Märkten an. Die Kreuzung aus Zitrone und Orange oder Mandarine, die Frank N. Meyer Anfang des letzten Jahrhunderts aus China mitgebracht hatte, schmeckt süßer als andere Sorten. Sie hat eine sehr dünne Schale, die sich in reifem Zustand orange-gelb verfärbt und blumig duftet, und ein Aroma, das an Honig und Thymian erinnert.

Über viele Jahre hinweg waren die schönen Meyer-Zitronenbäume in den kalifornischen Gärten nur Dekoration, bis in den 1980er Jahren Lindsey Shere, Patissière im berühmten „Chez Panisse", dem Restaurant von Alice Waters, die Früchte erstmals für ihre Desserts und Kuchen verwendete. Das Ergebnis war so überzeugend, dass die Früchte nun heiß begehrt wurden und heute aus der kalifornischen Küche nicht mehr wegzudenken sind.

Nicht nur die Meyer-Zitronen, auch die bekannteren Sorten wie Eureka und Lisbon gedeihen hier prächtig. Ihre Früchte sind länglich, haben eine hellgelbe Schale, viel Säure und ein sehr fruchtiges Fleisch. Sie sind eine wichtige Einnahmequelle der Farmer an der Amerikanischen Riviera und Santa Barbara County zählt zu den wichtigsten Exporteuren von Zitronen weltweit.

## DAS IST *wirklich* WICHTIG

**[a] KAPERN** gibt es in Salz oder in Essig eingelegt. Grundsätzlich gilt: Je kleiner die Kapern, desto feiner ihr Geschmack, je größer, desto kräftiger.

# HÄHNCHEN-SCHNITZEL
## *mit knusprigen Kapern*

DAS ZARTE FILET IN WÜRZIGER WEISSWEINSAUCE BEKOMMT DURCH DIE IN OLIVENÖL GEBRATENEN KAPERN EINE GANZ BESONDERE, PIKANTE NOTE.

### Zutaten für 4 Portionen

4 Hähnchenbrustfilets (à ca. 150 g)

Salz, schwarzer Pfeffer aus der Mühle

3 EL Kapern

3 EL Olivenöl

2 EL Butter

150 ml trockener Weißwein

150 ml Hühnerbrühe

3 EL Zitronensaft

2 EL glatte Petersilie

### Zeitbedarf
- 20 Minuten + 10 Minuten garen

### So geht's

1. Die Hähnchenfilets quer teilen, in einem Plastikbeutel oder zwischen Folie etwas dünner (ca. ½ cm dick) klopfen. Mit Salz und Pfeffer würzen.

2. Die Kapern abspülen und trocken tupfen. 2 EL Olivenöl in einer kleinen Pfanne erhitzen. Die Kapern darin unter Rühren knusprig braten, herausnehmen und dann auf Küchenpapier abtropfen lassen [→a].

3. Je 1 EL Butter und Olivenöl (man kann hier auch das Kapern-Öl verwenden) in einer Pfanne erhitzen und die Hähnchenschnitzel bei mittlerer Hitze von beiden Seiten ca. 2 Minuten braten. Herausnehmen und auf einer vorgewärmten Platte warm halten. Mit Folie abdecken.

4. Den Weißwein in die Pfanne geben, aufkochen lassen und den Bratensatz lösen. Die Hühnerbrühe zugeben und um die Hälfte einkochen lassen. Zitronensaft und die restliche Butter dazugeben. Die Petersilie hacken und unterrühren. Mit Salz und Pfeffer abschmecken. Die Hähnchenschnitzel noch mal kurz in die Pfanne geben, dann mit der Sauce und den Kapern anrichten.

Dazu passen Weißbrot und Salat (Rucola und Tomaten).

### Die Variante

**Gefüllte Hähnchenfilets**
In 2 EL heißer Butter je 1 klein gehackte Zwiebel und Selleriestange andünsten. Je 50 g fein gehackte Mandeln und Semmelbrösel einstreuen und verrühren. Mit Zitronensaft, Salz und Pfeffer würzen, kurz abkühlen lassen. 4 Hähnchenbrustfilets tief ein-, aber nicht durchschneiden. Innen und außen mit Salz und Pfeffer würzen und mit der Mandelmasse füllen. Mit Zahnstochern verschließen. Die Filets mit etwas Zitronensaft und abgeriebener Zitronenschale einreiben. Dann in Mehl wenden, durch verquirlte Eier ziehen und in einer Mischung aus Semmelbröseln und fein gehackten Mandeln panieren. In reichlich Öl anbraten, wenden und, sobald die Panade goldgelb ist, die Hitze verringern und 8–10 Minuten langsam fertig braten.

# PORTOBELLOS
## *gefüllt & gratiniert*

SCHNELL UND LEICHT ZUBEREITET: GROSSE PILZE GEFÜLLT
MIT SPINAT UND KURZ MIT KÄSE IM OFEN ÜBERBACKEN –
EIN RAFFINIERTES GESCHMACKSERLEBNIS.

### Zutaten für 4 Vorspeisen

- 4 EL Rosinen
- 3 EL Pinienkerne
- ½ Bio-Zitrone
- 1 kleine Zwiebel
- 2 Knoblauchzehen
- 250 g junge Spinatblätter
- 4 große Portobello-Pilze oder Riesenchampignons
- 4 EL Olivenöl
- Salz, Pfeffer aus der Mühle
- 4 hauchdünne Scheiben italienischer Schinken
- 2 EL frisch geriebener Parmesan

### Zeitbedarf
- 30 Minuten

### So geht's

1. Die Rosinen mit kaltem Wasser übergießen und 10 Minuten ziehen lassen. Die Pinienkerne in einer heißen, beschichteten Pfanne 2 Minuten rösten, bis sie duften. Herausnehmen und auf einen Teller legen. Die Bio-Zitrone heiß waschen, trocken reiben und die Schale abreiben oder mit einem Zestenreißer feine Streifen abziehen. Das Fruchtfleisch zu Saft pressen. Zwiebel und Knoblauchzehen abziehen und fein hacken.

2. Die Spinatblätter waschen, trocken schwenken und evtl. kleiner schneiden. Die Pilze gründlich säubern und die Stielansätze entfernen [→a]. Den Backofen auf 180 °C mit Grillstufe vorheizen. 2 EL Olivenöl in einer Pfanne erhitzen und darin die Zwiebel- und Knoblauchwürfel ca. 5 Minuten andünsten.

3. Den Spinat dazugeben und kurz mitdünsten. Pinienkerne, Zitronensaft und -schale sowie die abgetropften Rosinen zufügen. Mit Salz und Pfeffer würzen.

4. Die Pilze in 2 EL heißem Olivenöl von jeder Seite 1–2 Minuten braten. Herausnehmen, in eine ofenfeste Form setzen und mit der Spinatmischung füllen. Mit je 1 Scheibe Schinken belegen [→b] und den geriebenen Parmesan darüberstreuen. In den vorgeheizten Backofen schieben und ca. 2 Minuten überbacken.

Dazu schmeckt ofenfrisches Knoblauchbaguette oder Weißbrot.

### Die Variante

**Portobello-Salat**
Die Portobellos in Scheibchen schneiden, in Olivenöl auf beiden Seiten braten und breitflächig auf Teller verteilen. 1 EL gehackte Petersilie im Bratöl schwenken und über die Pilze träufeln. Dann, wie in der Zutatenliste angegeben, Rosinen, Pinienkerne und den rohen, frisch gehackten Spinat darüberstreuen. Mit einer Vinaigrette aus 2 EL Olivenöl, 1 EL Weißweinessig, 1 gewürfelten Knoblauchzehe, Salz und Pfeffer beträufeln. Die Schinkenscheiben um je 1 Grissini wickeln und an die Tellerränder legen. Den Parmesan über den Pilz-Salat streuen.
Anstatt der Pinienkerne kann man auch Macadamia-Nüsse grob hacken, kurz rösten und über den Salat streuen.

## DAS IST *wirklich* WICHTIG

**[a] PORTOBELLO-PILZE,** eine Züchtung des braunen Champignons, sind in Kalifornien zum Füllen und vor allem zum Grillen sehr beliebt. Die Stielansätze, die herausgeschnitten werden, kann man auch fein gehackt zusammen mit Zwiebel- und Knoblauchwürfeln andünsten und für die Füllung verwenden.

**[b] SCHINKEN** Am besten geeignet ist ein luftgetrockneter Schinken, z. B. Parmaschinken. Darauf achten, dass er einen kleinen Fettrand hat, damit er beim Grillen schön saftig bleibt.

# SMOOTHIES
## *Fruchtgenuss vom Feinsten*

FRUCHTIG UND CREMIG, AUS DEN VERSCHIEDENSTEN FRISCHEN FRÜCHTEN SCHNELL PÜRIERT, MIT SAFT, MILCH UND JOGHURT GEMIXT – SMOOTHIES GEHÖREN ALS GESUNDER, ERFRISCHENDER VITAMIN-KICK FÜR ZWISCHENDURCH IM FRÜCHTEPARADIES KALIFORNIEN EINFACH DAZU. ALLE REZEPTE SIND FÜR 2 GLÄSER BERECHNET.

Amerikanische Smoothies werden eiskalt serviert. Deshalb mixt man sie mit gefrorenen Früchten oder Joghurt, der einige Stunden in das Eisfach gestellt wird. Oder man gibt Eiswürfel dazu, die man vor dem Mixen auch schon „crushen" oder grob zerkleinern kann. So werden die Fruchtdrinks beim Pürieren besonders „smooth" in der Konsistenz, also fein und cremig. Mit einem guten Standmixer, je leistungsstärker, desto besser, vor allem, wenn man Gemüse und Eiswürfel zerkleinern will, sind die Smoothies schnell gemixt.

## KIWI-BANANEN-SMOOTHIE

3 reife Kiwis schälen und in Stücke schneiden. 1 große Banane schälen und ebenfalls in Stücke schneiden. Das Obst mit 200 ml hellem Traubensaft, 1–2 EL Limettensaft und 8 Eiswürfeln (oder 100 g Crushed Ice) im Mixer pürieren.

## ANANAS-SMOOTHIE

350 g frisches Ananasfruchtfleisch in Würfel schneiden. Mit 120 ml Kokosmilch, 1 EL Honig und etwas Limettensaft in den Mixer geben. 8 Eiswürfel (oder 100 g Crushed Ice) dazugeben und alles cremig aufschlagen.

## SANTA BARBARA SMOOTHIE

1 Banane schälen und in Scheiben schneiden. 100 g Erdbeeren und 100 g Blaubeeren waschen und putzen und mit den Bananenscheiben in einen Mixer geben. 200 g gefrorenen Joghurt und 100 ml Apfelsaft dazugeben und fein pürieren.
In Santa Barbara gibt man gerne noch ½ Packung Açai-Beeren oder 200 ml Açai-Saft dazu (siehe Seite 47). Ersatzweise kann man auch 1 TL Açai-Pulver verwenden.

## KAROTTEN-SMOOTHIE

1 Karotte (ca. 120 g) fein raspeln. 200 g frisches Ananasfruchtfleisch in Würfel schneiden. 1 kleine Banane schälen und in Scheiben schneiden. Mit 150 ml frisch gepresstem Orangensaft und 8 Eiswürfeln (oder 100 g Crushed Ice) in einen Mixer geben und cremig aufschlagen.

## TROPICAL MANGO SMOOTHIE

1 Mango schälen, das Fruchtfleisch vom Kern lösen und in Stücke schneiden. 1 Pfirsich kurz in kochendes Wasser tauchen, dann die Haut mit einem spitzen Messer abziehen. Den Kern entfernen und das Fruchtfleisch ebenfalls in Stücke schneiden. Mit 200 g gefrorenem Joghurt und 150 ml frisch gepresstem Orangensaft im Mixer pürieren.

## BEEREN-SMOOTHIE

1 kleine Banane schälen und in Stücke schneiden. Mit je 80 g Blaubeeren, Erdbeeren und Himbeeren in einen Mixer füllen. 100 g Joghurt, 150 ml Milch und 8 Eiswürfel (oder 100 g Crushed Ice) dazugeben und pürieren.

## BEEREN-MANGO-SMOOTHIE

½ Banane schälen und in Scheiben schneiden. ½ Mango schälen, das Fruchtfleisch vom Kern schneiden und in Stücke teilen. Je 100 g Blaubeeren, Himbeeren und Erdbeeren waschen und putzen. Das ganze Obst mit 250 ml frisch gepresstem Orangensaft und 8 Eiswürfeln (oder 100 g Crushed Ice) in den Mixer geben und cremig pürieren.

## MELONEN-SMOOTHIE

700 g Melone (z. B. Honigmelone oder Charentais) vierteln, die Kerne entfernen. Das Fruchtfleisch schälen und in Würfel schneiden. Mit dem Saft von 1 Limette, evtl. 1 EL Honig und 8 Eiswürfeln (oder 100 g Crushed Ice) im Mixer pürieren.

## MELONEN-ERDBEER-SMOOTHIE

200 g Erdbeeren putzen, waschen und vierteln. 500 g Wassermelone schälen, entkernen und in Stücke schneiden. Mit 150 g Buttermilch oder Dickmilch, 3 EL Grenadine (Granatapfelsirup), 2 EL Limettensaft und 8 Eiswürfeln (oder 100 g Crushed Ice) im Mixer fein pürieren.

## SPINAT-SMOOTHIE

200 g frische Babyspinat-Blätter (oder gefrorenen Blattspinat verwenden und im Mixer ca. 15 Minuten antauen lassen), 300 ml hellen Traubensaft, 120 ml Kokosmilch und 8 Eiswürfel oder 100 g Crushed Ice (wenn man gefrorenen Spinat verwendet, die Eiswürfel weglassen) in einen Mixer geben und cremig aufschlagen.

## KÜRBIS-SMOOTHIE

220 g Kürbispüree (dafür 120 g geschälten Kürbis in Stücke schneiden, in etwas Wasser gar kochen, abtropfen und abkühlen lassen) mit 250 ml Milch, 8 Eiswürfeln (oder 100 g Crushed Ice), 1 EL Honig und etwas frisch geriebener Muskatnuss in den Mixer geben und cremig aufschlagen.

# HEIRLOOM-GEMÜSE
## *die gute alte Sortenvielfalt*

**NICHT NUR AUF DEM FARMERS' MARKET IN CARPINTERIA FINDET MAN SIE HEUTE WIEDER: PINKFARBENE, SCHWARZE, WEISSE, GESTREIFTE ODER SOGAR VIOLETTE HEIRLOOM-TOMATEN. WUNDERBAR FRUCHTIG UND AROMATISCH – LIEBE AUF DEN ERSTEN BISS!**

Sie haben ungewöhnliche Namen wie Purpurkalebasse, Yellow Zebra, Anna Maria's Heart, Green Doctors, Aunt Ruby's German Green und Brandywine Cherry. Ihr Aussehen, die oft gewellte und zum Teil vernarbte Haut, sticht ebenso heraus wie ihr Geschmack. Mal sind sie erbsengroß, dann zwei Pfund schwer. Die alten Tomatensorten, die vom Aussterben bedroht waren, sind wieder zurück. Form, Farbe und Größe sind teilweise so bizarr, dass selbst Heirloom-Kenner noch ins Staunen geraten. Dazu sollen die Früchte auch die gesundheitsfördernde Wirkung normaler Tomaten noch weit übertreffen. Aber auch viele alte Kartoffel-, Kürbis- und Maissorten, die meist viel besser schmecken als ihre Nachfahren, sind wieder in das Sortiment der Marktstände in Kalifornien zurückgekehrt.

Mit der Industrialisierung wurden viele Frucht- und Gemüsesorten, die sich nicht für die Massenproduktion eigneten, aus dem Handel verdrängt. Stattdessen wurden ertragreiche und transportfähige Sorten gezüchtet und das alte Saatgut wurde durch kommerzielles Hochleistungssaatgut ersetzt. Doch jetzt erleben die längst ausrangierten Sorten vor allem in Kalifornien eine bunte Renaissance. Eine Entwicklung, die der neuen Sehnsucht nach Ursprünglichkeit entspricht – und die Farmer haben darauf reagiert. Auch wenn die neue Liebe mit mehr Arbeit verbunden ist, da die alten Sorten empfindlich sind.

Wann kann man überhaupt von einer Heirloom-Sorte sprechen? Hier scheiden sich die Geister besonders darin, wie weit sich eine samenechte Sorte zeitlich zurückverfolgen lässt. Die einen sagen 50, die anderen 100 Jahre. Fakt ist, dass viele Heirloom-Sorten tatsächlich 100 Jahre und älter sind und einfach unvergleichlich gut schmecken. Diane und Kent Whealy waren es, die den Anstoß für die Heirloom-Bewegung gaben, als sie 1972 ihren Garten in Iowa im Stil von John Ott, Dianes Großvater, anlegen wollten. Einige Samen, die John Ott selbst schon von seinen Eltern geerbt hatte, bekamen im neuen Garten einen ganz besonderen Platz und nach nur wenigen Wochen zeigte sich der erste Erfolg. Und das farbenfrohe Gemüse schmeckte aromatischer als alles, was sie je zuvor probiert hatten.

Das brachte die Whealys dazu, nach weiteren alten Gemüsesorten zu suchen. Dabei stießen sie auf viele Gleichgesinnte, die ebenfalls schon erste gute Erfahrungen mit alten Samen gemacht hatten, und so gründete das Ehepaar 1975 das gemeinnützige Unternehmen „Seed Savers Exchange". Aus der Leidenschaft für alte Gemüsesorten ist mittlerweile eine Tauschbörse mit etwa 18.000 verschiedenen Sorten geworden.

# GOLDEN GAZPACHO
## *aus gelben Tomaten*

BESONDERS AN HEISSEN SOMMERTAGEN EIN ERFRISCHENDER GENUSS:
DIE EISKALT SERVIERTE TOMATENSUPPE MIT GEMÜSE-EINLAGE LÄSST SICH
GUT VORBEREITEN UND EINIGE TAGE IM KÜHLSCHRANK AUFBEWAHREN.

### Zutaten für 4 Portionen

- 800 g gelbe Tomaten
- 1 kleine Salatgurke
- 2 gelbe Paprikaschoten
- 1 Stange Staudensellerie
- 2 Knoblauchzehen
- 1 kleine Zwiebel
- 3 Scheiben Toastbrot oder Weißbrot vom Vortag
- 4 EL Olivenöl
- 2 EL Rotweinessig (oder Sherryessig)
- ¼ l kalte Gemüse- oder Geflügelbrühe
- ¼ TL Kurkuma
- Salz
- Pfeffer aus der Mühle
- etwas Zucker
- etwas Zitronensaft
- 4–8 gelbe Blüten als Garnitur

### Zeitbedarf
- 40 Minuten +
  2 Stunden kühlen

### So geht's

1. Die Tomaten waschen, kreuzweise einschneiden und in kochend heißem Wasser knapp 1 Minute blanchieren [→a]. Abgießen, kalt abschrecken, häuten und entkernen. 1 Tomate für die Einlage in kleine Würfel schneiden und beiseitestellen. Die restlichen Tomaten vierteln.

2. Die Salatgurke schälen, längs halbieren, mit einem Löffel die Kerne herauskratzen. Ca. ⅓ der Gurke für die Einlage in kleine Würfelchen schneiden, den Rest klein schneiden. Die Paprikaschoten waschen, halbieren, Stielansätze und Kerne entfernen. Ebenfalls ⅓ der Schoten fein würfeln und den Rest klein schneiden. Bleichsellerie waschen, eventuell entfädeln und fein würfeln, etwas für die Einlage beiseitestellen. Die Knoblauchzehen und die Zwiebel abziehen und fein hacken. Die Brotscheiben 5 Minuten in Wasser einweichen, danach ausdrücken.

3. Tomaten, Gurke, Paprika, Sellerie, Knoblauch, Zwiebel und Brot im Mixer pürieren. Öl, Essig, Brühe und Kurkuma zugeben und so lange pürieren, bis eine homogene glatte Mischung entsteht.

4. Die Suppe mit Salz und Pfeffer kräftig würzen. Mit Zucker und Zitronensaft abschmecken. Die Suppe zugedeckt mindestens 2 Stunden im Kühlschrank durchziehen lassen.

5. Vor dem Anrichten die Suppe nochmals kräftig durchrühren. In Suppenschalen verteilen und mit Kapuzinerblüten garnieren. Die Tomaten-, Gurken-, Paprika- und Selleriewürfelchen getrennt in Schälchen dazu servieren.

Dazu passen auch kleine Weißbrotwürfel sehr gut: Toastscheiben ohne Rinde würfeln, in Knoblauchbutter braten und zum Darüberstreuen dazu servieren.

**SO SCHMECKT'S AUCH** Statt gelber Tomaten und gelber Parikaschoten kann man für die Suppe auch rote Tomaten und Paprika verwenden, mit 1 fein gewürfelten Chilischote mixen und evtl. mit etwas edelsüßem Paprikapulver abschmecken.

TOMATEN

## DAS IST *wirklich* WICHTIG

**[a] DIE TOMATEN** für die Einlage schmecken besonders fein, wenn man sie enthäutet, bevor man sie in kleine Würfel schneidet. Für diese kalte würzige Suppe sollten unbedingt sehr aromatische Tomaten verwendet werden. Hierbei gilt, je kleiner die Tomaten, umso konzentrierter ist meist der Geschmack.

[a]

# TOMATENSUPPE
## *mit Ziegenkäse*

AROMATISCHE TOMATEN, GEWÜRZT MIT FEINEN KRÄUTERN UND GETOPPT MIT KNUSPRIGEN CROUTONS UND EINER FEINEN KÄSECREME – EINE KÖSTLICHE SOMMERSUPPE.

### Zutaten für 4 Portionen

- 800 g aromatische Tomaten
- 1 mittlere Zwiebel
- 2 Knoblauchzehen
- 5 Stängel Oregano
- 5 Stängel Thymian
- ½ Bund Basilikum
- einige Halme Schnittlauch
- 3 EL Olivenöl
- 200 g Sahne
- Salz, Pfeffer aus der Mühle
- 2 Scheiben italienisches Weißbrot
- 50 g Ziegenkäse

### Zeitbedarf
- 20 Minuten + 25 Minuten garen

### So geht's

1. Die Tomaten waschen und in kleine Stücke schneiden. Zwiebel und Knoblauchzehen abziehen und fein hacken. Oregano, Thymian und Basilikum waschen, trocken schwenken, die Blättchen abzupfen und hacken; vom Basilikum 1 EL beiseitestellen.

2. Den Schnittlauch waschen und in Röllchen schneiden. In einem breiten Topf 2 EL Olivenöl erhitzen und darin Zwiebel und Knoblauch 1–2 Minuten andünsten. Tomaten, Oregano, Thymian, Basilikum und Schnittlauch hinzufügen und unter Rühren einige Minuten dünsten.

3. Den Topfinhalt mit knapp ½ l Wasser aufgießen und aufkochen lassen. Dann die Hitze reduzieren und die Suppe 20–25 Minuten leise köcheln lassen. Anschließend 150 g Sahne einrühren, 1–2 Minuten weiterköcheln und alles im Küchenmixer pürieren, bis die Suppe eine cremige Konsistenz hat. Mit Salz und Pfeffer würzen. Bei kleiner Hitze warm halten.

4. Den Backofen auf 200 °C (Umluft 180 °C) mit Grillstufe vorheizen. Die Brotscheiben auf beiden Seiten mit Olivenöl bestreichen und im Backofen von jeder Seite 1–2 Minuten goldbraun grillen.

5. 50 g Sahne leicht aufschlagen. Das restliche Basilikum und den in kleine Stückchen geschnittenen Ziegenkäse dazugeben und verrühren. Die gegrillten Brotscheiben in kleine Stücke schneiden. Die Tomatensuppe in vorgewärmte Suppenteller oder -tassen gießen. Die Brotstücke mit der Ziegenkäsecreme bestreichen und auf die Suppe geben.

**SO SCHMECKT'S AUCH** Im Originalrezept werden aromatische Heirloom-Tomaten verwendet. Außerhalb der Saison kann man auch auf gute, geschälte Tomaten aus der Dose zurückgreifen. Anstatt Sahne kann man zum Verfeinern der Suppe auch Crème fraîche verwenden.

# TOMATENSALAT
## mit Mozzarella-Röllchen

KÄSESCHEIBEN IN SALATBLÄTTER UND WÜRZIGE SCHINKENSCHEIBEN EINGEROLLT, GEBRATEN UND AUF REIFEN, AROMATISCHEN TOMATEN ANGERICHTET – KÖSTLICH ALS VORSPEISE ODER KLEINES, LEICHTES SOMMERGERICHT.

### Zutaten für 4 Portionen

- 8 große Blätter Romanasalat
- 30 g Pinienkerne
- 8 Scheiben Prosciutto (italienischer Schinken)
- 8 Scheiben Mozzarella
- 8 große Basilikumblätter
- etwas Olivenöl
- 250 g Baby-Rucola
- etwas frischer Estragon
- Salz, Pfeffer aus der Mühle
- 4 Tomaten

### Für das Dressing

- 3 EL Sherryessig
- 6 EL Olivenöl
- Salz, schwarzer Pfeffer aus der Mühle

### Zeitbedarf
- 30 Minuten

### So geht's

1. Die Salatblätter kurz in einem Topf mit heißem Wasser blanchieren und dann sofort in eiskaltem Wasser abschrecken. Auf Küchenpapier legen und trocknen lassen. Pinienkerne in einer Pfanne ohne Fett kurz rösten.

2. Die Schinkenscheiben auslegen, auf jede Scheibe 1 Salatblatt geben, darauf 1 Scheibe Mozzarella, ein Basilikumblatt und ein paar Pinienkerne legen. Die Scheiben aufrollen. Mit etwas Olivenöl in einer Pfanne bei mittlerer Hitze ca. 3 Minuten braten.

3. Den Rucola waschen und trocken schleudern. Estragon hacken. Rucola und Estragon in einer Schüssel vermengen. Mit etwas Salz und Pfeffer würzen. Die Tomaten waschen, den Stielansatz entfernen und die Tomaten in Scheiben schneiden. Auf 4 Tellern anrichten, mit Salz und Pfeffer würzen.

4. Alle Zutaten für das Dressing gut miteinander verrühren und mit dem Rucolasalat vermengen. Den Salat auf den Tomatenscheiben verteilen und je 2 gebratene Schinkenröllchen darauflegen.

**SO SCHMECKT'S AUCH** Mozzarella mit Basilikum und Pinienkernen auf den Schinkenscheiben verteilen, aufrollen und kurz in einer Pfanne in etwas Olivenöl braten. Die Röllchen herausnehmen, auf Romanasalat anrichten und servieren.

CARPINTERIA

## DAS IST *wirklich* WICHTIG

**[a] KNOBLAUCH** ist ein wichtiger Bestandteil der Würzsauce Pistou. Durch das Garen im Ofen wird der Knoblauchgeruch gemindert und auch der Geschmack ist milder.

# KNOBLAUCH-PIZZA
## *mit Mais & Tomaten*

SELBST GEMACHTER HEFETEIG, BELEGT MIT WÜRZIGEM PISTOU, KNACKIGEN MAISKÖRNERN UND AROMATISCHEN TOMATEN – PIZZAGENUSS VOM FEINSTEN!

### Zutaten für 1 Blech (30 x 40 cm)

**Für den Pizzateig**

400 g Mehl

1 gestr. TL Salz

½ Würfel Hefe (21 g)

1 Prise Zucker

ca. 200 ml lauwarmes Wasser

**Für das Pistou**

1 kleine Knoblauchknolle

je ½ Bund Oregano, Basilikum, Dill

50 g Pinienkerne

Schale von ½ Bio-Zitrone

3 EL Olivenöl

**Für den Belag**

500 g Tomaten

100 g Fetakäse

250 g Gemüsemais

2 EL Olivenöl

Salz, Pfeffer aus der Mühle

### Zeitbedarf
- 30 Minuten +
  35 Minuten backen +
  60 Minuten ruhen

### So geht's

1. Den Backofen auf 200 °C (Umluft 180 °C) vorheizen. Mehl und Salz in eine Schüssel sieben, eine Vertiefung formen, die Hefe hineinbröckeln, Zucker und Wasser zugeben, verrühren und mit etwas Mehl vom Rand bestäuben. Die Schüssel mit einem Tuch abdecken und den Vorteig 30 Minuten ruhen lassen.

2. Die Knoblauchknolle für 20–25 Minuten in den vorgeheizten Backofen legen [→a]. In der Zwischenzeit Oregano, Basilikum und Dill waschen, trocken schwenken und die Blättchen abzupfen und fein hacken.

3. Die Knoblauchknolle aus dem Backofen nehmen und den weichen Knoblauch aus den Schalen drücken. Zusammen mit Oregano, Pinienkernen, abgeriebener Zitronenschale und Olivenöl im Mixer fein pürieren. Den Vorteig auf einer bemehlten Arbeitsfläche zu einem geschmeidigen Teig kneten; nochmals 30 Minuten abgedeckt ruhen lassen.

4. Die Tomaten waschen, evtl. halbieren und in Scheibchen schneiden. Den Fetakäse klein würfeln. Die Maiskörner in einem Sieb abtropfen lassen. Den Hefeteig nochmals kräftig durchkneten und auf Backblechgröße auswellen. Das Backblech mit Backpapier auslegen oder mit etwas Olivenöl ausstreichen. Den Teig darauf auslegen und breitflächig mit dem Knoblauch-Pistou bestreichen. Fetakäsewürfel und Mais darüberstreuen. Die Tomatenscheiben darauf verteilen. Dill und Basilikum mit 2 EL Olivenöl vermengen und ebenfalls darübergeben, mit Salz und Pfeffer würzen. Im Backofen ca. 30 Minuten backen.

Dazu schmeckt ein gemischter Blattsalat mit Aceto-Balsamico-Dressing.

**SO SCHMECKT'S AUCH** Man kann aus dem Teig auch 2 dünne Pizzafladen formen, mit Pistou bestreichen, mit Mais und Käse belegen und ca. 15 Minuten im Ofen backen. Die fertige Pizza mit Tomatenscheibchen und Kräutern belegen. Eine leckere Variante, die eine Mischung aus Pizza und Bruschetta ist.

# SANTA RITA HILLS
## *idyllisch & geheimnisvoll*

UNSCHEINBAR WIRKT DAS SCHILD AUF DEM HIGHWAY 101 ZUR ABFAHRT SANTA ROSA ROAD. MAN MUSS AUFPASSEN, DASS MAN DIE AUSFAHRT NICHT VERPASST – UND DAMIT DIE GELEGENHEIT, DIESE BEZAUBERNDE LANDSCHAFT KENNENZULERNEN.

SANTA RITA HILLS

# SANTA RITA HILLS
## *rau & rustikal*

**STEILE BERGHÄNGE, WEITE STRÄNDE UND DER WÜRZIGE DUFT EINES BARBECUES – DAS SIND DIE SANTA RITA HILLS. FARMEN, RINDERZUCHT, WEINBAU UND WALNUSSBÄUME PRÄGEN DIE LANDSCHAFT UND LADEN EIN ZUM VERWEILEN, STAUNEN UND ZUM VERKOSTEN.**

Der Highway 101 in Richtung Norden schlängelt sich entlang des Pazifiks, durch Berggruppen und kleine Canyons hindurch. Atemberaubende Ausblicke ändern sich sekundenschnell, die Landschaft scheint am Horizont kein Ende zu nehmen. Mohnblüten, „Poppies", die kalifornischen Nationalblumen, liegen wie ein orange-roter Teppich über der Landschaft.

Von Buellton aus, einer der wenigen Städte in den Santa Rita Hills, geht es auf dem Highway 246 in Richtung Osten in das Santa Ynez Valley. In die entgegengesetzte Richtung, nach Westen, führt die wunderschöne Santa Rosa Road. Sie läuft auf den Pazifik zu, der hier in der Nacht für Abkühlung sorgt, was den Walnussbäumen der Gegend gut zu gefallen scheint. Ein paar Meilen weiter ist auch hier, wie im Santa Ynez Valley, die Landschaft von Weinbergen geprägt. Es lohnt sich, auf dem Weingut „Alma Rosa" Halt zu machen und auf ein Glas bei Chris Burroughs vorbeizuschauen. Erkennen wird man den Tasting Room Manager an seinem Westernhut und der Buddha-Kette, die er stets trägt. Und wer den berühmten, mehrfach ausgezeichneten Film „Sideways" gesehen hat, der von einer Reise durch Santa Barbara County erzählt, wird ihn wiedererkennen, denn darin hat Burroughs eine nicht ganz unbedeutende Rolle gespielt.

Der Lebenskünstler versteht es, seine Besucher mit seiner Leidenschaft für Wein, vor allem für den Pinot Noir, und seinem Wissen über kalifornische Esskultur, Land und Leute zu fesseln. Wer sich dafür interessiert, bekommt von ihm auch – manchmal etwas ausgefallene – selbst kreierte Rezepte mit auf den Weg.

Folgt man der Straße weiter, wartet am Ende der Santa Rita Hills ein besonderer Höhepunkt: Jalama Beach. Die Abfahrt ist nicht immer leicht zu finden, was an den Surfern liegt, die das Schild oft abschrauben, damit ihr einsames Paradies unentdeckt bleibt.

Ein Mann mit dem Spitznamen „Big Mac" hat den Weg nach Jalama Beach dennoch gefunden. Er war eines Tages einfach da, im „Beach Store", wie das einzige kleine Café am einsamen Strand heißt, kaufte sich einen Burger und stellte sich mit dem Namen „Big Mac" vor. Der Burger schmeckte ihm sichtlich gut. Als er mit seinem Cadillac, der ein Nummernschild mit der Aufschrift „Big Mac" trug, dann wieder davonfuhr, war es dem Besitzer Eittreim klar: Der Mann mit dem Spitznamen „Big Mac" war Ray Kroc, der Gründer von McDonald's. Die Eittreims und Kroc wurden über die Jahre hinweg Freunde und so kam es, dass „Big Mac" sogar das sonst so streng geheim gehaltene Saucenrezept des Jalama Beach Burgers für seine Restaurants bekam.

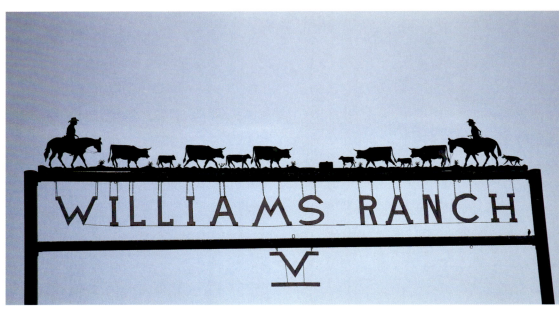

# BARBECUE
## *die Kunst des Grillens*

**WENN DIE SONNE HINTER DEN BERGEN UNTERGEHT, DANN WIRD ES ZEIT FÜR EIN BARBECUE. NICHT NUR IN DEN SÜDSTAATEN HAT SICH DIESE TRADITION ERHALTEN, AUCH HIER IN KALIFORNIEN WIRD DIE GANZ BESONDERE ART, FLEISCH ZU GAREN, ZELEBRIERT.**

In den Santa Rita Hills gibt es viele Ranches, die Rinderzucht betreiben. Eine davon ist die San Julian Ranch, auf der Elizabeth Poett mit ihren Eltern und Großeltern lebt. Abends entfacht sie oft ein großes Feuer aus rotem Eichenholz und lädt ihre Cowboys zum Barbecue ein. Seit über 200 Jahren werden auf der Ranch Rinder gezüchtet, seit 1990 hat man mit dem Verkauf von Bio-Rindfleisch einen neuen Geschäftszweig aufgebaut. Sonst aber hat sich an dem Ranchleben kaum etwas geändert: endlose Weiden, Eichenbäume, Stallungen, alte Kutschen – eine Welt für sich, weit weg von den anderen. Bilder, die an einen Westernfilm erinnern.

Die Menschen in Kalifornien lieben ihr Barbecue. Ob Rippchen, Hamburger oder saftige Steaks – Grillen wird immer zum Fest. Doch das eigentliche Highlight findet in Santa Maria statt. Es wird sogar behauptet, dass es sich bei diesem Barbecue um das beste der Welt handelt. An jedem Wochenende, wenn man in dem kleinen Städtchen die Broadway Street entlang fährt, findet irgendwo ein Grillfest statt. Früher waren es die Cowboys, die immer im Frühjahr mit ihren Familien unter den alten Eichenbäumen Rindfleisch über rotem Eichenholz garten. Die Tradition hat sich bis heute an der Amerikanischen Riviera fortgesetzt und fast eine Art Kultstatus erlangt.

Als Fleisch für das Santa Maria BBQ nimmt man das Tri-Tip-Stück, in Deutschland auch als Bürgermeisterstück bekannt, weil es besonders zart und saftig ist und früher nur für die wichtigen Personen des Dorfes reserviert war. Es war ein Metzger in Santa Maria, der in den 1950er Jahren entdeckte, dass sich dieses Stück vom Rind oberhalb der Keule, das durch seine markante dreieckige Form einer Haifischflosse ähnelt, perfekt für das Barbecue eignet. Die einst lokale Spezialität, die oft auch Santa-Maria-Steak genannt wird, ist heute weltbekannt. Etwa 1 kg schwer ist das Stück und wird nur mit Salz, Pfeffer und Knoblauchsalz gewürzt. Die Zubereitung erfolgt hier über rotem Eichenholz, was dem Fleisch einen ganz speziellen, süßlich-rauchigen Geschmack verleiht. Unter mehrmaligem Wenden wird das Fleisch langsam etwa 45 Minuten gegrillt, wobei der Rost dabei schrittweise in Richtung Feuer verstellt wird.

Auch wenn es darum geht, das Fleisch nach dem Grillen aufzuschneiden, haben die Barbecue-Experten an der Amerikanischen Riviera ihre ganz eigene Technik, damit der Genuss perfekt wird. Als Beilage zum typischen Barbecue gibt es die seltenen Pinquito-Bohnen, viel frische Salsa, gegrilltes Baguette mit etwas zerlaufener Butter und die beliebten Makkaroni mit Käse. Und ein Gläschen Pinot Noir aus den Santa Rita Hills macht das Ganze zu einem runden kulinarischen Vergnügen.

# SANTA MARIA BBQ
## mit Bohnen & Makkaroni

DIE BEILAGEN WERDEN ZUERST ZUBEREITET, DANN WIRD DAS HOLZKOHLEFEUER MIT ROTEICHENHOLZ ENTFACHT, DAS DEN STEAKS EINEN BESONDERS WÜRZIGEN RAUCHGESCHMACK GIBT.

### Zutaten für 4 Portionen

**Für die Bohnen**

400 g getrocknete Pinquito-Bohnen

150 g gekochter Schinken

1 Scheibe Frühstücksspeck

1 Knoblauchzehe

1 EL Olivenöl

¼ l Tomatensaft

100 ml Chilisauce

Zucker, Meersalz

1 TL mittelscharfer Senf

**Für die Makkaroni**

200 g Makkaroni

Meersalz, Pfeffer aus der Mühle

2 EL Butter

1 TL Mehl

¼ l heiße Milch

150 g Cheddar

**Für die Steaks**

4 Rindersteaks à 200 g

Meersalz, Pfeffer aus der Mühle

Knoblauchsalz

### Zeitbedarf
- 30 Minuten +
  2 Stunden garen +
  8 Stunden einweichen

### So geht's

1. Die Bohnen mit kaltem Wasser übergießen und 8 Stunden, am besten über Nacht, einweichen. Dann abgießen, abspülen und mit frischem Wasser bedeckt zum Kochen bringen und in ca. 2 Stunden gar kochen. Schinken und Speck fein würfeln. Die Knoblauchzehe abziehen und fein hacken.

2. Schinken-, Speck- und Knoblauchwürfel in Olivenöl 3–4 Minuten braten. Mit Tomatensaft und Chilisauce ablöschen und mit Zucker, Salz und Senf würzen. Nach dem ersten Aufkochen die Hitze reduzieren und die Sauce etwa 10 Minuten einköcheln lassen.

3. Die Makkaroni in kochendem Salzwasser ca. 10 Minuten garen, abgießen und abtropfen lassen. Die Butter zerlassen und mit dem Mehl verrühren. Die heiße Milch unter Rühren zugießen, 100 g geraspelten Cheddar dazugeben und so lange rühren, bis die Sauce cremig ist und keine Klümpchen mehr hat. Den Topf beiseiteziehen, mit Meersalz und Pfeffer würzen. Kurz vor dem Servieren die Makkaroni in eine Auflaufform geben, mit Käsesauce überziehen, den restlichen Käse darüberstreuen und im auf 100 °C vorgeheizten Backofen warm halten – am besten mit Alufolie bedeckt.

4. Die Steaks mit Meersalz, Pfeffer und Knoblauchsalz kräftig würzen. Dann auf den Grill legen und unter Wenden, je nach gewünschtem Garzustand, 10–15 Minuten grillen.

5. Die Bohnen abgießen, in einer Schüssel anrichten und mit der Tomatensauce überziehen. Die Käse-Makkaroni aus dem Ofen nehmen und zu den Steaks servieren. Man kann die Beilagen auch in Portionen in Alufolie einschlagen und seitlich auf den Grill zum Warmhalten legen. Sobald die Steaks fertig sind, bekommt jeder ein Päckchen Käse-Makkaroni und 1 Päckchen Tomaten-Bohnen dazu.

**PINQUITO-BOHNEN** sind eine seltene Bohnenart und werden nur in Santa Barbara County kommerziell angebaut. Die kleinen, runden, roten Bohnen werden in der Rancher-Küche gerne verwendet. Man kann als Alternative auch Kidney-Bohnen nehmen, auch aus der Dose, und sie mit der Tomatensauce mischen.

SANTA RITA HILLS

## DAS IST *wirklich* WICHTIG

**[a] STEAKS FÜLLEN** Die Rinderfiletscheiben mit einem scharfen Messer quer tief einschneiden, aber nicht durchschneiden. Die Taschen mit etwa 1 EL Pesto füllen. Eventuell kann man die Taschen auch mit einem Zahnstocher schließen.

**[b] STEAKS GRILLEN** Die gefüllten Filetsteaks auf dem Grill direkt über der heißesten Stelle platzieren.

[a]

[b]

# RINDERFILET
## *mit Pesto gefüllt*

EINE BESONDERS RAFFINIERTE VARIANTE, EIN STEAK ZU BRATEN. UND MIT SELBST GEMACHTER, WÜRZIGER KRÄUTER-PASTE SCHMECKT'S NATÜRLICH NOCH EINMAL SO GUT!

### Zutaten für 4 Portionen

- 4 Scheiben Rinderfilet à 200 g
- 4 Tomaten
- 2–3 EL Olivenöl
- Salz, Pfeffer aus der Mühle

### Für das Pesto

- 1 Bund Basilikum
- 2 Knoblauchzehen
- 50 g Parmesan
- 2 EL Pinienkerne
- 60 ml Olivenöl
- Meersalz

### Zeitbedarf
- 20 Minuten + 10 Minuten grillen

### So geht's

1. Für das Pesto das Basilikum waschen, trocken schütteln, die Blätter abzupfen und in Streifen schneiden. Den Knoblauch abziehen und in Stücke schneiden. Den Parmesan reiben. Die Pinienkerne in einer kleinen Pfanne ohne Öl kurz rösten, abkühlen lassen. Basilikum, Knoblauch, Pinienkerne und Öl im Mixer pürieren, dann den Parmesan untermischen und mit Salz abschmecken.

2. Die Fleischscheiben mit einem scharfen Messer quer einschneiden, sodass eine Tasche entsteht. In diese Fleischtaschen jeweils etwas Pesto einfüllen [→a]. Die Tomaten waschen und in dicke Scheiben schneiden.

3. Den Gas- oder Holzkohlegrill gut anheizen. Die gefüllten Rinderfiletscheiben auf beiden Seiten mit Olivenöl bestreichen und mit Salz und Pfeffer würzen. Auf den heißen Grill legen [→b] und auf jeder Seite etwa 5 Minuten grillen.

4. Die Tomatenscheiben ebenfalls mit Olivenöl bepinseln, mit Salz und Pfeffer würzen und (evtl. in einer Grillschale) am Rand des Grills platzieren und von jeder Seite ca. 3 Minuten grillen. Das Filetsteak mit den Grilltomaten anrichten.

Dazu passen Kopfsalat und Baguette oder Ofenkartoffeln mit saurer Sahne. Auch gegrillte Maiskolben (ca. 15 Minuten grillen) schmecken gut dazu.

### Die Variante

**Mit Tapenade gefüllt**
200 g schwarze Oliven ohne Stein, 2 EL Kapern und 4 Sardellenfilets (sind sie in Salz eingelegt, kurz abspülen und trocken tupfen) grob hacken. 2 Knoblauchzehen abziehen und ebenfalls grob hacken. Mit 4 EL Olivenöl im Mixer pürieren. Mit etwas Pfeffer abschmecken. Je 1 EL der Tapenade in die Fleischtaschen füllen und die Filetsteaks grillen. Die restliche Tapenade hält sich einige Tage im Kühlschrank. Sie schmeckt sehr gut als Aufstrich auf gerösteten Baguettescheiben.

# RINDERSTEAKS
*mit Ingwer mariniert*

SAFTIGE STEAKS IN EINER ASIATISCH INSPIRIERTEN, WÜRZIGEN MARINADE EINGELEGT UND AUF DEM GRILL ODER IN EINER GRILLPFANNE GEGART.

### Zutaten für 4 Portionen

- 3 Knoblauchzehen
- ca. 3 cm Ingwerwurzel
- 2 Schalotten
- 3 EL Erdnussöl
- 2 EL Sojasauce
- 1 TL Sesamöl
- Pfeffer aus der Mühle
- 4 Rindersteaks à 200 g
- Salz
- 1 EL Reisessig

### Zeitbedarf

- 20 Minuten +
  10 Minuten grillen +
  1 Stunde marinieren

### So geht's

1. Knoblauchzehen und Ingwer schälen und grob zerschneiden. Die Schalotten abziehen und vierteln. Die vorbereiteten Zutaten mit 2 EL Erdnussöl, 1 EL Sojasauce und der Hälfte des Sesamöls in einen Mixer geben und pürieren. Mit etwas Pfeffer würzig abschmecken.

2. Die Steaks in eine Schale legen, die Marinade darübergeben, gut in das Fleisch einreiben und etwas ziehen lassen.

3. Die Steaks (evtl. in einer Grillschale) auf den heißen Grillrost legen und auf jeder Seite 4–5 Minuten grillen. Mit Salz würzen. Die fertig gegrillten Steaks auf eine vorgewärmte Platte legen und mit Folie bedeckt 5 Minuten ruhen lassen. 1 EL Erdnussöl, 1 EL Sojasauce, ½ TL Sesamöl und den Reisessig verrühren und über die Steaks träufeln.

Dazu passt Jasminreis sehr gut, der den würzigen Geschmack der Marinade aufnimmt.

**SO SCHMECKT'S AUCH** Dieses Rezept lässt sich auch ohne Grill zubereiten. Dann einfach die marinierten Steaks in der Pfanne braten. Der Geschmack der Marinade wird noch intensiver, wenn die Steaks mit Folie abgedeckt 1 Stunde im Kühlschrank durchziehen.

# RIB-EYE-STEAK
*mit Knoblauchbutter*

IM GANZEN IM OFEN GERÖSTET WIRD AUS KNOBLAUCHZEHEN EINE CREMIG-MILDE PASTE, DIE EINE WUNDERBARE WÜRZBUTTER FÜR GEGRILLTE STEAKS ERGIBT.

### Zutaten für 4 Portionen

- 4 Rib-Eye-Steaks ohne Knochen (ca. 2,5 cm dick)
- Salz, Pfeffer aus der Mühle

### Für die Knoblauchbutter

- 1 Knoblauchknolle
- 100 g weiche Butter
- 6 Zweige Thymian
- Salz, Pfeffer aus der Mühle

### Zeitbedarf

- 15 Minuten +
  50 Minuten garen

### So geht's

1. Für die Knoblauchbutter den Backofen auf 160 °C vorheizen. Die Knoblauchknolle in einzelne Zehen teilen, mit Schale in Alufolie einschlagen und im Ofen ca. 40 Minuten backen, bis sie ganz weich sind. Herausnehmen, abkühlen lassen, aus der Schale drücken und im Mörser zu einer Paste zerreiben. Die Butter und den gehackten Thymian zugeben, mit Salz und Pfeffer gut vermischen.

2. Die Steaks mit Salz und Pfeffer würzen und auf dem Grill von beiden Seiten jeweils ca. 4–5 Minuten grillen.

3. Die Steaks auf vorgewärmten Tellern anrichten, mit der Knoblauchbutter bestreichen und servieren.

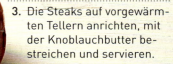

# GRILLSPIESSE
## „Pinchos Morunos"

GEGRILLTE FLEISCHSPIESSE NACH MAURENART: DIE WÜRZMISCHUNG WURDE URSPRÜNGLICH FÜR LAMM VERWENDET, PASST ABER AUCH ZU SCHWEINEFLEISCH WUNDERBAR.

### Zutaten für 4 Portionen

- 100 ml Olivenöl
- 1–2 EL zerstoßener Kreuzkümmel
- 1 EL zerstoßene Korianderkörner
- 1 TL süßes Paprikapulver
- 1 TL Cayennepfeffer
- 1 TL Kurkuma
- 1 TL getrockneter Oregano
- etwas Meersalz
- ½ TL zerstoßene schwarze Pfefferkörner
- 600 g Schweinefleisch (Schulter)
- 2 Knoblauchzehen
- ½ Bund Petersilie
- 2 Bio-Zitronen
- 8 Holzspieße

### Zeitbedarf
- 30 Minuten + 8 Stunden marinieren

### So geht's

1. Das Olivenöl in eine kleine Pfanne geben und bei kleiner Hitze Kreuzkümmel, Koriander, Paprikapulver, Cayennepfeffer, Kurkuma, Oregano, Meersalz und schwarzen Pfeffer einstreuen. Unter Rühren etwa 3 Minuten erwärmen, damit sich die ätherischen Öle der Gewürze entfalten können. Dann die Pfanne vom Herd ziehen und auf Zimmertemperatur abkühlen lassen.

2. Das Schweinefleisch in ca. 2 cm große Würfel schneiden und in eine Schüssel legen, das Gewürzöl darübergeben. Die Knoblauchzehen abziehen und fein hacken. Die Petersilie waschen, trocken schwenken, die Blättchen abzupfen und fein hacken. 1 Zitrone zu Saft pressen.

3. Knoblauch, Petersilie und Zitronensaft ebenfalls in die Schüssel geben und alles gut miteinander vermischen. Mit Folie abdecken und für einige Stunden, am besten über Nacht, zum Durchziehen in den Kühlschrank stellen.

4. Die marinierten Fleischwürfel auf 8 Holzspieße stecken und in eine Grillschale legen. Über dem heißen Grill unter mehrmaligem Wenden 6–8 Minuten garen. Je 2 Spieße auf einen Teller geben und 1 Zitronenviertel zum Darüberträufeln mit dazulegen.

Dazu passt Kräuterbutter- oder Knoblauchbaguette, das man in Alufolie wickeln und auf dem Grill mitgaren kann.

**SO SCHMECKT'S AUCH** Die Pinchos schmecken vom Holzkohlegrill besonders gut, da die Gewürze mit dem rauchigen Aroma sehr gut harmonieren. Man kann die Spieße aber auch im vorgeheizten Backofen mit Grillstufe bei 200 °C unter mehrmaligem Wenden in 12–15 Minuten grillen. Und auch ein Tischgrill eignet sich gut für die Zubereitung der Pinchos.

SANTA RITA HILLS

# CHINESE RIBS
## *würzig mariniert*

FEIN MARINIERT UND KNUSPRIG GEGRILLT – EIN SAFTIGER UND WÜRZIGER GENUSS. FÜR DIESES REZEPT VERWENDET MAN AM BESTEN BABY BACK RIBS, DENN NORMALE SPARERIBS SIND ZU GROSS UND FETT.

### Zutaten für 4 Portionen

- 2 Baby Back Ribs à ca. 1 kg
- 4 Knoblauchzehen
- 2 cm frische Ingwerwurzel
- 1 Bio-Orange
- 1 kleines Bund Koriander
- 6 Frühlingszwiebeln
- 150 ml Hoisin-Sauce
- 120 g Zucker
- 100 ml Sojasauce
- 100 ml trockener Sherry
- 1 gestr. TL Cayennepfeffer

### Für die Glasur

- 250 g rotes Pfeffer-Gelee (oder Fruchtgelee mit zerdrückten Pfefferkörnern gemischt)
- 100 ml Apfelessig
- etwas Cayennepfeffer
- 4 Frühlingszwiebeln
- ½ kleines Bund Koriander

### Zeitbedarf

- 30 Minuten +
  ca. 3 Stunden garen

### So geht's

1. Die Schweinerippchen waschen und mit Küchenpapier trocken tupfen. Am unteren Ende der Ribs ein Messer unter die dünne Haut am Knochen schieben, diese anheben, lockern und möglichst an einem Stück abziehen.

2. Knoblauchzehen und Ingwer schälen und fein hacken. Die Orange heiß waschen, trocknen, von der Schale feine Streifen abziehen. Den Koriander waschen, trocken schwenken, abzupfen und fein hacken. Die Frühlingszwiebeln putzen und fein würfeln.

3. Den Backofen auf 180 °C vorheizen. Hoisin-Sauce mit Zucker, Sojasauce, Sherry und Cayennepfeffer gut verrühren, Knoblauch, Ingwer, Orangenstreifen, Koriander und Frühlingszwiebeln dazugeben und alles in eine große Bratenform oder in die Fettpfanne des Backofens geben. Die Schweinerippchen in der Sauce wenden und auf die fleischige Seite legen. Die Form mit Alufolie abdecken und die Schweinerippchen für ca. 2 ½ Stunden im Backofen garen.

4. Die Rippchen herausnehmen und auf eine große Platte legen. Die Flüssigkeit aus der Bratenform (ca. 600 ml) in einen Topf gießen. Das Fett mit einem großen Löffel abnehmen. Das Pfeffer-Gelee mit Apfelessig und Cayennepfeffer unterrühren, aufkochen und alles bei mittlerer Hitze ca. 15 Minuten sirupartig einkochen lassen. Die Frühlingszwiebeln putzen und fein hacken. Den Koriander waschen, trocken schwenken, die Blättchen abzupfen. Den Topf mit der Glasur vom Herd nehmen und Zwiebelwürfel und Koriander unterrühren.

5. Einen Gasgrill oder einen Holzkohlegrill vorbereiten oder den Backofen auf Grillstufe stellen. Dann die Bratenform oder die Fettpfanne bodenbedeckt mit Wasser füllen und einen Gitterrost darüberlegen. Die Rippchen mit der Fleischseite nach unten darauflegen und mit der Glasur bestreichen. Etwas von der Glasur für das Anrichten beiseitestellen. Die Rippchen in die Mitte des Ofens schieben und 2–4 Minuten grillen. Rippchen wenden, bestreichen, 10–12 Minuten grillen, bis sie knusprig braun sind [→a].

6. Die Rippchen aus dem Ofen nehmen, in Folie wickeln und 10 Minuten ruhen lassen. Danach zwischen den Knochen in einzelne Rippen schneiden. Kurz vor dem Servieren die restliche Glasur noch mal erhitzen und die Rippchen damit bestreichen. Mit Frühlingszwiebeln bestreuen und anrichten.

SCHWEINERIPPCHEN

[a]

## DAS IST *wirklich* WICHTIG

**[a] GRILLEN** Um die Rippchen schnell und würzig-mariniert zu grillen, müssen diese vorher gegart werden. Das kann man auch schon 2 Tage vorher machen und sie dann in Alufolie verpackt im Kühlschrank lagern. Beim Grillen die Rippchen zwischendurch immer wieder mit der Marinade bestreichen.

SANTA RITA HILLS

# SOMMER-BURGER
## *mit Speck & Avocado*

EIN SELBST GEMACHTER, SAFTIGER HAMBURGER SCHMECKT EINFACH UNVERGLEICHLICH GUT. UND GANZ BESONDERS, WENN MAN NOCH EIN WÜRZIG ABGESCHMECKTES KETCHUP DAZU SERVIERT.

### Zutaten für 4 Burger

#### Für das Ketchup

1 kleine Zwiebel

1 EL Rapsöl

1 EL Apfelessig

100 g Tomatenketchup

¼ TL getrocknete, rote Pfefferflocken

etwas Chilipulver

¼ TL Kreuzkümmel

1 Prise Zimt

1 Prise Nelken

Pfeffer aus der Mühle

#### Für die Burger

800 g Rinderhackfleisch

Salz, Pfeffer aus der Mühle

4 Scheiben Cheddar

8 Scheiben Frühstücksspeck

4 Hamburgerbrötchen

4 grüne Salatblätter

1–2 aromatische Tomaten

1 Avocado

### Zeitbedarf
- 30 Minuten + 30 Minuten garen

### So geht's

1. Für das Tomatenketchup die Zwiebel schälen und fein würfeln. Das Rapsöl in einer Pfanne erhitzen und darin die Zwiebelwürfel bei schwacher Hitze ca. 15 Minuten unter gelegentlichem Umrühren bräunen, bis sie leicht karamellisieren. Mit Apfelessig ablöschen, Tomatenketchup und 60 ml Wasser einrühren. Mit Pfefferflocken, Chilipulver, Kreuzkümmel, Zimt, Nelken und 1 Prise Pfeffer würzen. Bei kleiner Hitze 4–5 Minuten köcheln und anschließend abkühlen lassen.

2. Den Backofen auf 200 °C mit Grillstufe vorheizen. Für die Hamburger das Hackfleisch in eine Schüssel geben und mit Salz und Pfeffer kräftig würzen und mit den Händen durcharbeiten. Das Hackfleisch in 4 Portionen teilen und daraus ca. 2 cm dicke Burger formen.

3. Die Burger auf ein mit Alufolie ausgelegtes Backblech geben und im vorgeheizten Backofen unter Wenden 8–10 Minuten braten; dabei in der letzten Minute je 1 Käsescheibe darauflegen. In der Zwischenzeit die Speckscheiben in einer beschichteten, heißen Pfanne knusprig braten und zum Entfetten auf Küchenpapier legen. Die Brötchen auseinanderschneiden und die Hälften mit den Schnittflächen nach unten für 2–3 Minuten in den Backofen legen.

4. Die Salatblätter waschen und trocken tupfen. Die Tomaten waschen und in Scheiben schneiden. Die Avocado schälen, den Kern entfernen und das Fruchtfleisch in dünne Scheiben schneiden.

5. Die unteren Hälften der 4 Brötchen mit etwas Ketchup bestreichen. Darauf die Käse-Hamburger platzieren. Mit Speckstreifen, Salatblättern, Tomaten und Avocado belegen und mit den oberen Brötchenhälften abschließen. Das restliche Ketchup separat zu den Burgern reichen.

**EIN GUTER BURGER** besteht aus einem schönen, frisch durchgedrehten Stück Rindfleisch (aus der Schulter), das einen Fettanteil von 15–20 % hat, damit der Burger beim Braten saftig bleibt. In Kalifornien werden die Burger meist dünn mit Öl bepinselt und auf den Grill gelegt. Man kann sie aber auch in einer Pfanne in etwas Öl braten.

HAMBURGER

SANTA RITA HILLS

# WALNÜSSE
## *köstlicher & gesunder Genuss*

**WENN DIE TRAUBENLESE BEENDET IST UND DER HERBST AN DER AMERIKANISCHEN RIVIERA BEGINNT, DANN LOCKEN DIE SANTA RITA HILLS MIT REIFEN WALNÜSSEN. ENDE SEPTEMBER BEGINNT DIE ERNTE, DIE SICH BIS ENDE NOVEMBER ZIEHT.**

Santa Barbara County hat viele Gesichter: Trauben, Avocados und auch Walnüsse sind Schätze der Natur, die den verschiedenen Landstrichen in und um Santa Barbara einen ganz eigenen Charakter verleihen. Fährt man in Richtung Santa Rita Hills, wird das besonders deutlich. Hier liegt die „Rancho La Viña", eine Ranch, die der Familie Baer seit 1869 gehört und die von Tausenden alten Walnussbäumen umgeben ist. Vom Pazifik, nur wenige hundert Meter hinter der Bergkette, ziehen hier abends oft Nebelfelder auf und legen sich wie ein Watteteppich über den Landstrich. Den Walnussbäumen scheint das gut zu bekommen, denn die Nüsse zeichnen sich durch einen milden und gleichzeitig sehr intensiv-nussigen Geschmack aus. Wird die grüne Schutzschicht braun und zeigt Risse, sind die Nüsse reif und die Ernte kann beginnen.

Die Santa Rita Hills sind nicht das einzige, wohl aber das älteste Anbaugebiet für Walnüsse in Kalifornien. Die kommerzielle Nutzung der Nüsse begann im Jahr 1868, als Joseph Sexton in der Bay Area einen Sack der damals noch exotischen Früchte kaufte. Mit den ersten Setzlingen, die er daraus zog, legte er in Santa Barbara County die erste Walnussplantage an. Heute ist Kalifornien der Hauptlieferant für Walnüsse weltweit.

Seit einigen Jahren wird auch hier auf der Rancho La Viña aus den Walnüssen ein hochwertiges, kalt gepresstes Öl gewonnen. Leicht rauchig, frisch und intensiv ist der Geschmack – man meint fast, den Pazifik herauszuschmecken. Allein zu etwas frischem Baguette ist das Öl schon eine Köstlichkeit. Aber auch Salate, Gemüse, Fisch oder Wild lassen sich damit aromatisch verfeinern und abrunden. In Kalifornien auch sehr beliebt: Walnussöl in Verbindung mit Süßem wie Eis, Schokoladenkuchen und Brownies.

Auf alle Fälle empfiehlt es sich, mit dem geschmacklich sehr intensiven Walnussöl sparsam umzugehen. Zum Kochen oder Braten ist das kalt gepresste Öl nicht geeignet, da es einen sehr niedrigen Rauchpunkt hat. Kühl und dunkel aufbewahrt, ist es 6–12 Monate haltbar, angebrochene Flaschen sollten schnell verbraucht werden, da das Öl, vor allem, wenn es zu warm gelagert wird, leicht ranzig werden kann.

Doch nicht nur geschmacklich ist Walnussöl ein Highlight, auch auf die Gesundheit wirkt es sich positiv aus. Es stärkt das Immunsystem und wirkt blutdrucksenkend, zudem wird der Fettstoffwechsel angeregt und die Regeneration der Haut positiv beeinflusst. Walnüsse sind also nicht nur köstlich, sondern durch ihre vielen ungesättigten Fettsäuren, Vitamine und Spurenelemente auch gesunde Energielieferanten – wenn man sie, ihrer hohen Kalorienzahl wegen, auch nur in Maßen genießen sollte.

SANTA RITA HILLS

[a]

## DAS IST *wirklich* WICHTIG

**[a] DAS DRESSING** bekommt einen besonders intensiven Nussgeschmack, wenn man die Walnüsse vor dem Mixen im Backofen röstet. Man kann sie auch in einer Pfanne ohne Fett ca. 2 Minuten anrösten, dabei die Pfanne leicht rütteln und darauf achten, dass die Nüsse nicht anbrennen.

# GEMÜSE
## *mit Walnuss-Dressing*

GEMÜSESORTEN DER SAISON, WIE ZUCCHINI, SPARGEL ODER PILZE, IM BACKOFEN GEGART UND MIT FEINEM NUSSDRESSING ÜBERZOGEN – DAS SCHMECKT NICHT NUR VEGETARIERN.

### Zutaten für 4 Portionen

- 2 Zucchini (ca. 400 g)
- 250 g Shiitake-Pilze
- 250 g grüner Spargel
- 1 rote Zwiebel
- 3 EL Olivenöl
- Meersalz, Pfeffer aus der Mühle
- 50 g frisch geriebener Parmesan

**Für das Walnuss-Dressing**

- 100 g Walnüsse
- 1 Schalotte
- ¼ Bio-Zitrone
- 4 Thymianzweige
- 4 EL Olivenöl

### Zeitbedarf
- 20 Minuten + 20 Minuten garen

### So geht's

1. Den Backofen auf 180 °C (Umluft 160 °C) vorheizen. Die Zucchini waschen, Stielenden entfernen, längs halbieren und quer in feine Scheibchen schneiden. Die Shiitake-Pilze putzen, die harten Stiele entfernen und die Köpfe, je nach Größe, halbieren oder vierteln. Den Spargel waschen, die holzigen Enden entfernen, im unteren Drittel eventuell schälen. Die Zwiebel abziehen und in dünne Scheiben schneiden.

2. Die Walnüsse zerkleinern. Auf einem Backblech auslegen und im vorgeheizten Backofen ca. 8 Minuten rösten. Herausnehmen, auf einen Teller legen und abkühlen lassen.

3. Ein Backblech mit 1 EL Olivenöl bestreichen und darauf das vorbereitete Gemüse und die Pilze verteilen. Mit 2 EL Olivenöl bepinseln und mit Meersalz und Pfeffer würzen. In den Backofen schieben und ca. 15 Minuten garen.

4. In der Zwischenzeit die Schalotte abziehen und klein schneiden. Von der Zitrone die Schale dünn, ohne weiße Haut, abschälen und hacken. Das Fruchtfleisch zu Saft pressen. Den Thymian waschen, trocken schwenken und die Blättchen von den Zweigen zupfen.

5. Die Walnüsse zerkleinern, mit der Schalotte, Zitronenschale und -saft, Thymianblättchen und 4 EL Olivenöl im Küchenmixer pürieren [→a]. Mit Salz und Pfeffer würzen. Das Gemüse aus dem Ofen nehmen und auf einer Servierplatte anrichten, mit dem Walnuss-Dressing beträufeln. Mit dem geriebenen Parmesan bestreuen und servieren.

Dazu schmecken Baguette oder Walnussbrot und Ofenkäse.
Das Gemüse ist aber auch eine feine Beilage zu einem Steak.

### Die Varianten

**Bohnen mit Walnüssen**
500 g grüne Bohnen putzen und in kochendem Salzwasser ca. 10 Minuten bissfest garen. Abgießen, mit Olivenöl beträufeln, mit Meersalz und Pfeffer würzen und mit zerkleinerten und gerösteten Walnusskernen bestreuen. Passt sehr gut zu gegrillten Lammkoteletts.

**Mangold mit Walnüssen**
500 g Mangold waschen, die Stiele in ca. 1 cm breite Stücke schneiden und in Salzwasser ca. 3 Minuten blanchieren. Die Blätter in Streifen schneiden, dazugeben und kurz blanchieren. Kalt abschrecken und abtropfen lassen. In einer Pfanne in etwas heißem Walnussöl 1 gehackte Knoblauchzehe anschwitzen, Mangold zugeben, mit Salz und Pfeffer, einer Prise roten Pfefferflocken und ein paar gehackten Minzeblättchen würzen. Mit gerösteten Walnusskernen bestreuen.

SANTA RITA HILLS

# WALNÜSSE
## *Genuss mit Biss*

SIE SIND UNVERZICHTBARER BESTANDTEIL DER KALIFORNISCHEN KÜCHE: NICHT NUR FÜR DESSERTS UND KUCHEN, SONDERN AUCH GERÖSTET UND KLEIN GEHACKT ÜBER SALATE GESTREUT ODER ALS HOCHWERTIGES, AROMATISCHES ÖL – DIE EIGENWILLIG WÜRZIG-SÜSSLICHEN KERNE SIND BESONDERS LECKERE UND GESUNDE (GE)NÜSSE.

### RUCOLA MIT ZIEGENKÄSE

200 g Rucola waschen, trocken schleudern und in eine Salatschüssel geben. Für das Dressing 2 EL Rotweinessig, 3 EL Olivenöl und 1 EL Walnussöl mit Salz und Pfeffer verrühren. 60 g Walnusskerne zerkleinern, in einer Pfanne ohne Fett 2 Minuten rösten, dabei die Pfanne leicht rütteln. 125 g frischen Ziegenkäse zerkrümeln und über den Salat gegen. Die gerösteten Walnüsse darüberstreuen.

### ORANGEN-DATTEL-SALAT

4 große Navel-Orangen schälen, dabei die weiße Haut vollständig entfernen. Die Orangen in dünne Scheiben schneiden und auf einer Platte anrichten. 10 Soft-Datteln entkernen, in kleine Würfel schneiden und auf den Orangenscheiben verteilen. 125 g Ziegenkäse zerbröckeln und ebenfalls darüberstreuen. Aus 1 EL Apfelessig, 1 TL Honig, 2 EL Walnussöl, etwas Meersalz und 1 Prise Muskatnuss ein Salatdressing rühren und über die Orangenscheiben verteilen.

### KÄSEBÄLLCHEN

300 g geriebenen Cheddar-Käse mit 50 g weicher Butter verrühren, evtl. mit etwas Senf abschmecken, 1 EL gehackten Schnittlauch unterrühren. Die Masse im Kühlschrank fest werden lassen. 80 g Walnüsse klein hacken, in einer Pfanne kurz anrösten. Aus der Käsemasse kleine Bällchen formen und in den gerösteten Walnüssen wälzen. Mit Crackern servieren.

### CHICOREE-SELLERIE-SALAT

Chicoreeblätter von 2 Kolben in Streifen schneiden. 200 g Knollensellerie in feine Streifen schneiden oder grob raspeln. Mandarinenspalten von 2–3 Mandarinen untermischen. Aus 100 g Joghurt, 1 EL Mayonnaise, 2 EL Zitronensaft, Salz und Pfeffer ein Dressing rühren und mit den Zutaten vermischen. Mit frischem Estragon und 60 g grob gehackten, gerösteten Walnusskernen garnieren.

### FELDSALAT MIT BIRNEN

150 g Feldsalat gut waschen. 1 Birne in schmale Spalten schneiden, mit etwas Zitronensaft beträufeln. Aus 4 EL Walnussöl, 1 TL Honig, 3 EL Zitronensaft, Salz und Pfeffer ein Dressing rühren. Den Salat mit den Birnenspalten anrichten und das Dressing darübergeben. 2 EL gehackte und geröstete Walnusskerne darüberstreuen.
Der Salat schmeckt auch sehr gut, wenn man zusätzlich 100 g zerkrümelten Blauschimmelkäse untermischt.

### ROTE-BETE-SALAT

500 g Rote Bete raspeln und mit 1 fein gehackten Zwiebel und 1 in kleine Würfelchen geschnittenen Apfel vermischen. Ein Dressing aus 3 EL Walnussöl, 2 EL Essig, 1 TL Honig und 1 TL Meerrettich rühren, darübergeben und alles miteinander vermischen. 15 Walnüsse hacken, in einer Pfanne ohne Fett kurz rösten und als Garnitur über den Salat streuen.

SANTA RITA HILLS

# ASIA FOOD
## *fernöstlich-köstlich inspiriert*

ABWECHSLUNGSREICH, LEICHT UND SEHR LECKER – SO SCHMECKT DIE ASIATISCH BEEINFLUSSTE KÜCHE AN DER AMERIKANISCHEN RIVIERA. OB SUSHI, SASHIMI, SPRING ROLLS ODER WONTONS, DIE NEUE KALIFORNISCHE KÜCHE SETZT AUF „EAST-WEST-COOKING".

Die zahlreichen Einwanderer aus dem asiatischen Raum haben ihre Essgewohnheiten und ihre Kochkunst mitgebracht und die kalifornische Küche stark beeinflusst. Zu den ersten Immigranten gehörten die Chinesen, die zu Tausenden an die Westküste der USA geholt wurden, um in den Jahren 1863 bis 1869 die „First Transcontinental Railroad" zu bauen. Viele von ihnen blieben nach Fertigstellung der Eisenbahnlinie, um im Haushalt und in der Küche für kalifornische Familien zu arbeiten. Und ihre eigene, traditionelle Art, Reis, Fisch, Pilze, Algen und Früchte zuzubereiten, konnte so, wenn auch langsam, nach und nach an Bedeutung gewinnen.

Heute spielen auch andere asiatische Einflüsse eine große Rolle, vor allem die japanische Kochkunst. Sushi, die feinen Häppchen aus kaltem gesäuertem Reis mit meist rohem Fisch, Meeresfrüchten und Gemüse in vielen Variationen kombiniert, ist nach wie vor sehr beliebt und wird hier auch gerne mal als Snack zwischendurch gegessen. Oder Sashimi, aus rohem Fisch von bester frischer Qualität zubereitet. In der Regel nimmt man nur Meeresfische für die 3–4 mm dicken Filetscheiben, am häufigsten wird Thunfisch verwendet, vor allem Ahi. Sashimi wird mit Sojasauce, Gari und Wasabi serviert. In vielen Restaurants wird die Vorspeise direkt vor den Augen der Gäste zubereitet und kunstvoll angerichtet.

Die Kombination von Zutaten und Gerichten aus der westlichen und fernöstlichen Kochkultur ist in Kalifornien ein täglich gelebter Prozess. Leichte bekömmliche Gerichte mit viel frischem Gemüse, Reis, hellem Fleisch und Fisch prägen die Speisekarte. Gewürze wie frischer Ingwer, Koriander, Kreuzkümmel, Fisch- und Sojasaucen sind typisch für den asiatisch-kalifornischen Stil. Und experimentierfreudig wie die Kalifornier sind, mischen sie auch verschiedene Elemente und kreieren z. B. auch schon mal einen Taco mit asiatischer Füllung. Einige Gerichte, wie etwa Chop Suey oder der Glückskeks, wurden sogar hier in Kalifornien von asiatischen Einwanderern entwickelt und haben dann nach einigen Jahren erst den Weg zurück nach Asien gefunden. Die Befruchtung der Kulturen ist also manchmal auch eine gegenseitige.

So auch bei der „California Roll": eine Art Sushi, eine leichte, feine Kombination aus Krebsfleisch, Avocado, Gurke und Reis. Meist wird Surimi, ein Krebsfleisch-Imitat, verwendet oder die Rollen werden vegetarisch, z. B. mit Paprikaschoten und Karotten, zubereitet. Ganz typisch für die kalifornische Sushi-Variante ist, dass sie eine „Inside-out-Roll" ist, d. h. die äußere Schicht besteht immer aus Reis und wird in Sesam gewendet. Ichiro Manashita soll es gewesen sein, der im Tokyo Kaikan Restaurant in Los Angeles die California Roll Anfang der 1970er Jahre kreiert hat. Mittlerweile ist sie nicht mehr nur in Kalifornien beliebt, sondern auch in New York – und selbst in Tokyo.

# REIS-RÖLLCHEN
## *mit Ponzu-Sauce*

REIS MIT GETROCKNETEN TOMATEN, AVOCADO UND SESAMSAMEN BELEGT
UND NACH SUSHI-ART GEWICKELT. DAZU GIBT ES EINE FEIN-WÜRZIGE SAUCE.

### Zutaten für 4 Portionen

#### Für den Reis
- 250 g Sushi-Reis
- 2 EL Reisessig
- 1 EL Rotweinessig
- 2 EL Zucker
- ½ EL Salz

#### Für die Ponzu-Sauce
- 3 EL Zitronensaft
- 3 EL Limettensaft
- 1 EL Reiswein
- 3 EL Soja-Sauce
- 1 EL Mirin (süßer japanischer Reiswein)
- 2 EL Bonito-Flocken

#### Für die Röllchen
- 4 Noriblätter
- 100 g getrocknete Tomaten
- 1 Avocado
- 2 EL Sesamsamen

#### besonderes Werkzeug
- 1 Bambusmatte

#### Zeitbedarf
- 30 Minuten +
  50 Minuten garen +
  1 Stunde kühlen

### So geht's

1. Den Reis in ein Sieb füllen und unter fließend kaltem Wasser so lange waschen, bis das Wasser klar bleibt. Im Sieb mindestens 20 Minuten abtropfen lassen. Anschließend den Reis in einen Topf geben und mit 300 ml Wasser aufkochen, weitere 2 Minuten sanft köcheln lassen. Dann die Herdplatte ausstellen und den Reis im geschlossenen Topf ca. 10 Minuten ausquellen lassen. Anschließend den Deckel abnehmen, ein Geschirrtuch über den Topf breiten und den Reis 15 Minuten abkühlen lassen.

2. Für die Ponzu-Sauce Zitronensaft, Limettensaft, Reiswein, Soja-Sauce, Mirin und Bonito-Flocken verrühren, abdecken und für mindestes 1 Stunde zum Durchziehen in den Kühlschrank stellen. Anschließend durch ein Haarsieb passieren.

3. Reisessig, Rotweinessig, Zucker und Salz kurz aufkochen, abkühlen lassen und dann mit dem Sushi-Reis vermischen. Die Noriblätter einzeln in einer beschichteten, heißen Pfanne auf jeweils einer Seite ganz kurz anrösten, dann herausnehmen und abkühlen lassen.

4. Die getrockneten Tomaten in schmale Streifen schneiden. Die Avocados schälen, den Kern entfernen und das Fruchtfleisch in Streifen schneiden. Auf der Bambusmatte 1 Noriblatt, mit der gerösteten, glänzenden Seite nach unten, platzieren und darauf ca. ½ cm hoch Reis streichen, dabei vorne und hinten einen Rand von etwa 1 cm frei lassen. Etwas Sesamsamen breitflächig über den Reis streuen.

5. ¼ der Avocado- und Tomatenstreifen darauf verteilen und dann mithilfe der Bambusmatte eine Rolle formen [→a]. Die Matte entfernen, die fertige Rolle halbieren und beide Hälften in je 3–4 Stücke schneiden [→b]. Mit den restlichen Noriblättern genauso verfahren. Die Röllchen mit der Ponzu-Sauce servieren.

**CALIFORNIA ROLL** Die Röllchen lassen sich auch auf typisch kalifornische Art zubereiten: Das Noriblatt auslegen, den Reis darauf verteilen und mit etwas Sesam bestreuen, dann das Blatt wenden, sodass der Reis auf der Unterseite liegt. Avocado und Tomaten in der Mitte des Nori-Blattes verteilen und aufrollen. (Siehe auch Seite 84.)

SUSHI

# DAS IST
## *wirklich* WICHTIG

**[a] SUSHI-REIS** ist ein spezieller, polierter Rundkornreis, der nach dem Garen zwar schön bissfest bleibt, aber gleichzeitig klebrig ist und sich dadurch gut formen und aufrollen lässt. Ganz wichtig bei der Zubereitung: Den Reis sehr gründlich waschen, damit das Reismehl, das beim Aneinanderreiben der rohen Reiskörner entsteht, abgespült wird.

**[b] DIE RÖLLCHEN** lassen sich am einfachsten in gleichmäßige Stücke teilen, wenn man die Rolle mit einem sehr scharfen Messer halbiert und dann in jeweils 3–4 gleich große Stücke schneidet.

SANTA RITA HILLS

## DAS IST *wirklich* WICHTIG

[a] **INGWERÖL** Langsam erwärmt und gut durchgezogen ist das aromatische Öl ideal geeignet, um das Sashimi zu würzen. Das Öl kann im Kühlschrank bis zu 2 Monate aufbewahrt werden.

[a]

# SASHIMI
## *vom Hamachi mit Avocado*

SASHIMI WIRD, WIE SUSHI AUCH, AUS ROHEM FISCHFILET ZUBEREITET, ABER ZUSÄTZLICH MIT ETWAS WARMEM WÜRZÖL BETRÄUFELT UND DADURCH LEICHT MARINIERT.

### Zutaten für 4 Vorspeisen

**Für das Ingweröl**

50 g Ingwerwurzel

120 ml Rapsöl

¼ TL gemahlener Kurkuma

**Für das Sashimi**

6 frische Shiitake-Pilze

30 g frische Ingwerwurzel

50 g frische Rettichsprossen

1 EL Rapsöl

250 g Hamachi oder Thunfisch

1 Avocado (Sorte Hass)

Salz, Pfeffer aus der Mühle

3 EL Yuzu-Saft oder Limettensaft

3 EL milde Sojasauce

### Zeitbedarf
- 1 Stunde + 24 Stunden ziehen

### So geht's

1. Den Ingwer schälen und fein reiben. Zusammen mit Rapsöl und Kurkuma in einem kleinen Topf unter Rühren ganz langsam erwärmen (bis auf ca. 40 °C) und ca. 1 Stunde ziehen lassen. Dann den Topf vom Herd nehmen und bei Zimmertemperatur 24 Stunden ziehen lassen. Anschließend durch ein Haarsieb gießen und im Kühlschrank aufbewahren.

2. Die Shiitake-Pilze waschen, mit Küchenpapier trocken tupfen, die Stiele entfernen, die Pilze in dünne Streifen schneiden. Den Ingwer schälen und in feine Streifen schneiden. Die Rettichsprossen waschen und über einem Sieb abtropfen lassen.

3. Die Pilzstreifen in 1 EL Rapsöl 1 Minute anbraten, herausnehmen und auf einen Teller geben. Das Fischfilet in 16 dünne Scheibchen schneiden. Die Avocado schälen, halbieren, den Kern entfernen und das Fruchtfleisch in dünne Scheiben schneiden. Jeweils 4 Stücke Fischscheiben abwechselnd mit Avocadoscheiben auf je einen Teller dachziegelartig schichten. Mit Salz und Pfeffer würzen.

4. Das vorbereitete Ingweröl erhitzen [→a] und darin die Ingwerstreifen goldbraun braten. Herausnehmen und auf einen Teller legen. Je 1 EL von dem Bratöl über die Fisch-Avocado-Scheiben träufeln. Den Yuzu-Saft oder Limettensaft mit der Sojasauce verrühren und je 1 EL davon ebenfalls darüberträufeln. Mit den Shiitake-Pilzen, dem gebratenen Ingwer und den Rettichsprossen garnieren und servieren.

**HAMACHI** Für dieses Rezept wird „Hamachi", junge „Gelbschwanzmakrele", verwendet, in Kalifornien ein geschätzter Speisefisch für Sashimi und Sushi. Weiße oder rote Thunfischfilets sind eine sehr gute Alternative.

# THUNFISCH
## *in Sesamkruste*

DAS REZEPT SCHMECKT BESONDERS GUT MIT „AHI", DEM GELB-FLOSSEN-THUNFISCH, DEN ES IM PAZIFIK VOR KALIFORNIEN GIBT.

### Zutaten für 4 Vorspeisen

- 400 g frisches Ahi-Thunfischfilet
- Salz, Pfeffer aus der Mühle
- 50 g weiße Sesamsamen
- 50 g schwarze Sesamsamen
- 125 ml Rapsöl

#### Für die Ponzu-Sauce

- 2 EL süßliche Sojasauce oder Mirin
- 2 EL Zitronensaft
- 2 EL Reisweinessig
- 1 EL Fischsauce

#### Für die Gurken-Nudeln

- 100 g Glasnudeln
- 2 EL gehackte, ungesalzene Erdnüsse
- 5 Stängel Koriandergrün
- 1 Salatgurke
- 1 EL Honig
- 2 EL Zucker
- 100 ml Reisweinessig

### Zeitbedarf
- 30 Minuten + 10 Minuten garen

### So geht's

1. Das Thunfischfilet in 4 Stücke schneiden. Mit Salz und Pfeffer würzen. Weiße und schwarze Sesamsamen in einer flachen Schale vermischen und die Thunfischstücke auf jeweils 2 Seiten darin wenden [→a].

2. Die Glasnudeln in kochendes Salzwasser geben, kurz umrühren, den Topf beiseiteziehen und die Nudeln darin zugedeckt 6–8 Minuten ziehen lassen. Anschließend in ein Sieb gießen, mit kaltem Wasser abschrecken und abtropfen lassen.

3. Die Erdnüsse in einer heißen Pfanne ohne Fett 1–2 Minuten rösten, bis sie duften. Herausnehmen und auf einem Teller abkühlen lassen. Den Koriander waschen, trocken schwenken, die Blättchen abzupfen und fein hacken. Die Salatgurke schälen, längs halbieren, entkernen und in dünne Streifen schneiden [→b].

4. Das Rapsöl in einer Pfanne erhitzen und darin die Thunfischstücke auf jeder Seite nur kurz anbraten, damit das Fischfleisch innen rosa bleibt. Aus der Pfanne nehmen und auf einen Teller legen.

5. Die Glasnudeln (evtl. etwas kürzer schneiden) mit Erdnüssen, Koriander und den Gurkenstreifen vermengen. Honig mit Zucker und Reisweinessig kräftig verrühren und untermengen.

6. Für die Ponzu-Sauce Sojasauce, Zitronensaft, Reisweinessig und Fischsauce gut miteinander verrühren. Zum Servieren die Gurken-Nudeln mittig auf 4 Teller verteilen und die Ponzu-Sauce rundherum träufeln. Jedes Thunfischstück in dünnere Scheiben oder Streifen schneiden und auf den Gurken-Nudeln anrichten.

Dazu kann man noch eine in Streifen geschnittene Papaya und Krupuk (frittiertes Krabbenbrot) reichen.

FISCH

## DAS IST
## *wirklich*
### WICHTIG

**[a] DEN THUNFISCH** in die Sesamsamen legen, aber nicht auf die Schnittflächen, und die Samen gut andrücken.

**[b] DIE SALATGURKE** halbieren, die Kerne mit einem Löffel entfernen und die Gurkenhälften in sehr dünne Streifen schneiden.

# DAS IST *wirklich* WICHTIG

[a] **WONTONS FORMEN** Das gefüllte Wonton-Blatt mit den Fingern nach oben zusammenpressen, aber eine kleine Öffnung lassen, in die man 1–2 Erbsen und Möhrenstückchen steckt, um die Füllung zu „sichern".

[b] **DÄMPFEN** Nur so viel Wasser in den Topf einfüllen, dass der Dämpfeinsatz nicht damit in Berührung kommt. Die Bällchen sollen nur im Wasserdampf garen.

[a]

[b]

# WONTONS
## *mit Schweinefleisch*

EIN FEINER FLEISCH-GEMÜSE-TEIG, DER ZU BÄLLCHEN GEFORMT UND EINGEHÜLLT IN WONTON-BLÄTTER ÜBER DAMPF GEGART WIRD. DAZU SCHMECKT WÜRZIGER SOJA-INGWER-DIP.

### Zutaten für 20 Wontons

- 1 Chinakohl (ca. 400 g)
- 1 TL Salz
- 100 g Wasserkastanien (Dose)
- 3 Frühlingszwiebeln
- 2 Knoblauchzehen
- 2 cm Ingwerwurzel
- 250 g Schweinehackfleisch
- 2 EL helle Sojasauce
- 1 EL Reiswein, 1 TL Sesamöl
- Zucker, weißer Pfeffer
- 2 EL Speisestärke
- 20 Wontonblätter (Asia-Laden)
- 60 g TK-Erbsen und -Möhrchen

### Für den Dip

- 3 EL helle Sojasauce
- 2 EL dunkle Sojasauce
- 2 EL schwarzer Reisessig
- 1 EL Sesamöl, 1 TL Chiliöl
- 1 EL Zucker
- 2 Frühlingszwiebeln
- 2 Knoblauchzehen
- 2 cm Ingwerwurzel

### Zeitbedarf
- 40 Minuten +
  20 Minuten garen +
  30 Minuten ruhen

### So geht's

1. Den Chinakohl waschen, ca. 10 Blätter für den Dämpfeinsatz beiseitelegen. Restlichen Chinakohl (ca. 200 g) fein hacken, in ein Sieb geben, mit 1 TL Salz bestreuen, ziehen und dabei abtropfen lassen. In der Zwischenzeit die Wasserkastanien abtropfen lassen, dann in Würfelchen schneiden. Die Frühlingszwiebeln putzen, Knoblauch und Ingwer schälen und alles sehr fein hacken.

2. Die vorbereiteten Zutaten mit Schweinehackfleisch, Sojasauce, Reiswein, Sesamöl, einer Prise Zucker, Pfeffer und 1 EL Speisestärke zu einem geschmeidigen Teig verkneten. Mit Folie abdecken und für 30 Minuten zum Ruhen in den Kühlschrank stellen.

3. Ein Backblech mit etwas Speisestärke bestreuen. Jeweils 1 Wontonblatt auf die Handfläche legen, die Ränder mit Wasser bepinseln. In die Mitte 1 EL Fleischteig geben und mit den Fingern der anderen Hand Wontons formen [→a]. Die fertigen Wontons auf das Backblech geben.

4. Für den Dip Sojasauce, Reisessig, Sesamöl, Chiliöl und Zucker verrühren. Frühlingszwiebeln putzen und fein würfeln, Knoblauch und Ingwer schälen und fein hacken. Unter die Sauce rühren, 3 EL heißes Wasser zugeben und alles gründlich vermischen. Zugedeckt 20 Minuten ziehen lassen.

5. Wasser in einen geeigneten Topf mit Dämpfeinsatz füllen und zum Kochen bringen. Die Chinakohlblätter in dem Dämpfeinsatz auslegen und, je nach Größe, ca. 10 Wontons hineinsetzen [→b]. Den Dämpfeinsatz über das kochende Wasser hängen, den Topf mit einem Deckel verschließen und die Bällchen knapp 10 Minuten garen. Mit den restlichen Bällchen genauso verfahren.

6. Die fertig gegarten Schweinefleischbällchen auf eine vorgewärmte Servierplatte geben, bis zum Servieren mit Alufolie abgedeckt warm halten. Den Dip in 4 Portionsschalen geben und mit den Wontons servieren.

Dazu passt grüner Tee, Jasmintee oder Ingwertee.

**SO SCHMECKT'S AUCH** Den Fleisch-Gemüse-Teig mit je 1 Wontonblatt vollständig umhüllen und fest verschließen. In heißem Fett bei 180 °C portionsweise 3–4 Minuten frittieren. Auf Küchenpapier zum Abtropfen legen. Mit Sojasauce beträufeln oder mit dem Soja-Dip servieren.

# HÄHNCHEN
## *mit Ingwer & Kokosnuss*

ASIATISCH, WIE ES DIE KALIFORNIER LIEBEN: HÄHNCHENBRUSTFILET MIT INGWER UND HONIG GEBRATEN, DAZU JASMINREIS, DER IN KOKOSMILCH GEGART WIRD.

### Zutaten für 4 Portionen

- 800 g Hähnchenbrustfilet
- 1 Bio-Limette
- 1 Bio-Zitrone
- ca. 4 cm Ingwerwurzel
- 250 g Jasminreis
- 800 ml Kokosmilch
- ½ TL Zucker
- Salz, Pfeffer aus der Mühle
- 2 EL helles Sesamöl
- 1 EL Honig
- Pfeffer aus der Mühle
- 2 EL Kokosraspeln

### Zeitbedarf

- 20 Minuten +
  25 Minuten garen +
  30 Minuten ruhen

### So geht's

1. Die Hähnchenbrustfilets kalt abwaschen und trocken tupfen. In etwa 1 cm große Würfel schneiden. Die Limette und die Zitrone heiß abwaschen, abtrocknen, die Schale abschälen und den Saft auspressen. Die Hähnchenwürfel in einer Schüssel mit Saft und Schale der Zitrusfrüchte vermengen [→a].

2. Den Ingwer schälen und fein hacken. ⅔ davon unter das Hähnchenfleisch mengen, mit Folie abdecken und für 30 Minuten in den Kühlschrank stellen.

3. Den Jasminreis in einem Sieb unter fließend kaltem Wasser waschen und abtropfen lassen. Die Kokosmilch mit dem restlichen Ingwer, Zucker und etwas Salz aufkochen. Den Jasminreis einrühren und unter Rühren aufkochen lassen. Den Topf mit einem Deckel verschließen und den Reis bei kleinster Hitze etwa 20 Minuten garen. Dabei immer wieder mal umrühren. Anschließend den Topf beiseiteziehen, gut umrühren und zugedeckt warm halten.

4. Die Zitrusschalen aus dem Hühnerfleisch entfernen. Das Sesamöl in einer großen Pfanne oder einem Wok stark erhitzen. Die Fleischstücke portionsweise in das heiße Öl geben und rundherum kräftig anbraten [→b]. Erst dann den Honig darüberträufeln und die Fleischwürfel unter Schwenken in 3–4 Minuten fertig braten.

5. Den Kokosreis mit Salz und Pfeffer abschmecken und auf vorgewärmten Tellern anrichten. Das Hähnchenfleisch darauf verteilen und mit Kokosraspeln bestreuen.

Dazu passen als Garnitur frische Früchte wie z. B. Ananas- oder Bananenscheiben.

### Die Variante

**Gewürz-Kokosreis**
Dazu 1 EL fein gewürfelten Ingwer und 2 EL gehackte Knoblauchzehen in 2 EL hellem Sesamöl andünsten. Den Reis einstreuen und mit 1 TL gemahlenem Kurkuma, etwas Salz, je 1 kräftigen Prise Chilipulver und Kreuzkümmel würzen. Mit 500 ml Kokosmilch und 300 ml Gemüsebrühe aufgießen. Aufkochen lassen, dann die Hitze reduzieren und bei geschlossenem Topf in knapp 20 Minuten garen. Zum Servieren 2 EL frisch gehackten Koriander untermengen.

HÄHNCHEN

## DAS IST *wirklich* WICHTIG

**[a] MARINIEREN** Die Schale der Zitrusfrüchte so dünn abschälen, dass keine weiße Haut, die bitter schmeckt, daran haftet. Die ätherischen Öle der Schalen aromatisieren das Hähnchenfleisch.

**[b] ANBRATEN** Das Hähnchenfleisch in hellem Sesamöl anbraten, das hoch erhitzbar ist, im Gegensatz zu dunklem Sesamöl, das aus gerösteten Samen gewonnen wird und nur als Würzöl kurz vor dem Servieren über die Speisen geträufelt wird.

# SANTA YNEZ VALLEY
## eine Reise wert!

WEIN, OLIVEN, LAVENDEL – VIELE DUFT- UND GESCHMACKS-ERLEBNISSE ERWARTEN DEN BESUCHER. DAZU EIN RUSTIKALES WESTERN-AMBIENTE: KALIFORNIEN PUR!

SANTA YNEZ VALLEY

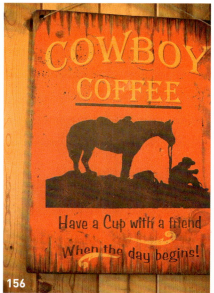

# SANTA YNEZ VALLEY
## *Western & Wein*

DAS SANFT GEWELLTE TAL ZWISCHEN DEN ZERKLÜFTETEN SANTA-YNEZ-BERGEN IM SÜDEN UND DER SIERRA MADRE IM NORDEN LÄDT ZU EINEM BESUCH EIN – MIT ENDLOSEN FELDERN, FARMEN UND MÄRCHENHAFTEN VIKTORIANISCHEN HÄUSERN.

Enge, romantische Straßen schlängeln sich durch das Santa Ynez Valley, vorbei an Weingütern, Pferdekoppeln und Gemüsefeldern. Man hat das Gefühl, dass die Zeit hier stehen geblieben ist. Viele Winzer und Farmer haben sich hier, angezogen von der ganz besonderen Atmosphäre, niedergelassen. Auch viele kleine Hotels und Restaurants findet man hier. Das romantische Ballard Inn zum Beispiel, mit seinem für das Tal authentisch eingerichteten Restaurant, in dem Budi Kazali feine Spezialitäten serviert.

Einen Kilometer weiter liegt die Buttonwood-Farm, die sich nicht nur durch ihre exzellenten Weine einen Namen gemacht hat, sondern auch durch besonders süße, weiße Pfirsiche. Von hier aus ist man schnell in Solvang. Das Städtchen wurde von dänischen Siedlern gegründet und fasziniert durch seine Fachwerkfassaden und Windmühlenattrappen. Berühmt ist es aber vor allem für seine Dessertspezialitäten. In der Nähe gibt es eine Straußenfarm zu besichtigen, die viele Köche der Region mit den riesigen Eiern versorgt.

Besonders feine Weine werden auf dem Bio-Weingut Sunstone kultiviert, wo Winzerin Brittany Rice im aus großen Steinquadern gebauten Tasting Room mit ihren Gästen gerne über ihre neuesten Syrahs, Cabernets und Merlots philosophiert. Ein kurzer Stopp in der unweit entfernten, über 200 Jahre alten Mission Santa Inés, wo sich noch heute die Spuren der spanischen Einwanderer finden, lädt zu einer Pause ein.

In Santa Ynez geht es etwas lebhafter zu. Fehlt eigentlich nur noch der Cowboy, der durch den Ort in Richtung Maverick Saloon reitet, um sich ein kühles Bier und einen saftigen Stierfleisch-Burger mit Salat und Pommes frites, die in Bier frittiert werden, zu genehmigen. Etwas gediegener geht es auf dem Weingut Bridlewood zu, einem großen weißen Gebäude, das einer Mission gleicht. Im Tasting Room steht Winemaker Bill Hopkins hinter der Theke. Besonders interessierte Besucher nimmt er schon mal mit in seinen Weinkeller, um ihnen zu erklären, wie man den Unterschied zwischen männlichem und weiblichem Wein schmecken kann.

Weiter geht es nach Los Olivos. Ein Ort wie aus dem Bilderbuch, mit Holzhäusern im Westernstil, etwa 20 Weinprobierstuben, kleinen Galerien, Kunsthandwerkläden und feinen Restaurants. Hier liegt auch das Los Olivos Café, bekannt aus dem Film „Sideways" und berühmt nicht nur für seine Lachsgerichte, sondern auch wegen seines zehn Meter langen, gut bestückten Weinregals. Ein kulinarischer Tipp ist auch der alte Postkutschenstopp am Ende der Paradise Road, der sich zu einem urigen Restaurant, genannt Cold Spring Tavern, gewandelt hat. Die Spezialität hier: Reh-Burger mit Salat.

In Los Alamos endet der Tag im Valley. Der kleine Westernort wirkt auf den ersten Blick verschlafen und die 500 Meter lange Hauptstraße staubig und leer. Doch wer genauer hinsieht, erkennt den ganz eigenen Charme von „Lost Almost".

SANTA YNEZ VALLEY

# KÜRBISSE
## *die ganz besonderen Beeren*

KLEIN ODER RIESIG, GLATT ODER GERIPPT, ORANGE, GRÜN ODER GESTREIFT – KÜRBISSE GIBT ES IN DEN UNTERSCHIEDLICHSTEN FORMEN UND FARBEN. UND SIE SIND NICHT NUR SEHR DEKORATIV, SONDERN VIELE ARTEN SIND AUCH IN DER KÜCHE VIELSEITIG ZU VERWENDEN.

In den Herbstmonaten bieten die mit Kürbissen übersäten Felder ein ganz besonders beeindruckendes Bild im Santa Ynez Valley und die Früchte werden an Ständen am Straßenrand von den Farmern in allen Größen angeboten. Viele Eltern kommen mit ihren Kindern hierher, um ein besonders schönes Exemplar für Halloween auszusuchen, in das sie gruselige Fratzen schneiden. Mit einem Teelicht im ausgehöhlten Inneren soll die Kürbislaterne böse Geister fernhalten. Es gibt sogar eine eigens dafür gezüchtete Sorte: die Jack-o'-Lantern.

Ursprünglich stammt der Kürbis, der botanisch zur Familie der Beeren gehört, aus Mittel- und Südamerika. Schon vor etwa 8.000 Jahren wurden hier seine ölhaltigen Samen verzehrt. Die indianischen Ureinwohner haben das Fruchtfleisch getrocknet und so haltbar gemacht. In Europa wurden Kürbisse erst seit dem 16. Jahrhundert angebaut, sie kamen mit den Spaniern aus der Neuen in die Alte Welt.

Im Extremfall kann ein Kürbis mehrere hundert Kilogramm schwer werden, obwohl die Zugehörigkeit zur Familie der Beeren das nicht vermuten lassen würde. In Kalifornien wird jedes Jahr das schwerste Exemplar der Saison prämiert. 2009 brachte ein Kürbis mit unglaublichen 725 kg dem Besitzer ein Preisgeld von 10.000 Dollar ein.

Es gibt an die 800 Kürbisarten. Zierkürbisse sind mit ihren schönen Formen und Farben nur für Dekorationszwecke, nicht zum Verzehr geeignet. Speisekürbisse werden grob in Sommer- und Winterkürbisse eingeteilt. Sommerkürbisse werden meist in noch unreifem Zustand geerntet, wenn sie zart sind und man Schale und Samen noch essen kann. Sie sind nur einige Wochen lagerfähig. Die bekannteste Sommerkürbis-Art sind die Zucchini. Winterkürbisse sind die klassischen Speisekürbisse, sie haben eine harte Schale und große Kerne. Bis auf wenige Ausnahmen, der Hokkaido ist eine solche, sind sie nur geschält genießbar. Sie können, vorausgesetzt die Schale ist unversehrt, an einem kühlen Ort mehrere Monate gelagert werden. Zu den bekannten Sorten gehören: Gelber Zentner, Big Max, Moschuskürbis und Hokkaido.

Aus Kürbissen lassen sich die unterschiedlichsten Gerichte zubereiten – von der würzigen Suppe bis zum süßen Kuchen. Am besten schneidet man den Kürbis in Spalten, dann lässt er sich leichter vorbereiten. Die Kerne in der Mitte mitsamt dem faserigen Kürbisfleisch entfernt man mit einem Löffel; um die Schale abzuschneiden, ist ein langes, stabiles Messer hilfreich. Kürbisse kann man kochen, dünsten, braten oder im Backofen garen. Als Püree sind sie eine wunderbare Beilage zu Fleisch und Geflügel, aber auch für ein Risotto oder als Füllung für Ravioli sehr gut geeignet. Sie lassen sich süß-sauer einlegen und zu pikanten Chutneys verarbeiten.

# KÜRBISKUCHEN
## *mit Zimt & Ingwer*

PUMPKIN PIE – HEISS GELIEBT UND DAS NICHT NUR ZU THANKSGIVING, SONDERN AUCH ZU DEN ANDEREN SAISONALEN KÜRBISZEITEN. AUF DEN MÜRBETEIGBODEN EINE SAFTIGE FÜLLUNG AUS KÜRBISMUS GEBEN, ZUM SERVIEREN SCHLAGSAHNE OBENAUF.

### Für 1 Form (26 cm Ø)

**Für den Mürbeteig**

- 250 g Mehl
- 125 g kalte Butterstückchen
- 50 g Zucker
- 1 kleines Ei
- 1 Prise Salz

**Für die Füllung**

- ca. 600 g Kürbis
- 2 Eier, getrennt
- 150 g Zucker
- ½ TL gemahlener Ingwer
- 1 TL gemahlener Zimt
- 250 ml Kondensmilch
- ½ TL Salz

**besonderes Werkzeug**
- 1 Quicheform oder Springform

**Zeitbedarf**
- 50 Minuten + 90 Minuten kochen und backen + 1 Stunde ruhen

### So geht's

1. Aus Mehl, kalten Butterstückchen, Zucker, Ei und Salz rasch einen glatten Teig kneten. Diesen zu einer Kugel formen, in Klarsichtfolie wickeln und für 1 Stunde in den Kühlschrank legen.

2. In der Zwischenzeit den Kürbis für die Füllung entkernen, schälen und das Fruchtfleisch in ca. 5 cm große Stücke schneiden. In ca. ½ l Wasser aufkochen, die Hitze reduzieren und das Kürbisfleisch in 25–30 Minuten weich garen. Das Wasser abgießen und die Kürbisstücke im Mixer oder mit einem Pürierstab fein pürieren. Man kann die Kürbisstücke auch im Ofen garen. Dafür den Backofen auf 160 °C (Umluft 140 °C) vorheizen, Kürbis in Spalten schneiden und in eine leicht eingeölte Form legen. Etwa 30–40 Minuten garen, bis der Kürbis weich ist, und anschließend pürieren.

3. Den Backofen auf 200 °C (Umluft 180 °C) vorheizen. Den Mürbeteig ausrollen und eine Quicheform oder eine Springform damit auskleiden. Dabei etwa 3 cm Rand hochziehen und die Teigfläche mit einer Gabel mehrmals einstechen.

4. Für die Füllung das Eiweiß zu steifem Schnee schlagen. Die Eigelbe mit Zucker cremig rühren, nacheinander das Kürbismus, Ingwer, Zimt, Kondensmilch und Salz unterrühren. Zuletzt den Eischnee unterheben. Die Kürbismasse auf dem Mürbeteigboden verteilen [→a].

5. Die Form auf die mittlere Schiene in den vorgeheizten Backofen stellen und den Kuchen 15 Minuten backen. Dann die Temperatur auf 160 °C (Umluft 140 °C) reduzieren und weitere 45 Minuten backen. Den Kürbiskuchen herausnehmen und vor dem Anschneiden gut auskühlen lassen.

Dazu passt Schlagsahne, evtl. mit etwas Zimt bestäubt.

KÜRBIS

## DAS IST *wirklich* WICHTIG

[a] **FÜR DIE FÜLLUNG** kann man Hokkaido- oder Muskatkürbis verwenden, je nachdem, was gerade im Angebot ist. Hokkaidokürbisse müssen vor der Verarbeitung nicht geschält werden.

# KÜRBISSUPPE
## *mit Ingwersahne*

CREMIG UND FEIN-WÜRZIG: DIE IDEALE SUPPE FÜR KALTE HERBST- UND WINTERTAGE. HIER WIRD DER KLASSIKER MIT INGWER UND ZIMT AROMATISCH ABGESCHMECKT.

### Zutaten für 4-6 Portionen

- 1 Zwiebel
- 1 Stange Sellerie
- 1 Karotte
- 2 EL Butter
- 2 EL geriebener Ingwer
- 2 Knoblauchzehen
- 1 kg Butternusskürbis
- 1,2 l Hühnerbrühe
- 1 Stange Zimt
- etwas Muskatnuss
- 250 g Sahne
- Salz, Pfeffer aus der Mühle

### Zeitbedarf
- 20 Minuten +
  30 Minuten kochen

### So geht's

1. Die Zwiebel abziehen und fein würfeln. Die Selleriestange putzen und in Stücke schneiden. Die Karotte schälen und ebenfalls in Stücke schneiden. Die Butter in einem Topf zerlassen und Zwiebel-, Karotten- und Selleriewürfel 5 Minuten anschwitzen.

2. Den Ingwer schälen und fein hacken oder reiben. Die Knoblauchzehen abziehen und hacken. 1 EL Ingwer und den Knoblauch zum Gemüse in den Topf geben und kurz mit anschwitzen. Den Kürbis schälen, die Kerne entfernen, das Kürbisfleisch in Würfel schneiden. In den Topf geben und ebenfalls kurz anschwitzen. Die Hühnerbrühe, die Zimtstange und etwas Muskatnuss dazugeben, aufkochen und ca. 30 Minuten köcheln lassen, bis der Kürbis ganz weich ist.

3. Die Zimtstange entfernen, die Suppe mit dem Pürierstab oder in einem Mixer pürieren. Die Hälfte der Sahne zugeben, noch einmal aufkochen lassen und die Suppe dann mit Salz und Pfeffer abschmecken.

4. Die restliche Sahne steif schlagen, 1 EL Ingwer darunterziehen. Die Kürbissuppe in vorgewärmten Suppentassen anrichten, mit Ingwersahne garnieren und servieren.

SUPPEN

# SÜSSKARTOFFEL-SUPPE
## mit Bourbon-Whiskey

NICHT NUR HEISS, SONDERN AUCH KALT SERVIERT EIN GENUSS:
MIT TOMATENSAFT GEKOCHT, MIT CHILI WÜRZIG ABGESCHMECKT
UND MIT WHISKEY FEIN ABGERUNDET.

### Zutaten für 4 Portionen

- 1 mittlere Zwiebel
- 1 Stange Staudensellerie
- 500 g Süßkartoffeln
- 1 EL Butter
- 200 ml Tomatensaft
- ¾ l Hühnerbrühe oder Gemüsebrühe
- etwas Chilipulver oder Tabasco
- 100 g Sahne
- 2 EL Bourbon-Whiskey
- 1 kräftige Prise Zimt
- 1 kräftige Prise Muskatnuss
- Salz, Pfeffer aus der Mühle

### Zeitbedarf
- 20 Minuten +
  30 Minuten kochen

### So geht's

1. Die Zwiebel abziehen und fein würfeln. Den Staudensellerie putzen und in kleine Stücke schneiden. Die Süßkartoffeln schälen und in Scheiben schneiden.

2. Die Butter in einem Topf erhitzen und darin die Zwiebelwürfel 1–2 Minuten andünsten. Die Selleriestücke und Süßkartoffelscheiben dazugeben, 3–4 Minuten unter Rühren andünsten.

3. Den Topfinhalt mit Tomatensaft und Hühnerbrühe aufgießen. Etwas Chilipulver oder Tabasco dazugeben. Aufkochen lassen und dann die Hitze reduzieren. Die Suppe bei mittlerer Hitze etwa 25 Minuten offen köcheln lassen.

4. Die Süßkartoffelsuppe mit einem Stabmixer im Topf fein pürieren. Anschließend nochmals aufkochen und dann bei reduzierter Hitze die Sahne und den Bourbon-Whiskey einrühren, mit Zimt und Muskatnuss würzen. Nicht mehr kochen lassen. Mit Salz und Pfeffer abschmecken. Die Suppe schmeckt heiß, aber auch kalt.

### Die Varianten

**Mit Ingwer**
Den Staudensellerie weglassen und dafür ca. 2 cm geschälte und fein gewürfelte Ingwerwurzel und 1 gewürfelte Knoblauchzehe verwenden. Die Suppe zusätzlich mit 1 EL gehacktem Koriandergrün garnieren.

**Mit Gemüseeinlage**
Eine Mischung aus 150 g gehäuteten und entkernten Tomatenwürfeln, klein gewürfelter roter Paprikaschote, 1 TL gehackter Petersilie, 1 TL Olivenöl und etwas Zitronensaft herstellen. In die vorgewärmten Suppenteller oder -schalen verteilen und mit der Suppe aufgießen.

**FEINE EINLAGE** 250 g Süßkartoffeln in feine Scheibchen schneiden und in Olivenöl in einer Pfanne auf beiden Seiten in 3–4 Minuten kross braten und als Suppeneinlage verwenden. Zusätzlich frische Ingwerscheibchen und/oder Knoblauchwürfel mitbraten. Eine Limettenscheibe zur Suppe servieren.

SANTA YNEZ VALLEY

# LAVENDEL
## *zart-duftend & aromatisch*

LILA LAVENDELPFLANZEN WIEGEN SICH LEICHT IM WIND. IM HINTERGRUND LEUCHTEN DIE BERGE VON SANTA YNEZ IM SONNENLICHT. DIE STILLE UND DER DUFT AUF DER CLAIRMONT LAVENDELFARM LADEN ZUM VERWEILEN EIN.

Seit 30 Jahren schon lebt Meryl Tanz, die aus Südafrika stammt, in Los Olivos auf der Clairmont Farm. Araber hat sie hier gezüchtet, bis sie vor 12 Jahren eine neue Leidenschaft für sich entdeckte: den Anbau von Lavendel. Aus ein paar wenigen Setzlingen wurden über die Jahre ganze Felder. Ehemann Glenn und Sohn Sean helfen tatkräftig mit, um aus den provenzalischen Grosso-Lavendelpflanzen Honig, Salz, Zucker, Gewürze, Tee, Seife, Cremes und Shampoo zu machen. Die Produkte werden alle auf der Farm hergestellt und Besucher können dabei zusehen, z. B. wie reines Lavendelöl destilliert wird. Das Öl kann vielfältig eingesetzt werden: es wirkt beruhigend, hilft bei leichten Verbrennungen und kleinen Wunden, lindert Kopfschmerzen.

## LAVENDELSALZ

Die Herstellung ist ganz einfach: 3 EL biologisch angebaute Lavendelblüten und 6 EL Meersalz werden in ein Glas gegeben, fest verschlossen und gut geschüttelt, bis sich Lavendel und Salz gut vermischt haben. Nun muss das Salz eine gute Woche stehen, um das Lavendelaroma aufzunehmen. Danach werden die Blüten herausgesiebt. Jetzt kann das Salz zum Kochen verwendet werden, z. B. für Fisch, Jakobsmuscheln, Hähnchenfleisch oder Salate. Wer dem Salz noch eine besondere Note geben möchte, fügt bei der Zubereitung etwas Thymian und Rosmarin hinzu.

## KRÄUTERMISCHUNG

Auch Lavendelkräutermischungen sind ideal, um verschiedenen Gerichten ein ganz besonderes Aroma zu geben. Dafür je 3 EL getrockneten Majoran, getrockneten Thymian und Bohnenkraut, 1 TL getrocknetes Basilikum, 1 TL getrockneten Rosmarin und Lavendel, je ½ TL getrockneten Salbei und Kümmelsamen in einem Glas gut miteinander vermengen. Die Kräutermischung passt zu Gemüse und Fleisch, besonders gut zu Hähnchenfleisch. Um Hähnchenfilets zu würzen, vermischt man 5 EL Olivenöl mit dem Saft und der abgeriebenen Schale von 1 Zitrone und 1 TL der Lavendelkräutermischung und schmeckt mit Salz und Pfeffer ab. 4 Hähnchenbrustfilets in die Marinade geben, 1 Stunde ziehen lassen und dabei einige Male wenden. Danach braten.

## LAVENDELZUCKER

2 EL biologisch angebaute Lavendelblüten und 6 EL Zucker mischen und 1 Woche stehen lassen. Danach die Blüten heraussieben. Lavendelzucker kann zum Backen verwendet werden oder um Kaffee und Tee damit zu süßen.

## LAVENDEL-LIMONADE

600 ml Wasser, 200 g Zucker und 1 EL getrocknete Lavendelblüten aufkochen lassen und rühren, bis sich der Zucker aufgelöst hat. Abkühlen und durchziehen lassen. Dann die Blüten absieben und die Zuckerlösung in einer Karaffe mit etwa 200 ml Zitronensaft und 600 ml Wasser gut verrühren. Mit Eiswürfeln servieren.

## LAVENDEL-SCONES

**Zutaten für 6–8 Scones**
300 g Mehl
1 EL Backpulver
1 Prise Salz
60 g kalte Butter
40 g Zucker
2 TL fein gehackte Lavendelblüten
ca. 160 ml Milch
etwas Milch zum Bestreichen

**So geht's**
Mehl, Backpulver und Salz in einer großen Schüssel mischen. Die kalte Butter in kleinen Stückchen dazugeben. Zucker und Lavendelblüten mischen, dabei einige Blüten zur Seite legen, um die Scones vor dem Backen damit zu bestreuen.
Den Backofen auf 200 °C vorheizen. Den Lavendelzucker zur Mehlmischung geben, so viel Milch unterrühren, bis ein weicher Teig entsteht. Den Teig auf einer mit Mehl bestreuten Arbeitsfläche ca. 2,5 cm dick ausrollen und Kreise ausstechen, evtl. mit einem Trinkglas (Ø ca. 6 cm).
Die Scones auf ein mit Backpapier ausgelegtes Blech legen, mit etwas Milch bestreichen und mit den restlichen Blüten und etwas Zucker bestreuen. Im Backofen ca. 12–15 Minuten backen, bis sie aufgegangen und goldgelb sind. Danach auf einem Kuchengitter auskühlen lassen.
Die Scones mit Butter und Rosenblütenmarmelade servieren.

SANTA YNEZ VALLEY

# OLIVENBÄUME
*auch in Kalifornien zu Hause*

**MIT DEN SPANISCHEN MÖNCHEN KAM MITTE DES 18. JAHRHUNDERTS AUCH DER OLIVENBAUM NACH KALIFORNIEN UND VERBREITETE SICH HIER IM MILDEN KLIMA SEHR SCHNELL. BALD GAB ES DEN „KÖNIG DER BÄUME" IN DEN GÄRTEN ALLER MISSIONEN.**

95 % aller in den USA angebauten Oliven kommen aus Kalifornien. Die Ernte, die im September beginnt, fällt sehr unterschiedlich aus und schwankt zwischen 50.000 und 160.000 Tonnen im Jahr. Nur etwa ein Viertel der Oliven werden hier zu Öl verarbeitet, die meisten Früchte genießt man pur, im Salat oder in verschiedenen Gerichten.

Auch wenn Frische normalerweise über alles geht: Oliven vom Baum sind ungenießbar, sie enthalten eine bittere Substanz, deren Wirkung sich erst durch Behandlung der Früchte mit Lauge verliert. Danach werden Oliven eingelegt – in Salzwasser, Essig, Öl oder trocken in Salz, oft mit Kräutern und Gewürzen. Eine Besonderheit sind die „California Ripe Olives". Freda Ehmann, einer gebürtigen Deutschen, gelang es Ende des 19. Jahrhunderts eine Methode zu entwickeln, um besonders bitterstoffarme Oliven mit dem festen Fleisch der grünen und der Farbe der reifen, schwarzen Steinfrüchte herzustellen.

Trotz guter Bedingungen hat sich der Olivenanbau in Kalifornien jedoch nicht zu einer Massenindustrie entwickelt. Viele der etwa 1200 Olivenbauern machen tatsächlich noch die meiste Arbeit von Hand. Zu diesen gehören auch Antoinette und Shawn Addison mit ihrer Figueroa Farm im Santa Ynez Valley.

Frantoio, Leccino, Maurino, Pendolino, Itrana, San Felice, Grappolo und Manzanillo – so heißen die verschiedenen Olivensorten, aus denen auf der Figueroa Farm ein kräftiges, fruchtiges Bio-Öl gewonnen wird. Hierfür werden zuerst die Zweige und Blätter von den Oliven entfernt. Danach werden die Früchte gewaschen und zu einer Paste zerstoßen. Dafür setzen die Addisons eine italienische Mühle ein. Nachdem das hierbei entstandene Öl-Wasser-Gemisch in einer Zentrifuge getrennt wurde, kann das Öl gefiltert und abgefüllt werden.

Heute ist Olivenöl, eines der hochwertigsten und gesündesten Pflanzenöle, aus der kalifornischen Küche nicht mehr wegzudenken. Da es einen hohen Rauchpunkt hat, der bei ca. 190 Grad liegt, ist es gut zum Braten und Kochen geeignet, ebenso wie zum Marinieren und Verfeinern. Ähnlich wie Wein ist auch jedes Olivenöl auf seine Art anders und sollte daher auch unterschiedlich eingesetzt werden. Ein sehr kräftiges Olivenöl passt beispielsweise gut zu gekochtem Fisch oder zu Fleisch. Ein milderes Olivenöl schmeckt gut zu Tomaten und Mozzarella, als Vinaigrette oder über Gemüse. Zum Backen sollte man ein leichtes Olivenöl mit wenig Eigengeschmack verwenden.

Durch Zugabe von frischen oder getrockneten Kräutern wie Thymian, Oregano, Majoran, Rosmarin und Salbei lässt sich ein feines Kräuteröl herstellen, das gut zu Salat und Kurzgebratenem passt und zum Einlegen von Schafskäse oder getrockneten Tomaten geeignet ist. Einfach ein paar Kräuterzweige im Öl gut verschlossen etwa 3 Wochen ziehen lassen und danach absieben.

**SANTA YNEZ VALLEY**

# HEILBUTT
## *auf Salade Niçoise*

KÖSTLICHES FISCHFILET, MARINIERT UND GEGRILLT, AUF EINEM
SALAT AUS KARTOFFELN, GRÜNEN BOHNEN, EIERN UND BLATTSALAT,
MIT EINER FEINEN VINAIGRETTE NACH FRANZÖSISCHER ART.

### Zutaten für 4 Portionen

- 500 g Heilbuttfilet
- 2 EL Olivenöl
- Saft von 1 Zitrone
- Salz
- Alufolie

### Für den Salat

- 600 g rote Kartoffeln
- 500 g grüne Bohnen
- 1 Knoblauchzehe
- 1 TL Dijon-Senf
- 5 EL Olivenöl
- 8 EL Orangensaft
- 3 EL Weißweinessig
- 2 Eier
- 4 aromatische Tomaten
- 1 großes Kopfsalatherz
- 100 g schwarze Oliven
- 4 eingelegte Artischockenherzen
- ¼ Bund Petersilie
- Pfeffer aus der Mühle
- Alufolie

### Zeitbedarf

- 30 Minuten +
  20 Minuten marinieren +
  30 Minuten garen

### So geht's

1. Die Fischfilets kalt abwaschen, trocken tupfen und in 4 Scheiben schneiden. Olivenöl, Zitronensaft und etwas Salz zu einer Marinade verrühren. Die Fischscheiben darin einlegen und ca. 20 Minuten im Kühlschrank ziehen lassen [→a].

2. Die Kartoffeln waschen, schälen, halbieren und in Salzwasser 15–20 Minuten garen. Dann abgießen und abkühlen lassen. Die grünen Bohnen putzen, waschen und in Salzwasser 5–8 Minuten bissfest garen. In ein Sieb abgießen, mit kaltem Wasser abschrecken und abtropfen lassen.

3. Für die Vinaigrette die Knoblauchzehe abziehen, mit dem Messerrücken quetschen und mit Salz vermischen. Mit Senf, Olivenöl, Orangensaft und Weißweinessig in einer Schüssel kräftig aufschlagen.

4. Die Kartoffeln in Scheiben schneiden, in eine Schüssel geben und 2 EL der Vinaigrette darübergeben. Die Bohnen ebenfalls mit 2 EL Vinaigrette in eine Schüssel geben.

5. Die Eier ca. 10 Minuten hart kochen, mit kaltem Wasser abschrecken, abkühlen lassen und in Viertel schneiden. Die Tomaten waschen und in Scheiben schneiden. Das Salatherz entblättern, waschen, trocken schleudern und evtl. etwas kleiner zupfen. Die Oliven entsteinen und in Streifen schneiden. Die Petersilie waschen, trocken schwenken, die Blättchen abzupfen und fein hacken.

6. Einen Gasgrill oder Holzkohlegrill vorbereiten oder den Backofen auf 200 °C (Umluft 180 °C) mit Grillstufe vorheizen und ein Backofengitter mit Alufolie überziehen. Die Fischscheiben aus dem Kühlschrank nehmen, etwas abtupfen und mit Pfeffer würzen. Auf den heißen Grill oder das Backgitter legen und unter Wenden ca. 10 Minuten grillen.

7. Auf 4 großen Tellern Kopfsalat, Tomaten, Kartoffeln und Bohnen anrichten, mit Eivierteln, Oliven, Artischockenherzen und Petersilie garnieren. Löffelweise die restliche Vinaigrette darübergeben, mit etwas Pfeffer würzen. Je 1 Stück gegrilltes Fischfilet darauflegen.

FISCH

# DAS IST
## *wirklich*
### WICHTIG

**[a] FISCH MARINIEREN** Am einfachsten ist es, Olivenöl, Zitronensaft und Salz in einen Gefrierbeutel zu geben und gut zu schütteln, bis sich das Salz aufgelöst hat. Dann die Fischfilets einlegen und den Beutel in den Kühlschrank legen.

# SARDINENSALAT
## mit Kichererbsen

EIN IDEALES KLEINES MITTAG- ODER ABENDESSEN FÜR HEISSE SOMMERTAGE: LÄSST SICH GANZ SCHNELL ZUBEREITEN UND SCHMECKT EINFACH LECKER.

**Zutaten für 4 Portionen**

- 3 EL Zitronensaft
- 3 EL Olivenöl
- 1 Knoblauchzehe
- 1 TL getrockneter Oregano
- Salz, Pfeffer aus der Mühle
- 3 Tomaten
- ½ Salatgurke
- 1 Dose Kichererbsen
- 100 g schwarze Oliven
- 1 rote Zwiebel
- 200 g Feta
- 2 Dosen Sardinen in Olivenöl

**Zeitbedarf**
- 30 Minuten

**So geht's**

1. Zitronensaft und Olivenöl in einer großen Schüssel verrühren. Knoblauch abziehen, fein hacken und mit Oregano, Salz und Pfeffer dazugeben. Die Tomaten und die Gurke waschen und in Würfel schneiden. Die Kichererbsen gut abspülen und abtropfen lassen. Die Oliven entsteinen und halbieren. Die Zwiebel abziehen und in feine Streifen schneiden.

2. Tomaten, Gurkenscheiben, Kichererbsen, Oliven und Zwiebelstreifen in die Schüssel geben und alles gut vermischen.

3. Den Salat auf 4 Teller verteilen, den Fetakäse zerbröckeln und darübergeben. Die Sardinen auf dem Salat verteilen.

Dazu passt ein ofenfrisches Baguette.

# FENCHELSALAT
## mit Mandarinen

EINE SOMMERLICH-FRISCHE KOMBINATION: KNACKIGER FENCHEL, SAFTIGE MANDARINEN UND WÜRZIGE OLIVEN HARMONIEREN GANZ WUNDERBAR MITEINANDER.

**Zutaten für 4 Portionen**

- 4 Mandarinen
- 3 EL Olivenöl
- Salz, Pfeffer aus der Mühle
- 2 Knollen Fenchel mit Fenchelkraut
- 100 g schwarze Oliven
- 4 EL gehackte glatte Petersilie

**Zeitbedarf**
- 20 Minuten

**So geht's**

1. Die Mandarinen schälen und filetieren (die Filets zwischen den Trennwänden herausschneiden), dabei den Saft auffangen. In einer kleinen Schüssel Olivenöl mit Mandarinensaft, Salz und Pfeffer zu einem Dressing rühren.

2. Die Fenchelknollen putzen, waschen und mit einem scharfen Messer in sehr dünne Scheiben schneiden. In eine Schüssel geben und mit 1 EL des Dressings beträufeln. Den Fenchel auf Tellern anrichten. Die Mandarinenfilets ebenfalls mit etwas Dressing vermengen und auf den Fenchel legen.

3. Die Oliven entsteinen und halbieren, mit der gehackten Petersilie und dem gehackten Fenchelkraut über den Salat geben, mit dem restlichen Dressing beträufeln und servieren.

OLIVEN

# AUBERGINEN-PANINI
## *mit Tapenade*

EIN BESONDERS KÖSTLICHES VEGETARISCHES SANDWICH – NACH ITALIENISCHER ART MIT WÜRZIGER OLIVENPASTE UND MOZZARELLA IM TOASTER ODER IM BACKOFEN GEGRILLT.

### Zutaten für 4 Portionen

- 1 Aubergine
- 2 Knoblauchzehen
- 4 EL Olivenöl
- Salz, Pfeffer aus der Mühle
- 200 g Mozzarella
- 2 aromatische Tomaten
- 4 Panini oder 8 Scheiben Weißbrot
- 8 EL Tapenade
- Alufolie

### Zeitbedarf
- 20 Minuten + 10 Minuten garen

### So geht's

1. Die Aubergine waschen, den Stielansatz entfernen und die Aubergine längs in ½ cm dicke Scheiben schneiden. Knoblauchzehen abziehen, fein hacken und mit dem Olivenöl verrühren. Die Auberginenscheiben auf beiden Seiten damit bepinseln und in einer heißen beschichteten Pfanne auf jeder Seite 2 Minuten kross braten. Herausnehmen, auf einen Teller legen und mit Salz und Pfeffer würzen. Den Backofen auf 200 °C mit Grillstufe (Umluft 180 °C) vorheizen. Ideal ist auch ein Sandwich-Toaster.

2. Mozzarella und Tomaten in dünne Scheibchen schneiden. 4 Paninihälften oder Weißbrotscheiben auf der Unterseite mit etwas Knoblauchöl bestreichen, wenden, mit der Hälfte der Tapenade bestreichen. Zuerst mit Mozzarella, dann mit Tomaten und mit je 1 Auberginenscheibe belegen. Darauf wiederum Mozzarella legen.

3. Die anderen 4 Brothälften oder -scheiben mit restlicher Tapenade bestreichen, mit der bestrichenen Seite nach unten auf die belegten Brote setzen, leicht andrücken, mit restlichem Knoblauchöl bepinseln.

4. Ein Backgitter mit Alufolie auslegen. Die Brote daraufgeben und im Ofen 5–6 Minuten grillen. Oder im Sandwichtoaster 3–5 Minuten grillen, bis der Käse geschmolzen ist.

Dazu schmeckt Salat, z. B. Romanasalat. Übrig gebliebene Auberginenscheiben kann man, gebraten, mit Salz, Pfeffer und evtl. etwas Olivenöl gewürzt und mit Basilikum oder Oregano bestreut, ebenfalls dazu servieren.

### Die Variante

**Tapenade**
Die Oliven-Paste lässt sich auch ganz einfach selbst herstellen. Dazu 100 g schwarze oder grüne Oliven entsteinen und mit 2 geschälten Knoblauchzehen, je ½ TL Rosmarinnadeln und Thymian, 2–3 EL Olivenöl und etwas Meersalz im Küchenmixer fein pürieren. Nach Belieben 1–2 Sardellen untermixen, dann allerdings kein Salz zugeben. Nach französischer Art kann man die Paste auch noch mit 1 TL Pastis (Anisschnaps) parfümieren, nach italienischer Art mit grob geschrotetem Pfeffer und 1 EL Basilikumblättern mixen.

SANTA YNEZ VALLEY

# DAS IST *wirklich* WICHTIG

**[a] GERÖSTETE PAPRIKASCHOTEN** lassen sich manchmal schlecht häuten. Deshalb die Schoten in eine Plastiktüte geben, verschließen und sie darin etwas „schwitzen" lassen. Die Haut lässt sich anschließend ganz leicht ablösen.

# BRUSCHETTA
## *mit Paprika-Oliven-Paste*

DIE WÜRZIGE PASTE MIT GERÖSTETEN PAPRIKASCHOTEN UND GORGONZOLA HERZUSTELLEN, DAUERT ZWAR EIN WENIG, DAS ERGEBNIS SCHMECKT ABER SO KÖSTLICH, DASS ES FÜR DEN AUFWAND ENTSCHÄDIGT.

### Zutaten für 4 Portionen

2 rote Paprikaschoten

4 EL Olivenöl

2 Knoblauchzehen

1 Bund glatte Petersilie

100 g Gorgonzola

100 g entsteinte schwarze Kalamata-Oliven

Salz, Pfeffer aus der Mühle

italienisches Weißbrot

### Zeitbedarf
- 25 Minuten + 25 Minuten garen

### So geht's

1. Den Backofen auf 220 °C (Umluft 200 °C) vorheizen. Die Paprikaschoten waschen, die Stielansätze entfernen, die Schoten längs halbieren und entkernen. Mit den Schnittflächen auf ein Backblech legen und mit 1 EL Olivenöl beträufeln. In den vorgeheizten Backofen schieben und ca. 20 Minuten rösten, bis die Haut schwarz wird und beginnt, Blasen zu werfen.

2. Die Knoblauchzehen abziehen und in einer Pfanne in 1 EL Olivenöl unter Schwenken 4–5 Minuten rösten. Dann die Pfanne vom Herd ziehen. Die Petersilie waschen, trocken schwenken, die Blättchen abzupfen und fein hacken.

3. Die Paprikaschoten aus dem Ofen nehmen, kurz abkühlen lassen, die Haut abziehen [→a] und die Schoten etwas kleiner schneiden. In einem Küchenmixer die Paprikaschoten mit Gorgonzola, Oliven und geröstetem Knoblauch bei kleiner Geschwindigkeit vermischen, langsam 1–2 EL Olivenöl dazugeben. Evtl. mit Salz und Pfeffer abschmecken.

4. Das Weißbrot in dünne Scheiben schneiden, auf einem Backblech auslegen und jeweils auf beiden Seiten mit etwas Olivenöl bestreichen. Im heißen Backofen 3–4 Minuten goldbraun rösten.

5. Die gerösteten Brotscheiben mit der Paprika-Käse-Mischung bestreichen, mit gehackter Petersilie bestreuen und auf einer Servierplatte anrichten.

Dazu schmecken auch hauchdünn geschnittene Schinkenscheiben (z. B. Parmaschinken).

**KALAMATA-OLIVEN,** die ihren Namen von der griechischen Stadt Kalamata haben, sind große, fleischige schwarze Oliven mit intensivem Aroma. Für die Paste kann man aber auch andere schwarze Oliven verwenden. Gut schmeckt es auch, wenn man die gerösteten Brote mit Gorgonzola bestreicht, geröstete Paprikaschoten, Knoblauch und Oliven in kleine Würfel schneidet und auf dem Käse verteilt.

# SCHWERTFISCH
## mit Minz-Tapenade

KÖSTLICHER GRILLGENUSS: FEINER SCHWERTFISCH MIT EINER FRANZÖSISCHEN WÜRZPASTE AUS SCHWARZEN OLIVEN, GETROCKNETEN TOMATEN UND KRÄUTERN SERVIERT.

### Zutaten für 4 Portionen

- 4 Schwertfischfilets à 180–200 g
- 2 EL Olivenöl
- Salz, Pfeffer aus der Mühle
- 1 Zitrone
- 100 g kernlose Weintrauben oder 8 Kirschtomaten
- 2 Stängel Minze
- 2 EL Olivenöl

### Für die Tapenade

- ½ Bund Minze
- 3 Stängel Basilikum
- 1 Knoblauchzehe
- Salz
- 150 g schwarze, entsteinte Oliven
- 50 g getrocknete Tomaten in Olivenöl
- 2 EL Olivenöl
- ¼ TL Pfefferflocken

### Zeitbedarf
- 30 Minuten +
  8 Minuten grillen +
  1 Stunde kühlen

### So geht's

1. Für die Tapenade Minze und Basilikum waschen, trocken schwenken, die Blättchen abzupfen und fein hacken. Die Knoblauchzehe abziehen und mit Salz zerreiben. Die schwarzen Oliven und die eingelegten Tomaten fein hacken. Die vorbereiteten Zutaten mit Olivenöl und den Pfefferflocken gut verrühren. Im Mörser oder Mixer pürieren, mit Folie abdecken und zum Durchziehen für 1 Stunde in den Kühlschrank stellen.

2. Die Fischscheiben unter fließend kaltem Wasser waschen und mit Küchenpapier trocken tupfen. Auf einen Teller legen und mit Olivenöl bestreichen [→a], mit Salz und Pfeffer würzen, mit etwas Zitronensaft beträufeln.

3. Die Weintrauben oder die Kirschtomaten waschen und halbieren. Die Minze waschen, trocken schütteln, die Blättchen abzupfen und hacken. Trauben oder Tomaten mit Minze und Olivenöl vermengen. Mit Salz und Pfeffer würzen.

4. Einen Gasgrill oder Holzkohlegrill vorbereiten oder den Backofen auf 200 °C Grillstufe vorheizen und ein Backofengitter mit Alufolie überziehen. Die Schwertfischfilets auf den Grill legen (mittlere Hitze) und ca. 4 Minuten grillen, dann vorsichtig wenden und noch mal ca. 4 Minuten grillen.

5. Je 1 gegrillte Fischscheibe auf einen Teller legen und mit den Weintrauben oder Tomaten garnieren. Mit der Tapenade servieren.

Dazu schmeckt Safranrisotto sehr gut. Oder einfach gekochten Reis mit Salz, Pfeffer und Safran würzen und auf 4 Alufolienblätter verteilen. Mit Butterflöckchen belegen, verschließen und die Reispäckchen am Rand vom Grill warm halten, bis der Schwertfisch fertig ist.

**SO SCHMECKT'S AUCH** Die Schwertfischfilets in gleichmäßige Stücke schneiden und abwechselnd mit Kirschtomaten, Weintrauben und Basilikumblättchen auf Spieße stecken. Mit je 1 Scheibe Frühstücksspeck girlandenförmig umwickeln, mit Olivenöl bepinseln und grillen.

FISCH

## DAS IST *wirklich* WICHTIG

**[a] MIT ÖL BESTREICHEN** Eine dünne Ölschicht verhilft beim Grillen zu gleichmäßigem Bräunen und verhindert zudem, dass der Fisch am Rost anhaftet.

**SANTA YNEZ VALLEY**

## DAS IST *wirklich* WICHTIG

**[a] DER THUNFISCH** sollte innen noch saftig rosa (nicht rot) sein. Ist die Unterseite schön gebräunt, das kann 2 Minuten oder je nach Dicke auch länger dauern, den Fisch wenden.

[a]

# THUNFISCH
## *mit Tomaten-Oliven-Relish*

GEGRILLTER FISCH MIT EINER MEDITERRAN INSPIRIERTEN WÜRZSAUCE ANGERICHTET – EIN FEINES, LEICHTES GERICHT, IDEAL FÜR HEISSE SOMMERTAGE.

### Zutaten für 4 Portionen

- 100 g getrocknete Tomaten in Olivenöl
- 100 g grüne/schwarze Oliven in Olivenöl
- ¼ Bund glatte Petersilie
- 1 EL Kapern
- ½ Schalotte
- 6 EL Olivenöl
- 1 TL getrockneter Oregano
- Schale von ¼ Bio-Orange
- Saft von 1 Zitrone
- Salz, Pfeffer aus der Mühle
- 4 Scheiben Thunfisch à 180–200 g

### Zeitbedarf
- 30 Minuten +
  1 Stunde ziehen +
  ca. 8 Minuten grillen

### So geht's

1. Die eingelegten Tomaten etwas abtropfen lassen und anschließend fein hacken. Die Oliven entsteinen und ebenfalls sehr klein schneiden. Die Petersilie waschen, trocken schwenken, die Blättchen abzupfen und fein hacken. Die Kapern fein hacken. Die Schalotte abziehen und in feine Würfel schneiden.

2. Alle vorbereiteten Zutaten in eine Schüssel geben und mit 4 EL Olivenöl, Oregano, abgeriebener Orangenschale und Zitronensaft gründlich vermischen. Mit Salz und Pfeffer würzen. Mit Folie abdecken und mindestens 1 Stunde im Kühlschrank durchziehen lassen. Das Relish lässt sich auch gut schon bis zu 2 Tage im Voraus zubereiten und schmeckt, gut durchgezogen, noch aromatischer.

3. Die Thunfischsteaks unter fließend kaltem Wasser waschen und mit Küchenpapier trocken tupfen. Auf einen Teller legen, mit 2 EL Olivenöl auf beiden Seiten bepinseln und mit Salz würzen. Mit Folie abdecken und bei Zimmertemperatur ca. 15 Minuten ruhen lassen.

4. Einen Gasgrill oder Holzkohlegrill vorbereiten. Alternativ lassen sich die Fischsteaks auch im Ofen unter dem Backofengrill zubereiten. Die Thunfischsteaks auf den Grillrost legen und von jeder Seite 2–4 Minuten grillen [→a]. Den gegrillten Fisch auf Tellern anrichten, das Relish in 4 Portionsschalen füllen und zum Fisch servieren.

Dazu passen Baguette und gemischte Blattsalate oder auch Baked Potatoes, die man in Folie mit auf den Grill legen kann.

**SO SCHMECKT'S AUCH** Thunfisch kann beim Grillen leicht trocken werden, deshalb kann man auch, statt ihn mit Olivenöl zu marinieren, jedes Steak mit 2 dünnen Scheiben Frühstücksspeck umwickeln. Anstelle der Thunfischsteaks lässt sich dieses Rezept auch mit anderen festfleischigen Fischfilets, wie z. B. Seeteufel, Kabeljau oder Schwertfisch, zubereiten.

# GARNELEN
## *mit Knoblauchflan*

DURCH DAS RÖSTEN IM BACKOFEN VERLIEREN DIE KNOBLAUCHZEHEN IHREN STRENGEN GESCHMACK UND SIND SO EINE WUNDERBARE BEILAGE FÜR DIE WÜRZIGEN GARNELEN.

### Zutaten für 4 Portionen

**Für den Knoblauchflan**

- 200 g Salz
- 10 große Knoblauchzehen
- 200 g saure Sahne
- 100 g Crème double
- 4 Eigelb
- 1 kräftige Prise Muskatnuss
- Salz, Pfeffer aus der Mühle
- Butter für die Förmchen

**Für die Garnelen**

- 8 Riesengarnelen mit Schale
- 2 Schalotten
- 250 g Tomaten
- ½ Stange Lauch
- 6 EL Olivenöl
- 5–8 weiße Pfefferkörner
- 1 Bouquet garni
- 1 TL Tomatenmark
- ¼ trockener Weißwein
- 1 EL Basilikum
- Saft von ¼ Zitrone

**besonderes Werkzeug**
- 4 Förmchen à ca. 100 ml Inhalt

**Zeitbedarf**
- 40 Minuten +
  60 Minuten garen

### So geht's

1. Den Backofen auf 200 °C (Umluft 180 °C) vorheizen und das Salz mittig auf ein Backblech streuen. Die Knoblauchzehen darauflegen und im vorgeheizten Backofen ca. 20 Minuten garen.

2. In der Zwischenzeit die Garnelen schälen, am Rücken entlang einschneiden, entdarmen, waschen und mit Küchenpapier abtupfen. Die Schalotten abziehen und grob zerschneiden. Die Tomaten waschen. 1 Tomate mit kochendem Wasser überbrühen, schälen, entkernen und in feine Streifen schneiden. Für die Garnitur beiseitestellen. Restliche Tomaten klein schneiden. Den Lauch längs halbieren, nur den hellen Teil verwenden, zwischen den Blattschichten waschen und quer in feine Streifen schneiden. In kochendem Salzwasser 2–3 Minuten blanchieren, abgießen, kalt abschrecken und abtropfen lassen. Ebenfalls beiseitestellen.

3. Den weichen Knoblauch aus den Schalen drücken und im Mixer mit saurer Sahne, Crème double und Eigelben glatt rühren. Mit Muskatnuss, Salz und Pfeffer würzen. Die Förmchen mit Butter auspinseln und die Knoblauchcreme darin verteilen. In eine Auflaufform stellen und kochendes Wasser bis einen Fingerbreit unter den Rand der Förmchen angießen [→a]. Die Form mit Alufolie abdecken, im vorgeheizten Backofen bei 160 °C (Umluft 140 °C) ca. 50 Minuten garen.

4. 3 EL Olivenöl in einer hohen Pfanne erhitzen und darin die Garnelenschalen, Schalotten und Tomaten unter Rühren kräftig anbraten [→b]. Pfefferkörner und Bouquet garni zugeben und mit dem Tomatenmark einige Minuten weiterrösten. Dann mit Weißwein ablöschen und mit ¼ l Wasser aufgießen. Bei kleiner Hitze ca. 20 Minuten einkochen lassen.

5. Die Sauce durch ein Haarsieb passieren und in einem kleinen Topf erneut zum Erhitzen auf den Herd stellen. Mit Salz und Pfeffer würzen und die Lauch- und Tomatenstreifen einrühren. Kurz vor dem Servieren das Basilikum, in Streifen geschnitten, und 1 EL Olivenöl und Zitronensaft dazugeben.

6. Die Garnelen mit Salz und Pfeffer würzen und in 2 EL heißem Olivenöl von allen Seiten 2–3 Minuten braten. Die Knoblauchflans aus dem Backofen nehmen und je 1 Förmchen auf einen großen Teller geben. Jeweils 2 Garnelen dazu anrichten und mit der Garnelensauce überziehen.

MEERESFRÜCHTE

## DAS IST *wirklich* WICHTIG

**[a] FÜR DEN FLAN** ist eine gleichmäßige Hitze sehr wichtig, daher wird er im heißen Wasserbad gegart. Nach ca. 50 Minuten mit einem Zahnstocher eine Garprobe machen. Der Flan ist fertig, wenn das Hölzchen sauber bleibt, wenn man es in die Mitte des Förmchens steckt.

**[b] GARNELENFOND** Immer Garnelen mit Schalen kaufen, denn aus ihnen lässt sich ganz schnell und einfach eine wunderbare Sauce herstellen.

**SANTA YNEZ VALLEY**

# DAS IST *wirklich* WICHTIG

**[a] MEHLSCHWITZE** Ganz wichtig bei einem Gumbo ist die dunkle, braune Mehlschwitze, die „Roux". Sie muss mindestens 15 Minuten gekocht werden, damit sie ihre volle Bindekraft bekommt, geschmeidig wird und der Mehlgeschmack verschwindet. Sorgfältig rühren und darauf achten, dass das Mehl nicht verbrennt.

# EINTOPF „GUMBO"
## *mit Huhn, Wurst & Garnelen*

GUMBO, EIN EINTOPF AUS DER CAJUN-KÜCHE LOUISIANAS, DER SEINE WURZELN IN AFRIKA HAT, WIRD IN VIELEN VARIATIONEN ZUBEREITET. DIESER HIER KOMBINIERT FLEISCH UND MEERESFRÜCHTE.

### Zutaten für 4 Portionen

- 2 Zwiebeln
- 2 Knoblauchzehen
- 1 rote Paprikaschote
- 1 grüne Paprikaschote
- 3 EL Öl
- Salz, Pfeffer aus der Mühle
- 2 Lorbeerblätter
- 1 TL getrockneter Thymian
- 400 g Hähnchenbrustfilet
- 250 g geräucherte scharfe Wurst (Andouille oder Chorizo)
- 4 EL Maiskeimöl
- 4 EL Mehl (40 g)
- ¾ l Hühnerbrühe
- 2 Frühlingszwiebeln
- 4 geschälte Riesengarnelen
- 100 g geschälte kleinere Garnelen
- ½ TL Cayennepfeffer

### Zeitbedarf
- 30 Minuten + 90 Minuten garen

### So geht's

1. Die Zwiebeln und Knoblauchzehen abziehen. Die Zwiebeln in Würfel schneiden, Knoblauch fein hacken. Die Paprikaschoten waschen, entkernen, Stielansatz entfernen und die Schoten in 1–2 cm große Stücke schneiden.

2. Zwiebel und Paprika in einem Topf in 2 EL Öl andünsten, kräftig mit Salz und Pfeffer würzen. Knoblauch, Lorbeerblätter und Thymian zugeben.

3. Das Hähnchenfleisch in ca. 2 cm große Würfel schneiden und in einer Pfanne in 1 EL Öl kurz anbraten, dann herausnehmen und auf einen Teller legen. Die Wurst in 1 cm große Stücke schneiden und in derselben Pfanne kurz anbraten, herausnehmen.

4. In einem Topf das Maiskeimöl erhitzen und unter ständigem Rühren nach und nach das Mehl einstreuen. Bei mittlerer Hitze etwa 15 Minuten köcheln lassen und rühren, bis die Mehlschwitze braun ist [→a]. Dann die Brühe angießen und alles gut verrühren, damit es keine Klümpchen gibt. Das Gemüse, das Hühnerfleisch und die Wurst dazugeben. Nach dem ersten Aufkochen die Hitze reduzieren und ca. 1 Stunde garen, dabei öfters umrühren.

5. Die Frühlingszwiebeln waschen, putzen und klein würfeln. Am Ende der Garzeit in den Eintopf geben. Die Garnelen in den letzten 5 Garminuten dazugeben. Den Gumbo mit Cayennepfeffer, Salz und Pfeffer abschmecken und servieren.

Dazu wird traditionell Reis gereicht und zusätzlich eine scharfe Sauce, z. B. Tabasco.

### Die Varianten

**Mit Tomaten und Muscheln**
Die Mehlschwitze mit 100 ml Tomatensaft aufgießen, dann weiter wie im Rezept beschrieben. Kurz vor dem Servieren anstatt der Garnelen 250 g Muschelfleisch, 1 EL gehackten Dill und 2 EL gehackte Knoblauchzehen einrühren.

**Vegetarisch**
Hähnchenfleisch und Wurst weglassen, anstatt Hühnerbrühe Gemüsebrühe verwenden und nach dem ersten Aufkochen 500 g geputzte Okraschoten und 250 g gehäutete, entkernte Tomatenwürfel einrühren. Okraschoten, die mit ihrem etwas schleimigen Saft gut geeignet sind, um Saucen anzudicken, werden häufig für Gumbos verwendet, die ohne Filépulver gekocht werden.

**GUMBO** wird im Original zusätzlich noch am Ende der Garzeit mit etwas „Filépulver" gewürzt, das aus den Blättern des amerikanischen Sassafras-Baumes gewonnen wird. Es schmeckt leicht zitronig, wird in den letzten Kochminuten eingerührt und dickt das Gericht nochmals zusätzlich an.

SANTA YNEZ VALLEY

# WEINANBAU
## *im Santa Ynez Valley*

DIE HÜGEL SCHIMMERN BRÄUNLICH-GELB IM SPÄTHERBSTLICHEN SONNENLICHT, DIE WEINREBEN SIND ROT GEFÄRBT UND DIE DUNKLEN UND HELLEN TRAUBEN STEHEN IN VOLLER PRACHT. DIE WEINLESE IM SANTA YNEZ VALLEY STEHT KURZ BEVOR.

## DIE ANFÄNGE

Rund 90 Prozent der amerikanischen Weinproduktion findet in Kalifornien statt. Und das Santa Ynez Valley liefert aufgrund seiner hervorragenden klimatischen Verhältnisse die perfekten Voraussetzungen für ganz besondere Premiumweine. Dass es in dieser Region überhaupt Weinbau gibt, ist den spanischen Missionaren, allen voran Vater Junípero Serra, dem Gründer von neun kalifornischen Missionen, zu verdanken. Er brachte die ersten Reben nach Santa Barbara. Angebaut wurde eine aus Mexiko importierte Rebsorte, die man „Missionarstraube" nannte, in Anlehnung an den geistlichen ersten Winzer Kaliforniens. Und dieser Name war auch insofern passend, als die ersten Weine ausnahmslos für kirchliche Zwecke angebaut wurden. Vor den spanischen Einwanderern gab es nur wilde Trauben in Kalifornien, die allesamt sauer, klein und kernig waren und sich nicht für Messwein eigneten. Den ersten Weinberg legte Serra übrigens in San Diego, in der Nähe der von ihm im Jahr 1769 gegründeten ersten Mission San Juan Capistrano, an.

Das erfolgreichste Weingut der Amerikanischen Riviera entwickelte sich Ende des 19. Jahrhunderts auf Santa Cruz Island, der größten Insel der Channel Islands. Ein französischer Einwanderer namens Justinian Caire brachte Reben aus Frankreich mit und begann, auf der Insel vor der kalifornischen Küste Wein anzubauen.

## NEUE WEINKULTUR

Mit der Prohibition in der ersten Hälfte des 20. Jahrhunderts fand der Weinbau in Santa Barbara County dann ein vorläufiges Ende. Erst Jahre später, Anfang der 1960er Jahre, begann eine Art Renaissance der Weinkultur in Santa Barbara County, dieses Mal im Landesinneren, im Santa Ynez Valley. Die Sand- und Lehmböden und das Klima im Valley sind günstig für den Weinanbau. Und da sich das sonnige Tal zur Küste hin öffnet, ist vom Pazifik her stets für Abkühlung gesorgt. So trafen die Weinbauern hier auf das perfekte „terroir", die idealen Bedingungen für den Weinanbau. Syrah, Chardonnay, Sauvignon Blanc, Merlot, Cabernet Sauvignon und Cabernet Franc – all diese Rebsorten gediehen im Valley wunderbar.

Je weiter östlich man kommt, desto wärmer wird es, der wärmste Abschnitt hier ist der Happy Canyon, eine noch sehr junge Anbauregion. Von hier stammen einige besonders herausragende Cabernet-Sauvignon-, Merlot- und Cabernet-Franc-Weine. Im Santa Ynez Valley genießt der Wein eine sehr lange Anbauzeit. Das schöne und beständige Wetter im Spätherbst an der Amerikanischen Riviera erlaubt eine Reifezeit von 125 bis 140 Tagen im Gegensatz zu etwa 100 Tagen in europäischen Anbaugebieten.

### DAS ERSTE WEINGUT

Einer der ersten, der das Valley – als Alternative zu den bekannten Gebieten Napa Valley und Sonoma im Norden Kaliforniens – entdeckte, war Brooks Firestone, der Enkel des Reifenkönigs Harvey Firestone, der 1972 das erste Weingut an der Foxen Canyon Road gründete. Zunächst schickte er, wie alle Winzer der Gegend, seine Trauben noch zur Weiterverarbeitung in Richtung Norden. Doch 1975 produzierte er als Erster seinen eigenen Wein. Und die anderen Winzer der Gegend zogen bald nach.

### PREMIUMWEINE

Und man stellte bald fest, dass Premium-Weine aus dem Valley etwas ganz Besonderes waren. Das fand auch Ronald Reagan, der eine alte Ranch im Valley besaß und bei seiner Amtseinführung zum Präsidenten seinen Freund Firestone einlud. Der brachte ein ganz besonderes Geschenk mit: Wein aus dem Santa Ynez Valley, der fortan bei vielen offiziellen Anlässen serviert wurde. Und auch der spätere Präsident Bill Clinton schätzte die Weine der Gegend. Heute ist Firestone's Weingut eines der größten im Santa Ynez Valley. Aus einer Handvoll Weingüter in den 1970er Jahren sind mittlerweile über 130 geworden. Immer wieder hört man: „Es gibt auf der ganzen Welt interessante Weine, aber nicht viele haben so viel Seele und Charakter wie die Weine aus Santa Barbara County."

# ENTENBRUST
## mit Kirschsauce & Süßkartoffelpüree

EIN RAFFINIERTES REZEPT: KROSS GEBRATENES ENTENFLEISCH, DAZU EINE SÜSS-SÄUERLICHE SAUCE MIT KIRSCHEN UND BRANDY UND ZUR GESCHMACKSABRUNDUNG EIN WÜRZIGES PÜREE.

### Zutaten für 4 Portionen

- 2 Knoblauchzehen
- 4 Zweige Thymian
- 4 Entenbrüste à ca. 200 g

#### Für die Kirschsauce

- 3 EL getrocknete Kirschen
- 1 EL Rosinen
- 3 EL Brandy
- 2 Schalotten
- 2 Knoblauchzehen
- 3 EL kalte Butter
- ¼ l Rotwein (Pinot Noir)
- 3 EL Aceto balsamico
- ¼ l Hühnerbrühe

#### Für das Süßkartoffelpüree

- 500 g Süßkartoffeln
- Salz
- 2 Knoblauchzehen
- 150 g Sahne
- 2 EL weiche Butter
- Pfeffer aus der Mühle

### Zeitbedarf
- 30 Minuten + ca. 40 Minuten garen + 8 Stunden marinieren

### So geht's

1. Den Knoblauch abziehen und durch eine Presse drücken. Den Thymian waschen, trocken schwenken, abzupfen und grob hacken. Die Entenbrüste waschen und trocken tupfen. Die Hautseite etwas einschneiden [→a] und mit Knoblauch und Thymian einreiben [→b]. Abgedeckt ca. 8 Stunden in den Kühlschrank stellen.

2. Für die Sauce die Kirschen und die Rosinen in Brandy einlegen. Die Schalotten und Knoblauchzehen abziehen und fein hacken und in 1 EL Butter 2 Minuten anschwitzen. Die Kirschen und die Rosinen dazugeben und so lange rühren, bis die Flüssigkeit aufgesogen ist. Mit dem Rotwein ablöschen, einkochen lassen und erst dann mit Aceto balsamico beträufeln. Zuletzt die Hühnerbrühe angießen und sirupartig auf die Hälfte einkochen lassen.

3. Den Backofen auf 200 °C (Ober- und Unterhitze) vorheizen. Die Süßkartoffeln schälen, in gleich große Stücke schneiden und in Salzwasser ca. 15 Minuten kochen, bis sie weich sind. In der Zwischenzeit die Knoblauchzehen abziehen, fein hacken und mit der Sahne in einem kleinen Topf auf die Hälfte einkochen. Die Süßkartoffeln abgießen, ausdampfen lassen, mit einem Kartoffelstampfer zerdrücken und mit der Knoblauchsahne und der weichen Butter cremig rühren. Mit Salz und Pfeffer würzen.

4. Die Entenbrüste mit der Hautseite nach unten in einer Pfanne im vorgeheizten Backofen 5 Minuten braten, bis das Fett anschmilzt. Dann wenden und ca. 8 Minuten goldbraun braten. Herausnehmen, mit Folie abdecken und 5 Minuten nachziehen lassen.

5. Die Sauce mit Salz und Pfeffer würzen und mit 2 EL kalten Butterstückchen aufmixen. Die Entenbrust mit dem Süßkartoffelpüree und der Kirschsauce auf vorgewärmten Tellern anrichten.

**SÜSSKARTOFFELN** haben einen hohen Gehalt an Zucker, was dieser stärkehaltigen Knolle den Namen gegeben hat. Traditionell dürfen gebackene Süßkartoffeln in den USA an „Thanksgiving" nicht fehlen. Die Süßkartoffeln für das Püree können auch ungeschält im Backofen bei 180 °C in etwa 30–40 Minuten gegart werden, dann schälen und pürieren. So kommt ihr Geschmack noch intensiver zur Geltung als in Wasser gegart.

**GEFLÜGEL**

# DAS IST
## *wirklich*
### WICHTIG

**[a] HAUT EINSCHNEIDEN** Am besten geht es mit einem wirklich scharfen Messer oder mit einem Teppichmesser. Die Haut rautenartig einritzen, dabei aber nicht in das Fleisch schneiden. So kann das Fett gut ausbraten.

**[b] DIE THYMIAN-MISCHUNG,** die sehr gut zur Entenbrust passt, sorgfältig in die eingeritzte Haut einreiben. So wird das Fleisch wunderbar aromatisiert.

[a]

[b]

**SANTA YNEZ VALLEY**

[a]

[b]

# DAS IST *wirklich* WICHTIG

**[a] TÄUBCHENBRUST AUSLÖSEN**
Dafür die Taube mit einem scharfen Messer längs am Brustbein aufschneiden und das Brustfleisch herauslösen.

**[b] GLACIEREN** Die Taubenbrüstchen bekommen durch das Bestreichen mit der Orangenglasur ein besonders intensives Aroma und das Fleisch bleibt beim Garen im Ofen zart und saftig.

# TAUBENBRUST
## *mit Orangensauce*

ANSTATT DES KLASSIKERS ENTE À L'ORANGE GIBT ES HIER MAL SAFTIGE TAUBENBRÜSTCHEN MIT MANDARINEN-ORANGEN-SAUCE, SERVIERT MIT EINEM KNACKIGEN GEMÜSESALAT.

### Zutaten für 4 Portionen

- 4 küchenfertige Täubchen
- Salz, Pfeffer aus der Mühle
- 2 EL Olivenöl
- 5 Mandarinen
- 1 süße Orange
- 1 EL Zucker
- 1 EL Butter

### Für die Sauce

- 2 EL Zucker
- 1–2 EL Wasser
- 3 EL trockener Weißwein
- 2 EL Apfelessig
- ⅛ l frisch gepresster Saft von Orangen/Mandarinen
- ¼ l brauner Kalbfleischfond (Glas)
- Meersalz, Pfeffer aus der Mühle
- 10–15 Mandarinenfilets

### Zeitbedarf
- 1 Stunde

### So geht's

1. Die Täubchen waschen, trocken tupfen und die Brüstchen auslösen [→a]. Die 8 Brüstchen mit Salz und Pfeffer würzen.

2. In einer größeren Pfanne das Olivenöl erhitzen. Die Taubenbrüstchen mit der Hautseite in die heiße Pfanne legen und ca. 4–5 Minuten braten, bis die Haut knusprig ist. Die Brüstchen herausnehmen und mit der Hautseite nach oben auf ein Backblech legen.

3. Die Mandarinen und die Orange zu Saft pressen und diesen zusammen mit Zucker in einer Pfanne erhitzen. So lange einkochen lassen, bis noch ca. 3 EL übrig sind. Die Butter einrühren, kurz einkochen, bis die Konsistenz sirupartig ist. Mit dieser Glasur die Taubenbrüstchen einpinseln [→b].

4. Für die Sauce Zucker mit Wasser in einer Pfanne schmelzen und leicht karamellisieren lassen. Weißwein und Apfelessig einrühren, leise kochen lassen. Den Orangen-Mandarinen-Saft einrühren, einige Minuten einkochen lassen und erst dann den Kalbsfond dazugeben. Einige Minuten einkochen lassen, mit Salz und Pfeffer würzen und die Sauce durch ein mit einem Tuch ausgelegtes Sieb passieren. Die Sauce warm halten.

5. Den Backofen auf 220 °C (Umluft 200 °C) vorheizen. Die Taubenbrüstchen in den vorgeheizten Backofen schieben und 3–4 Minuten garen. Vor dem Anschneiden einige Minuten ruhen lassen. Die Sauce auf große Teller breitflächig träufeln und die Taubenbrüstchen, in dünne Scheiben geschnitten, darauf anrichten. Mit den Mandarinenfilets garnieren.

Dazu passen Nudeln oder Ravioli mit Kürbisfüllung und ein Rohkostsalat aus Spargel, Roter Bete, Möhren und Fenchel mit Olivenöl und Sherryessig angemacht. Auch dünne Süßkartoffelscheiben, in etwas Olivenöl ca. 10 Minuten gebraten und mit Salz, Pfeffer und etwas Curry gewürzt, schmecken sehr gut dazu.

**TAUBENBRÜSTCHEN** ausgelöst gibt es nicht zu kaufen, deshalb aus den restlichen Teilen der Taube am besten einen Fond herstellen, den man anstelle des Kalbsfonds verwendet. Dafür die Karkasse und die Schenkelchen kräftig anbraten, mit 1 Bund Suppengemüse und 1 EL Tomatenmark anschmoren, mit etwas Portwein ablöschen. ¾ l Geflügelbrühe aufgießen und ca. 30 Minuten köcheln lassen, dann durch ein Sieb geben.

# HÄHNCHENBRUST
## *in Pinot-Noir-Sauce*

ZARTES HÄHNCHENFILET MIT CHAMPIGNONS UND MÖHREN IN ROTWEIN GESCHMORT, WIRD MIT KNUSPRIGEM PANCETTA ZU EINEM WÜRZIGEN GENUSS.

### Zutaten für 4 Portionen

- 4 Hähnchenbrüste à ca. 180 g
- Salz, Pfeffer aus der Mühle
- ½ Bund gemischte Kräuter (Oregano, Petersilie, Thymian)
- 3 EL Mehl
- 100 g Pancetta oder Speck
- 150 g kleine Champignons
- 1 Schalotte
- 1 Knoblauchzehe
- 1 Möhre
- 3 EL Pflanzenöl
- ¾ l Rotwein (Pinot Noir)
- ½ l Hühnerbrühe
- 60 g kalte Butterstückchen

### Zeitbedarf
- 30 Minuten + ca. 50 Minuten garen

### So geht's

1. Die Hähnchenbrüste mit Salz und Pfeffer würzen. Die Kräuter waschen, trocken schütteln und hacken. Das Mehl mit der Hälfte der Kräuter vermengen und das Fleisch darin wenden [→a].

2. Den Speck fein würfeln und in einer heißen ungefetteten Pfanne knusprig braten, herausnehmen und auf einen Teller legen. Die Champignons putzen, evtl. halbieren. Die Schalotte und die Knoblauchzehe abziehen und klein würfeln. Die Möhre schälen und in kleine Würfel schneiden.

3. Das Pflanzenöl in einem ofenfesten Topf erhitzen und darin die 4 Hähnchenbrüste von allen Seiten 3–4 Minuten kräftig anbraten; herausnehmen und auf einen Teller legen. Schalotten, Knoblauch, Möhren und Champignons im Bratensatz so lange schmoren, bis die Möhrenwürfel knapp gar sind. Herausnehmen und beiseitestellen.

4. Den Bratensatz mit Rotwein ablöschen und auf die Hälfte einkochen lassen. Mit der Hühnerbrühe aufgießen, aufkochen und auf ein Drittel reduzieren. Den Backofen auf 200 °C (Umluft 180 °C) vorheizen.

5. Die Hähnchenbrüste in die Schmorflüssigkeit einlegen und den Topf mit einem Deckel verschließen. Auf die mittlere Schiene in den vorgeheizten Backofen stellen und ca. 15 Minuten garen. Anschließend die Hähnchenbrüste aus dem Topf nehmen, mit Folie abgedeckt kurz ruhen lassen und dann schräg in Scheiben schneiden.

6. In der Zwischenzeit die Sauce noch mal auf dem Herd erhitzen und auf die gewünschte Konsistenz einkochen lassen. Dann mit einem Pürierstab die kalten Butterstückchen untermixen. Die Sauce noch mal abschmecken, das Gemüse und die gerösteten Speckwürfel unterrühren.

7. Die Hähnchenscheiben auf vorgewärmten Tellern anrichten und mit der Sauce löffelweise überziehen. Mit den restlichen Kräutern bestreuen.

Dazu schmecken kleine Pellkartoffeln, Blattspinat und Babymöhren. Als Tischwein denselben Pinot Noir servieren, der auch für die Sauce verwendet wurde.

# GEFLÜGEL

## DAS IST *wirklich* WICHTIG

**[a] KRÄUTERMEHL** Die gehackten Kräuter werden mit Mehl vermischt und bleiben in dieser Verbindung beim Braten besser an dem Hähnchenfleisch haften.

[a]

SANTA YNEZ VALLEY

## DAS IST *wirklich* WICHTIG

[a] **DIE HIRSCHSTEAKS** sollte man am besten nur „medium rare" braten, da sie bei zu langer Garzeit sehr leicht trocken werden.

[b] **DIE FEIGEN** brauchen nicht geschält zu werden, da sie sonst in der Sauce zu schnell zerfallen. Syrah, ein kräftiger Rotwein mit Johannisbeer-Note passt besonders gut zu den Feigen und zu Wild.

# HIRSCHSTEAKS
## *mit Feigen & Süßkartoffelpüree*

EIN TYPISCHES HERBST- UND WINTERGERICHT: WILDFLEISCH VOM FEINSTEN, IN PIKANTER FEIGENSAUCE MIT ROTWEIN, DAZU EIN AROMATISCHES KARTOFFELPÜREE.

### Zutaten für 4 Portionen

- 4 Hirschsteaks à ca. 200 g
- 4 Zweige Thymian
- 1 kleine Zwiebel
- 1 Schalotte
- 2 Knoblauchzehen
- 8 frische kleine Feigen
- Salz, Pfeffer aus der Mühle
- 2 EL Olivenöl
- ¼ l Rotwein (Syrah)
- ⅛ l Fleischbrühe
- 2 EL kalte Butterstückchen

### Für das Kartoffelpüree

- 250 g Süßkartoffeln
- 250 g mehligkochende Kartoffeln (z. B. Idaho Russet)
- Salz
- 4 EL Sahne
- 60 g weiche Butter
- ½ TL gemahlener Zimt
- 1 EL brauner Zucker
- Pfeffer aus der Mühle

### Zeitbedarf
- 30 Minuten + 30 Minuten garen

### So geht's

1. Die Hirschsteaks auf einen Teller legen. Thymian waschen, trocken schütteln, die Blättchen abzupfen und das Fleisch damit einreiben. Die Zwiebel, die Schalotte und die Knoblauchzehen abziehen und fein hacken. Die Feigen waschen und halbieren.

2. Für das Püree die Süßkartoffeln und die Kartoffeln waschen, schälen, in gleich große Stücke schneiden und in Salzwasser weich kochen. Anschließend mit dem Kartoffelstampfer zerdrücken und mit der Sahne und der weichen Butter gut vermischen. Mit Zimt, Zucker, Salz und Pfeffer würzen. Abdecken und warm halten.

3. In der Zwischenzeit den Backofen auf 200 °C (Umluft 180 °C) vorheizen. Die Hirschsteaks mit Salz und Pfeffer würzen und in einer Pfanne in Olivenöl auf jeder Seite 1 Minute anbraten. In eine Kasserolle legen und im vorgeheizten Backofen 5–7 Minuten fertig garen [→a].

4. Die Zwiebel-, Schalotten- und Knoblauchwürfel in der Pfanne im Bratensatz anschwitzen, bis sie leicht karamellisieren. Dann mit Rotwein ablöschen und ca. 5 Minuten einkochen lassen, bis die Flüssigkeit auf die Hälfte reduziert ist. Die Feigenhälften einlegen, darin schwenken und kurz mitgaren [→b]. Dann die Feigen herausnehmen und beiseitestellen.

5. Die Rotweinsauce mit Fleischbrühe aufgießen und einige Minuten sirupartig einkochen lassen. Zuletzt die kalten Butterstückchen mit einem Stabmixer unterrühren und die Sauce mit Salz und Pfeffer abschmecken.

6. Das Süßkartoffelpüree nochmals durchrühren, abschmecken und auf 4 vorgewärmten Tellern anrichten. Jeweils 1 Hirschsteak darauflegen. Die Feigenhälften noch mal kurz in die Sauce geben, durchschwenken und mit der Sauce über die Steaks verteilen.

# GARNELEN-RISOTTO
## *mit Birnen & Pinienkernen*

EINE RAFFINIERTE VARIANTE FÜR ALLE RISOTTO-FANS:
DIE KOMBINATION VON MEERESFRÜCHTEN MIT SELLERIE, BIRNEN
UND PINIENKERNEN IST EIN GANZ BESONDERER GENUSS.

**Zutaten für 4 Portionen**

- 500 g Garnelen mit Schalen
- 2 Stangen Bleichsellerie
- 1 kleine Zwiebel
- 2 Schalotten
- 2 Zweige Thymian
- 2 Zweige Estragon
- 80 g Pinienkerne
- 100 g Butter
- 400 g Risottoreis (Arborio)
- ¼ l trockener Weißwein
- Salz, schwarzer Pfeffer aus der Mühle
- 2 Anjou-Birnen

**Zeitbedarf**
- 25 Minuten +
  40 Minuten garen

**So geht's**

1. Die Garnelen am Rücken einschneiden, dabei den Darm entfernen. Die Schalen beiseitelegen und die Garnelen waschen. Die Schalen separat waschen. Bleichsellerie putzen, waschen und quer in kleine Stücke schneiden. Die Zwiebel vierteln.

2. In einem Topf 1 ½ l Wasser aufkochen, Sellerie, Zwiebel und Garnelenschalen dazugeben. Die Hitze reduzieren und bei kleiner Hitze ca. 20 Minuten ziehen lassen. Die Brühe anschließend durch ein Haarsieb gießen, ca. 1 ¼ l davon beiseitestellen.

3. Inzwischen die Schalotten schälen und fein würfeln. Die Kräuter waschen, trocken schwenken, die Blättchen abzupfen und fein hacken. Die Pinienkerne in einer heißen beschichteten Pfanne ohne Fett ca. 2 Minuten rösten, bis sie duften.

4. In einem breiten Topf ca. 50 g Butter erhitzen, die Schalottenwürfel glasig andünsten. Den Reis einstreuen und unter fortwährendem Rühren mit Weißwein ablöschen und verdampfen lassen. Etwa die Hälfte der Brühe angießen und alles bei mittlerer Hitze garen lassen. Dabei immer wieder umrühren, die restliche Brühe nach und nach zugießen, bis das Risotto nach knapp 20 Minuten schön cremig ist.

5. Kurz vor Ende der Garzeit 1 EL Butter in einer Pfanne erhitzen. Die Garnelen darin auf beiden Seiten 3–4 Minuten braten. Mit Salz und Pfeffer würzen und mit Thymian und Estragon durchschwenken.

6. Den Reis mit einer Gabel lockern, dabei mit Salz und Pfeffer abschmecken und die restlichen Butterflöckchen unterheben. Auf 4 großen Tellern anrichten und die Garnelen darauflegen. Mit den Pinienkernen bestreuen. Die Birnen schälen, vierteln, entkernen und in Scheibchen schneiden, den Tellerrand damit garnieren.

Dazu passt ein Glas gut gekühlter Chardonnay, am besten derselbe, der auch für das Risotto verwendet wurde.

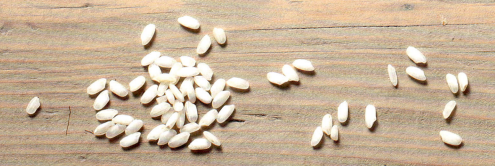

**SO SCHMECKT'S AUCH** 1 Birne schälen, klein würfeln und mit dem Risotto mitgaren, nach ca. 10 Minuten Garzeit unter den Reis mengen. Die zweite Birne für die Garnitur verwenden.

# RISOTTO
## *mit Morcheln*

FRISCHE MORCHELN SIND DER BESONDERE GEWÜRZKICK BEI DIESEM RISOTTO, DAS GESCHMACKLICH MIT ERBSEN UND PARMESAN ABGERUNDET WIRD.

### Zutaten für 4 Portionen

- 1 Zwiebel
- 1 Knoblauchzehe
- 200 g frische Morcheln
- 150 g grüne (TK-)Erbsen
- ½ Bund Petersilie
- 8 EL Olivenöl
- 400 g Risottoreis (Arborio)
- ¼ l trockener Weißwein
- 1 ¼ l heiße Hühnerbrühe
- Salz, schwarzer Pfeffer aus der Mühle
- 4 EL Butterflöckchen
- 60 g frisch geriebener Parmesan

### Zeitbedarf
- 25 Minuten + 30 Minuten garen

### So geht's

1. Zwiebel und Knoblauchzehe schälen und fein würfeln. Die Morcheln putzen, Stiele entfernen, sorgfältig waschen und der Länge nach klein schneiden. Die Erbsen in ein Sieb geben und in kochendem Wasser blanchieren. Petersilie waschen, trocken schwenken, Blättchen abzupfen und hacken.

2. 6 EL Olivenöl in einem breiten Topf erhitzen und darin Zwiebel- und Knoblauchwürfel glasig dünsten. Den Reis einstreuen und unter ständigem Rühren glasig werden lassen. Mit Weißwein ablöschen, verdampfen lassen. Nach und nach immer so viel Brühe zugießen, dass der Reis gut bedeckt ist. Unter häufigem Rühren in 18–20 Minuten fertig garen.

3. Kurz vor Ende der Garzeit 2 EL Olivenöl in einer Pfanne erhitzen und darin die Morcheln 3–4 Minuten braten. Den Reis durchrühren, Morcheln und Erbsen untermengen. Mit Salz und Pfeffer würzen. Die Butterflöckchen, gehackte Petersilie und Parmesan unterheben.

# RISOTTO
## *mit Trüffeln*

EIN SEHR FEINES RISOTTO FÜR GANZ BESONDERE GELEGENHEITEN, MIT DEM EDELSTEN ALLER SPEISEPILZE ZUBEREITET.

### Zutaten für 4 Portionen

- 3 Schalotten
- 50 g Mandelblättchen
- 100 g Butter
- 100 g frisch geriebener Parmesan
- 100 g saure Sahne
- 3 EL Olivenöl
- 400 g Risottoreis (Arborio)
- ¼ l Champagner oder Sekt
- 1 ¼ l heiße Hühnerbrühe
- 25 g Trüffel
- Salz, schwarzer Pfeffer aus der Mühle

### Zeitbedarf
- 30 Minuten + 25 Minuten garen

### So geht's

1. Die Schalotten schälen und fein würfeln. Die Mandelblättchen in 20 g heißer Butter unter Schwenken 2–3 Minuten rösten; herausnehmen und auf einen Teller geben. Die Hälfte des Parmesans mit der sauren Sahne vermengen.

2. In einem breiten Topf Olivenöl und restliche Butter erhitzen und darin die Schalottenwürfel glasig dünsten. Den Reis einstreuen und unter ständigem Rühren glasig werden lassen. Mit Champagner oder Sekt ablöschen und verdampfen lassen.

3. Nach und nach die Hühnerbrühe hinzufügen, sodass der Reis immer gut bedeckt ist. Dabei häufig umrühren und das Risotto in 18–20 Minuten fertig garen.

4. Den Trüffel hobeln und unter das fertige Risotto mengen, dann die Parmesan-Sahne unterheben. Mit Salz und Pfeffer abschmecken, auf Teller verteilen und mit dem restlichen geriebenen Parmesan und den Mandelblättchen garnieren.

# FEINE PAELLA
## mit Garnelen & Jakobsmuscheln

DIE WÜRZIGE SPANISCHE REISPFANNE MIT GEMÜSE, HÄHNCHENFLEISCH UND WURST WIRD NOCH MIT DEN BESTEN ZUTATEN, DIE DER PAZIFIK BEREIT HÄLT, VERFEINERT – MIT GARNELEN UND JAKOBSMUSCHELN.

### Zutaten für 4–6 Personen

- 4 Schalotten
- 6 Knoblauchzehen
- 2 Stangen Staudensellerie
- 1 Möhre
- 1 Paprikaschote
- 2 Tomaten
- 1 kleine Zucchini
- 3 Artischockenböden
- 1 kleines Bund Thymian
- 200 g Hähnchenbrust
- 200 g Chorizo
- 200 g geschälte Garnelen
- 6 Jakobsmuscheln ohne Schalen
- 7 EL Olivenöl
- Salz, Pfeffer aus der Mühle
- 300 g Arborio-Reis
- 200 ml trockener Weißwein
- 1 Prise gemahlener Safran
- 2 gestr. EL geräuchertes Paprikapulver
- ca. 1 l Hühnerbrühe

### Zeitbedarf
- 45 Minuten + 30 Minuten garen

### So geht's

1. Die Schalotten und die Knoblauchzehen abziehen und fein hacken. Das Gemüse waschen, den Staudensellerie in kleine Stückchen schneiden. Die Möhre schälen und würfeln. Die Paprikaschote entkernen, den Stielansatz entfernen und die Schote in Würfel schneiden. Die Tomaten kurz in kochendem Wasser blanchieren, häuten und in kleine Stücke schneiden.

2. Die Zucchini längs halbieren und quer in Scheiben schneiden. Die Artischockenböden [→a] jeweils vierteln. Den Thymian waschen, trocken schwenken und die Blättchen abzupfen. Die Hähnchenbrust in 6 Stücke schneiden. Die Wurst pellen und in Scheibchen schneiden. Die Garnelen und die Jakobsmuscheln waschen und mit Küchenpapier trocken tupfen.

3. In einem großen, breiten (Paella-)Topf 2 EL Olivenöl erhitzen und darin die Hähnchenstücke von allen Seiten kräftig anbraten. Mit Salz und Pfeffer würzen, herausnehmen und auf einen Teller legen. Das restliche Olivenöl in den Topf gießen und die Chorizoscheiben sowie alle vorbereiteten Gemüse, außer den Artischockenböden, und den Thymian unter Rühren 4–5 Minuten andünsten. Den Reis einstreuen, mit Salz und Pfeffer würzen und mit Weißwein ablöschen und langsam einkochen lassen. Mit Safran und Paprikapulver würzen und mit der Hühnerbrühe aufgießen. Bei mittlerer Hitze ca. 10 Minuten garen.

4. Dann die Hähnchenstücke und die Artischockenböden zugeben und 2 Minuten garen. Die Garnelen und die Jakobsmuscheln in den Reistopf geben und 2 weitere Minuten garen. Mit einem Deckel verschließen und die Paella ca. 3 Minuten fertig garen.

MEERESFRÜCHTE

## DAS IST
## *wirklich*
### WICHTIG

[a] **FRISCHE ARTISCHOCKEN** schmecken besonders gut: Von 3 kleinen Artischocken die Stielansätze abschneiden und die Artischocken mit Zitronenscheiben in Salzwasser 15–20 Minuten garen. Herausnehmen, etwas abkühlen lassen, von Blättern und Heu befreien und nur die Artischockenböden für die Paella verwenden.

SANTA YNEZ VALLEY

# KUCHEN & DESSERTS
## *Süßes muss sein*

COOKIE, CUPCAKE, PUMPKIN PIE – DAS SIND NICHT NUR BESONDERE LECKEREIEN, SONDERN AUCH KOSENAMEN, DIE MAN IN KALIFORNIEN SEINEN LIEBSTEN GIBT. DARAN LÄSST SICH ERKENNEN, WELCHEN STELLENWERT DESSERTS HIER HABEN!

Wenn die kalifornische Küche auch auf leicht, gesund und kalorienbewusst setzt: Auf ihre Cookies und Brownies wollen die Menschen hier nicht verzichten. Und auch Muffins und Cupcakes, die üppig mit Creme und Früchten verzierten Mini-Törtchen, dürfen natürlich nicht fehlen.

Trotzdem sind die Portionen kleiner geworden, die Zuckermenge wird oft reduziert, Nuss- und Fruchtmischungen machen aus den Desserts gesunde Energielieferanten. Obst und Beeren, wie z. B. die besonders beliebten Cranberrys oder Huckleberrys, die etwas intensiver als Blaubeeren schmecken, sind mit Joghurt ein leichtes Dessert, werden aber auch häufig für Kuchen und Cookies verwendet. Obstsalate, aus den verschiedensten frischen Früchten gemischt, stehen hoch im Kurs.

Sehr beliebt sind auch „Ice-Pops" und viele stellen das Fruchteis am Stiel zu Hause selbst her. Obst, z.B. eine in Stücke geschnittene Honigmelone, wird mit Läuterzucker (aus 120 ml Wasser und 120 g Zucker mit dünn abgeschälten Zitronenschalenstreifen gekocht, abgekühlt und durchgesiebt) püriert, mit Zitronensaft und einer Prise Salz abgeschmeckt. Dann wird die Fruchtmasse in kleine Eisförmchen mit Stiel gefüllt und für ca. 6 Stunden in den Gefrierschrank gestellt.

Im Santa Ynez Valley kommen alle, die Süßes lieben, auf ihre Kosten. Viele kleine Orte locken hier mit raffinierten Spezialitäten. In Los Olivos etwa hat sich Amber Joy Vander Vliet mit ihren Cupcakes einen Namen gemacht. Ihre außergewöhnlichen Kreationen gehen eine Symbiose mit der Weinkultur dieser Gegend ein. Da gibt es zum Beispiel den Schokoladen-Brombeer-Syrah-Cupcake, mit dunkler Schokolade gefüllt und mit in Syrah eingelegten Brombeeren. Die kleinen Kunstwerke, deren Rezepte Amber wie ein Geheimnis hütet, kann man im Probierraum des Weinguts Saarloos & Sons mit dem jeweils dazu passenden Wein kosten – ein Cupcake-Wine-Tasting.

Auch Solvang, der Ort mit den romantischen Fachwerkhäusern, der 1911 von drei Dänen gegründet wurde, zeichnet sich besonders durch seine Dessert-Spezialitäten aus. Frische Aebleskiver, Pfannkuchen und Gebäck in allen Variationen sind in den kleinen Bäckereien die Hauptattraktionen.

In Solvang werden jedes Jahr die „Aebleskiver Days" gefeiert. In riesigen Spezialpfannen mit kugelrunden Vertiefungen werden die kleinen Krapfen auf der Straße gebacken, mit Puderzucker bestreut und mit selbst gemachter Himbeermarmelade serviert. Die kleinen süßen Pfannkuchenbällchen sollen von den Wikingern erfunden worden sein. Um sich nach einem Kampf zu stärken, wollten sie Pfannkuchen backen, hatten aber keine Pfannen. Also füllten sie eines ihrer zerbeulten Schilde mit Teig und hielten es über das Feuer. So entstanden die ersten Aebleskiver, die oft auch, wie der Name besagt, Apfelstückchen enthalten.

# MUFFINS
## *mit Cranberrys*

EINE GELUNGENE KOMBINATION: KNACKIGE NÜSSE UND SÄUERLICH-HERBE BEEREN MIT ORANGENSAFT UND HONIG ABGERUNDET.

### Zutaten für 12 Muffins

- 60 g flüssige Butter
- 150 g Honig
- 2 Eier
- 125 ml Orangensaft
- 180 g Mehl
- 1 TL geriebene Orangenschale
- 1 TL Backpulver
- 1 Prise Salz
- 120 g gehackte Cranberrys
- 100 g gehackte Walnüsse

### besonderes Werkzeug
- 1 Muffinblech + 12 Papierförmchen

### Zeitbedarf
- 25 Minuten + 25 Minuten backen

### So geht's

1. Den Backofen auf 180 °C (Umluft 160 °C) vorheizen. Ein Muffinblech mit Papierförmchen auskleiden oder die Vertiefungen des Blechs fetten.

2. Butter, Honig, Eier und Orangensaft in einer Rührschüssel gründlich verquirlen. In einer zweiten Schüssel Mehl, Orangenschale, Backpulver und Salz vermischen. Unter die Buttermischung rühren. Die gehackten Cranberrys und die gehackten Walnüsse unterrühren.

3. Den Teig in die Muffinförmchen füllen und im vorgeheizten Ofen auf mittlerer Schiene etwa 25 Minuten backen. Herausnehmen, in den Papierförmchen auf einem Kuchengitter auskühlen lassen.

# MUFFINS
## *mit Kirschen*

BESONDERS FEIN SIND DIE KLEINEN KÜCHLEIN MIT MARASCHINOKIRSCHEN, SCHMECKEN ABER AUCH MIT SAUERKIRSCHEN AUS DEM GLAS.

### Zutaten für 12 Muffins

- 250 g Mehl
- 2 TL Backpulver
- ½ TL Salz
- 60 g brauner Zucker
- 150 g Maraschino-Kirschen
- 120 ml Kirschsaft (von den Kirschen)
- 1 großes Ei
- 60 ml Milch
- 60 g flüssige Butter
- 30 g gemahlene Mandeln

### Für die Glasur
- 70 g Puderzucker
- 2–3 EL Kirschsaft

### besonderes Werkzeug
- 1 Muffinblech + 12 Papierförmchen

### Zeitbedarf
- 25 Minuten + 25 Minuten backen

### So geht's

1. Den Backofen auf 180 °C (Umluft 160 °C) vorheizen. Ein Muffinblech mit Papierförmchen auskleiden oder die Vertiefungen des Blechs fetten.

2. Mehl, Backpulver, Salz und Zucker in einer Rührschüssel vermengen. Die Kirschen abtropfen lassen, den Saft beiseitestellen. Die Kirschen klein hacken. Ei, Milch und die flüssige Butter in einer zweiten Schüssel gründlich verquirlen. Dann die Mehlmischung unterrühren und die Kirschen dazugeben.

3. Den Teig in die Muffinförmchen füllen und im vorgeheizten Ofen auf mittlerer Schiene etwa 20–25 Minuten backen. Herausnehmen, in den Papierförmchen auf einem Kuchengitter auskühlen lassen.

# BLAUBEER-MUFFINS
## *mit Ricotta & Honig*

SCHNELL ZUBEREITET UND GEBACKEN UND SAFTIG IM GESCHMACK, AUCH NOCH NACH TAGEN: BLAUBEER-MUFFINS SIND DIE KLASSIKER UNTER DEN AMERIKANISCHEN OBST-MINIKUCHEN.

### Zutaten für 12 Muffins

- 150 g frische Blaubeeren
- 250 g Mehl
- 50 g Haferflocken oder -kleie
- 2 TL Backpulver
- 60 g zimmerwarme Butter
- 150 g Ricotta
- 100 g Sauerrahm
- Schale von ½ Bio-Zitrone
- ½ Päckchen Vanillezucker
- 1 Prise Meersalz
- 1 Ei (Größe L)
- 50 ml Milch
- 100 g erwärmter Honig
- 1–2 EL Rapsöl

### besonderes Werkzeug
- 1 Muffinblech + 12 Papierförmchen

### Zeitbedarf
- 25 Minuten + 20 Minuten backen

### So geht's

1. Die Blaubeeren verlesen, waschen und gut abtropfen lassen. Den Backofen auf 180 °C (Umluft 160 °C) vorheizen und die Papierförmchen auf die 12 Vertiefungen des Muffinblechs verteilen.

2. Das Mehl mit Haferflocken oder -kleie sowie mit Backpulver in eine Schüssel geben und vermischen. In einer zweiten Schüssel mit einem elektrischen Handrührgerät Butter mit Ricotta, Sauerrahm, abgeriebener Zitronenschale, Vanillezucker und Meersalz cremig rühren.

3. Das Ei, die Milch sowie den Honig langsam unterrühren, bis eine cremige Verbindung entsteht. Die Mehlmischung dazugeben und verrühren, zuletzt die Blaubeeren unterheben.

4. Die Papierförmchen portionsweise bis zu ⅔ mit dem Blaubeer-Teig füllen. Das Backblech auf die mittlere Schiene in den vorgeheizten Backofen stellen und die Muffins 15-20 Minuten backen.

5. Die fertig gebackenen Muffins aus den Blechvertiefungen nehmen, aber nicht aus den Papiermanschetten. Jeden Muffin mit etwas Rapsöl bestreichen. Gut auskühlen, vor dem Servieren nach Belieben noch mit Puderzucker bestäuben.

**SO SCHMECKT'S AUCH** Anstatt Blaubeeren können die Muffins auch mit der gleichen Menge Johannisbeeren, Brombeeren, Preiselbeeren oder Kirschen gebacken werden. Statt Ricotta kann man anderen Frischkäse oder Sahnequark verwenden. Honig kann durch Zucker ersetzt werden.

**SANTA YNEZ VALLEY**

# DAS IST *wirklich* WICHTIG

**[a] TEIG EINFÜLLEN** Die Papierbackförmchen nur zu ⅔ mit Teig füllen, da der Teig beim Backen noch etwas aufgeht.

**[b] CUPCAKES VERZIEREN** Man kann die Creme auch mit einem Spachtel auf den Törtchen verteilen, besonders schön sieht es aber aus, wenn man die Creme mit einem Spritzbeutel aufträgt.

# CUPCAKES
## *mit Kokosnuss*

MINI-TÖRTCHEN VOM FEINSTEN: DIE BESONDERS LECKEREN VERWANDTEN DER MUFFINS SIND ÜPPIG UND LIEBEVOLL MIT CREME UND KOKOSRASPELN VERZIERT.

### Zutaten für 12 Stück

- 150 g weiche Butter
- 150 g Zucker
- 3 Eier
- 1 TL Vanille-Extrakt oder etwas Vanillemark
- ½ TL Mandelaroma
- 250 g Mehl
- 2 TL Backpulver
- 1 Prise Salz
- 200 ml Buttermilch
- 100 g Kokosraspeln

### Für die Creme

- 100 g weiche Butter
- 80 g Puderzucker
- 150 g Frischkäse (Doppelrahmstufe)
- ½ TL Vanille-Extrakt oder etwas Vanillemark
- 40 g Kokosraspeln

### besonderes Werkzeug
- 1 Muffinblech + 12 Papierförmchen

### Zeitbedarf
- 30 Minuten + 30 Minuten backen

### So geht's

1. Den Backofen auf 180 °C (Umluft 160 °C) vorheizen. Ein Muffinblech bereitstellen und mit Papierförmchen auskleiden. Mit einem elektrischen Handrührgerät in einer Schüssel Butter und Zucker mindestens 5 Minuten cremig-weißlich aufschlagen. Nach und nach die Eier zugeben und gründlich unterrühren. Zuletzt den Vanille-Extrakt und das Mandelaroma unterziehen.

2. In einer zweiten Schüssel das Mehl mit Backpulver und Salz vermischen und nach und nach zusammen mit der Buttermilch unter die Buttermischung rühren. Zum Schluss die Kokosraspeln unterziehen.

3. Den Teig portionsweise in die Papierförmchen füllen [→a]. Das Muffinblech in den vorgeheizten Backofen schieben und die Cupcakes ca. 30 Minuten backen. Dann herausnehmen und die Cupcakes ca. 15 Minuten abkühlen lassen.

4. Für die Creme Butter mit Puderzucker cremig rühren. Den Frischkäse und den Vanille-Extrakt unterrühren. Die abgekühlten Cupcakes üppig mit der Buttercreme überziehen [→b] und mit den Kokosraspeln bestreuen.

### Die Variante

**Mit Schokoladen-Creme**
Die Kokos-Cupcakes nach Rezept backen. Für die Creme 150 g weiße Schokolade im kochenden Wasserbad unter Rühren schmelzen. Danach ca. 15 Minuten abkühlen lassen. 30 g weiche Butter und 150 g Doppelrahmfrischkäse schaumig rühren, die Schokolade dazugeben und gut vermischen. Die Kokosraspeln untermischen. Die Creme mit einem Spachtel auf den ausgekühlten Cupcakes verteilen. Mit Kokoschips bestreuen.

SANTA YNEZ VALLEY

# COOKIES
*die amerikanischen Kekse*

SCHNELL UND EINFACH ZUBEREITET UND UNWIDERSTEHLICH LECKER: DIE AMERIKANISCHEN KLASSIKER PASSEN ZU KAFFEE UND TEE ODER ZU EINEM GLAS MILCH, SCHMECKEN SCHON ZUM FRÜHSTÜCK ODER EINFACH ALS KLEINER SÜSSER SNACK ZWISCHENDURCH. DIE REZEPTE ERGEBEN JEWEILS CA. 40–50 COOKIES.

## CHOCOLATE-COOKIES

Den Backofen auf 200 °C (Umluft 180 °C) vorheizen und ein Backblech mit Backpapier auslegen. Mit einem elektrischen Handrührgerät 90 g weißen und 90 g braunen Zucker mit 220 g weicher Butter, 2 Eiern und ½ TL Vanille-Extrakt oder dem ausgekratzten Mark von ½ Vanilleschote cremig rühren. Nach und nach 260 g Mehl, 1 TL Back-Natron oder Backpulver und 1 Prise Salz untermengen. Der Teig wird dabei ziemlich fest, daher am besten mit den Händen vermischen. Zuletzt 250 g Chocolate-Chips oder grob gehackte Zartbitterschokolade und 100 g klein gehackte Pekannüsse unter den Teig kneten. Mithilfe von zwei Teelöffeln kleine Teigportionen abstechen und diese mit einem Abstand von etwa 4 cm auf das Blech setzen. Die Cookies in den vorgeheizten Backofen schieben und auf der mittleren Schiene ca. 10 Minuten backen. Sie sollen innen noch weich sein. Die Cookies herausnehmen, vom Blech ziehen und auskühlen lassen.

## WALNUSS-COOKIES

140 g Butter mit 160 g Zucker und 1 Prise Salz in einer Schüssel schaumig rühren, dann 1 Ei und 1 TL Zimt unterschlagen. In einer zweiten Schüssel 160 g Mehl mit 1 TL Backpulver vermischen und mit 60 g gehackten Walnüssen zur Buttermischung geben. Alles zu einem glatten Teig verkneten. In Folie gewickelt mindestens 1 Stunde im Kühlschrank ruhen lassen. Dann aus dem Teig walnussgroße Kugeln formen und mit ausreichend Abstand auf ein mit Backpapier ausgelegtes Blech setzen. Die Cookies im vorgeheizten Backofen bei 180 °C ca. 8 Minuten backen.

## ZITRONEN-COOKIES

140 g Butter mit 180 g Zucker und 1 Prise Salz in einer Schüssel schaumig rühren. ½ TL Vanille-Extrakt oder etwas Vanillemark mit 1 Ei, 1 TL Zitronensaft und 1 EL abgeriebener Zitronenschale unterrühren. In einer zweiten Schüssel 160 g Mehl, 1 TL Backpulver, 1 kräftige Prise frisch gemahlene Muskatnuss und 100 g Rosinen vermischen. Zur Buttercreme geben und mit den Händen zu einem geschmeidigen Teig verkneten. In Folie wickeln und mindestens 1 Stunde im Kühlschrank ruhen lassen. Aus dem Teig walnussgroße Kugeln formen und mit genügend Abstand auf ein mit Backpapier ausgelegtes Blech legen. Im vorgeheizten Backofen bei 180 °C ca. 8 Minuten backen. Die Cookies sollen innen noch weich sein.

## HAFERFLOCKEN-COOKIES

Den Backofen auf 200 °C (Umluft 180 °C) vorheizen und ein Backblech mit Backpapier auslegen. Mit einem elektrischen Handrührgerät 160 g weiche Butter mit 90 g weißem und 90 g braunem Zucker, 2 Eiern und 1 TL Vanille-Extrakt oder etwas Vanillemark cremig rühren. 150 g Mehl, 1 TL Back-Natron, 1 gestrichenen TL Zimt und 1 Prise Salz in einer zweiten Schüssel vermischen. Die Buttermischung langsam unterrühren, zum Schluss 250 g körnige Haferflocken und 150 g Rosinen untermengen. Mit Hilfe eines Teelöffels Teigportionen abstechen und mit etwas Abstand auf das Backblech setzen. Ca. 10 Minuten im vorgeheizten Ofen backen.

SANTA YNEZ VALLEY

# CHEESECAKE
## *mit Pekannüssen*

AMERIKANISCHER KÄSEKUCHEN IST LEGENDÄR, DIE VARIANTEN SIND UNZÄHLIG, DER GESCHMACK IST IMMER WIEDER UNGLAUBLICH: SAFTIG, KÖSTLICH, CREMIG. DIESE VERSION IST CALIFORNIA-LIKE.

### Zutaten für 1 Backform

#### Für den Teigboden
- 100 g geschälte Pekannüsse
- 200 g Vollkorn-Butterkekse
- 125 g geschmolzene Butter

#### Für die Füllung
- 4 Eier (Größe M)
- 1 EL Mehl
- 200 g Zucker
- 350 g Doppelrahm-Frischkäse
- 300 g saure Sahne
- 1 Bio-Zitrone
- Schale von 1 Bio-Orange
- 1 TL Vanille-Extrakt oder etwas Vanillemark
- ¼ TL Salz

#### Für die Glasur
- 200 g saure Sahne oder Schmand
- ½ TL Vanille-Extrakt
- 40 g Puderzucker

#### Für die Garnitur
- 1 kleine Dose Mandarinen oder 150 g frische Himbeeren oder Erdbeeren

### Zeitbedarf
- 40 Minuten + 60 Minuten backen + einige Stunden kühlen

### So geht's

1. Die Pekannüsse zerkleinern (am besten in ein Küchentuch geben und mit dem Fleischklopfer zerkleinern). Anschließend in einer heißen Pfanne ohne Fett 2–3 Minuten rösten, herausnehmen und abkühlen lassen. Die Vollkornkekse in eine Plastiktüte geben und ebenfalls mit einem Fleischklopfer zerbröseln.

2. Die Pekannüsse mit den Keksbröseln und der Butter vermischen und auf den Boden der Backform verteilen [→a]. Zum Festwerden für 1 Stunde in den Kühlschrank stellen.

3. Den Backofen auf 160 °C (Umluft 140 °C) vorheizen. Die Eier trennen. Die Eiweiße zu steifem Schnee schlagen. Mit einem Handrührgerät Eigelbe mit Mehl, Zucker, Frischkäse und saurer Sahne cremig rühren. Die abgeriebene Schale der Zitrone und den Saft der halben Zitrone, abgeriebene Orangenschale, Vanille-Extrakt und Salz dazugeben. Zuletzt den Eischnee unterheben.

4. Die Backform aus dem Kühlschrank nehmen und mit einem Spatel die Füllung auf den Kuchenboden geben und glatt streichen. Die Form auf die mittlere Schiene in den Backofen stellen und den Kuchen ca. 1 Stunde backen.

5. Den Kuchen aus dem Backofen nehmen und etwa 15 Minuten abkühlen lassen. Dann mit einem scharfen Messer am Rand den Kuchen lösen. Vollständig abkühlen lassen und dann für einige Stunden in den Kühlschrank stellen. Danach erst aus der Backform nehmen.

6. Für die Glasur die saure Sahne mit Vanille-Extrakt und Puderzucker kräftig verrühren und den Kuchen damit überziehen [→b]. Die Mandarinen gut abtropfen lassen, die Himbeeren vorsichtig waschen und abtupfen. Den Kuchen nach Belieben mit Mandarinen, Erdbeeren oder Himbeeren belegen. Bis zum Servieren in den Kühlschrank stellen.

**KÄSEKUCHEN BACKEN** Den Kuchen zwischendurch im Backofen kontrollieren, falls die Oberfläche kleine Risse zeigen sollte, einfach die Backofentür angelehnt lassen (Kochlöffel dazwischenklemmen). Dadurch bleibt die Konsistenz des Kuchens geschmeidiger.

KUCHEN

# DAS IST *wirklich* WICHTIG

**[a] KUCHENBODEN** Die Keks-Nuss-Bröselmischung auf dem Boden der Kuchenform verteilen und gleichmäßig gut festdrücken, am besten mit einem Löffel.

**[b] DAS TOPPING** aus Sauerrahm ist typisch für den Cheesecake. Der Kuchen muss dafür gut durchgekühlt sein und auch anschließend kühl gestellt werden, damit das Topping nicht verläuft.

SANTA YNEZ VALLEY

## DAS IST *wirklich* WICHTIG

**[a] FÖRMCHEN AUSKLEIDEN** Den Teig ca. 3 mm dick ausrollen und in der Größe der Form mit einem Teigrädchen ausschneiden. Den Teig mit den Daumen in die Förmchen drücken, dabei von der Mitte zum Rand arbeiten, damit die Luft unter dem Teig entweichen kann.

# HEIDELBEERKUCHEN
## *mit Butterstreuseln*

DER KNUSPRIG-MÜRBE BODEN IST DIE IDEALE BASIS FÜR DEN SAFTIG-FRISCHEN BEERENBELAG. DAS KUCHENREZEPT LÄSST SICH AUCH IN 6 KLEINEN FÖRMCHEN ZUBEREITEN.

### Zutaten für 1 Backform (26 cm Ø)

**Für den Mürbeteig**

250 g Mehl

125 g kalte Butter

80 g Zucker

1 Ei (Größe M)

**Für die Füllung**

500 g Heidelbeeren

200 ml Heidelbeersaft

Saft von ½ Zitrone

1 Prise gemahlener Zimt

80 g Zucker

1 EL Speisestärke

**Für die Streusel**

100 g Mehl

150 g kalte Butterstückchen

100 g Zucker

Puderzucker zum Bestäuben

### besonderes Werkzeug
- 1 Backform (26 cm Ø) oder 6 Förmchen (8 cm Ø)

### Zeitbedarf
- 30 Minuten + 50 Minuten backen + 75 Minuten kühlen

### So geht's

1. Aus Mehl, kalter Butter in Stückchen, Zucker und dem Ei auf einer Arbeitsfläche rasch einen glatten Mürbeteig kneten. Zu einer Kugel formen und in Folie gewickelt ca. 1 Stunde in den Kühlschrank stellen.

2. Die Heidelbeeren verlesen, waschen und trocken tupfen. Den Heidelbeersaft mit Zitronensaft, Zimt und Zucker unter Rühren aufkochen. Die Speisestärke mit 2 EL kaltem Wasser glatt rühren und in die heiße Flüssigkeit einrühren. Einmal aufkochen lassen, dann den Topf beiseiteziehen und die Heidelbeeren untermengen.

3. Den Mürbeteig aus dem Kühlschrank nehmen, ausrollen und die große Backform oder 6 kleine Förmchen damit auskleiden [→a]. Nochmals für 15 Minuten in den Kühlschrank stellen. Den Backofen auf 200 °C (Umluft 180 °C) vorheizen.

4. Den Mürbeteigboden mit der Füllung belegen und für 30 Minuten in den Backofen schieben. In der Zwischenzeit Mehl, kalte Butterstückchen und Zucker mit den Fingern in einer Schüssel zu Bröseln verarbeiten.

5. Den Kuchen aus dem Backofen nehmen und mit den Streuseln gleichmäßig belegen. Weitere 20 Minuten backen, bis die Streusel goldbraun sind. Den Kuchen vor dem Anschneiden auskühlen lassen und dann mit Puderzucker bestäuben.

Dazu schmeckt eine Kugel Vanilleeis oder auch eine Vanillesauce.

### Die Variante

**Pfirsich-Beeren-Kuchen**
Den Mürbeteig wie im Rezept beschrieben zubereiten. Auf dem Mürbeteigboden 80 g Mandelblättchen, die in einer beschichteten Pfanne ohne Fett angeröstet wurden, verteilen. 300 g Pfirsiche häuten, Kerne entfernen und das Fruchtfleisch in Spalten schneiden. Mit 250 g Heidelbeeren mischen. Dann weiterverfahren, wie im Rezept beschrieben, aber anstelle des Heidelbeersafts einen hellen Traubensaft verwenden.

**SO SCHMECKT'S AUCH** Anstatt Heidelbeeren können auch gemischte Beeren, z. B. Heidelbeeren und rote Johannisbeeren, verwendet werden. Heidelbeersaft lässt sich durch Trauben- oder Holundersaft ersetzen.

# HIMBEER-TARTE
## *mit Schokoladensauce*

EIN ÜPPIGES DESSERT-VERGNÜGEN, DAS MAN SICH ABER MAL GÖNNEN SOLLTE. MIT DEN TYPISCH AMERIKANISCHEN OREO-KEKSEN UND WEISSER UND DUNKLER SCHOKOLADE VON BESTER QUALITÄT.

### Zutaten für 1 Tarte (25 cm Ø)

#### Für den Teig

- Butter für die Form
- 200 g Oreo-Kekse
- 50 g Macadamianüsse
- 30 g geschmolzene Butter
- 150 g Himbeeren

#### Für die Füllung

- 450 g weiße Schokolade
- 160 g Sahne
- 70 g Butter

#### Für die Sauce

- 180 g Bitterschokolade
- 240 g Sahne
- 30 g Butter
- 30 ml Maissirup oder Honig
- etwas Zimt

### besonderes Werkzeug
- Tarte-Form (25 cm Ø)

### Zeitbedarf
- 1 Stunde + 3 Stunden kühlen

### So geht's

1. Den Backofen auf 180 °C (Ober- und Unterhitze) vorheizen, die Tarteform mit Butter auspinseln. Die Oreo-Kekse zerbröseln. Die Macadamianüsse hacken und in einer Pfanne ohne Fett anrösten. Herausnehmen und auskühlen lassen. Die Nüsse mit den Keksbröseln und der zerlassenen Butter gut vermischen.

2. Die Tarteform mit der Keks-Nuss-Mischung auslegen, gut andrücken, dabei einen kleinen Rand hochziehen. In den vorgeheizten Backofen auf die unterste Schiene stellen und 6–8 Minuten backen. Danach in der Form auskühlen lassen.

3. Die Himbeeren vorsichtig waschen, mit Küchenpapier trocken tupfen und auf dem Kuchenboden verteilen [→a]. Für die Füllung die weiße Schokolade in kleine Stücke teilen und in einer Schüssel über einem heißen Wasserbad schmelzen. Die Sahne mit der Butter in einem Topf erhitzen. Die Schüssel vom Wasserbad nehmen und die Sahnebutter langsam unterrühren, bis eine homogene Creme entsteht. Die Creme über die Himbeeren geben und mit einem Spatel glatt streichen. Die Tarte zum Abkühlen mindestens 3 Stunden in den Kühlschrank stellen.

4. Für die Sauce die Bitterschokolade in Stücke brechen und in einer Schüssel über einem heißen Wasserbad schmelzen [→b]. Die Sahne mit Butter und Maissirup aufkochen lassen und dann vom Herd ziehen. Die heiße Sahne nach und nach unter die geschmolzene Schokolade ziehen und zu einer cremigen Sauce verrühren. Mit etwas Zimt abschmecken.

5. Vor dem Servieren die sehr gut gekühlte Tarte in 8–10 Stücke schneiden. Je 1 Stück auf einen Teller geben und mit Schokosauce beträufeln. Nach Belieben zusätzlich mit frischen Himbeeren und etwas geschlagener Sahne garnieren.

TORTE

# DAS IST
## *wirklich* WICHTIG

**[a] DIE HIMBEEREN** erst dann auf dem Boden der Tarte-Form verteilen, wenn die Keksmasse vollständig abgekühlt ist.

**[b] SCHOKOLADE** lässt man am besten über einem Wasserbad schmelzen. Sie darf keinesfalls zu heiß werden, denn sonst wird sie grieselig und stumpf.

SANTA YNEZ VALLEY

## DAS IST *wirklich* WICHTIG

[a] **NÜSSE EINSTREUEN** Die Pekannuss-Stückchen zügig auf die Vertiefungen verteilen. Den Sirup kurz köcheln lassen, dann erst den Teig einfüllen.

[b] **PANCAKES WENDEN** Sobald eine Seite schön gebräunt ist, werden die Krapfen mit 2 kleinen Holzstäbchen gewendet.

DESSERT

# AEBLESKIVER
## *mit Ahornsirup & Pekannüssen*

SERVIEREN SIE DIE FEINEN KLEINEN KRAPFEN MIT
ETWAS AHORNSIRUP ZUM SONNTAGSFRÜHSTÜCK ODER
MIT GESCHLAGENER SAHNE ALS DESSERT.

### Zutaten für 21 Stück

- 120 g Pekannüsse
- 2 Eier (Größe L)
- 125 ml Ahornsirup
- 150 g Mehl
- 1 EL Zucker
- 1 Päckchen Vanillezucker
- ½ Päckchen Backpulver
- 1 kräftige Prise Salz
- ¼ l Milch
- 4 EL flüssige Butter

### besonderes Werkzeug
- Pfanne mit Vertiefungen

### Zeitbedarf
- 30 Minuten + 25 Minuten garen

### So geht's

1. Die Pekannüsse in einer heißen beschichteten Pfanne unter Schwenken 2–3 Minuten rösten, bis sie duften. Herausnehmen und klein hacken. Für den Teig die Eier trennen. Das Eiweiß zu steifem Schnee schlagen und ganz zum Schluss 50 ml Ahornsirup unterschlagen. Den Backofen auf 80 °C (Umluft 60 °C) vorheizen.

2. Mehl, Zucker, Vanillezucker, Backpulver und Salz mit der Hälfte der klein gehackten Pekannüsse vermischen. In einer zweiten Schüssel die Eigelbe mit Milch und 2 EL flüssiger Butter aufschlagen und langsam unter die Mehlmischung rühren. Am besten mit einem elektrischen Handrührgerät so lange rühren, bis ein glatter Teig entsteht. Zuletzt den Eischnee unterheben.

3. Die Pfanne erhitzen, die Vertiefungen mit etwas flüssiger Butter ausstreichen und in jede Vertiefung ½ TL Ahornsirup träufeln. Die restlichen Pekannüsse in 3 Teile aufteilen. Vom ersten Drittel in alle Vertiefungen der Pfanne ein paar Nuss-Stückchen streuen [→a]. Jeweils 3 EL Teig einfüllen.

4. Nach 3–4 Minuten, sobald die Pancakes leicht gebräunt sind, wenden [→b] und auf der anderen Seite ebenfalls 3–4 Minuten backen. Die fertigen Pancakes herausnehmen, in eine Auflaufform geben und zum Warmhalten in den Backofen stellen. Den restlichen Teig genauso verarbeiten.

Die Pancakes mit etwas geschlagener Sahne und Ahornsirup servieren oder einfach mit Puderzucker bestreuen.

### Die Variante

**Pekannuss-Pfannkuchen**
Wer keine Spezialpfanne hat, kann aus dem Teig auch kleine Pfannkuchen backen. Etwas Butter in einer Pfanne schmelzen lassen, Ahornsirup einträufeln, Pekannüsse einstreuen und eine Kelle Teig darübergießen. Nach ca. 1 Minute, sobald die eine Seite angebacken ist, den Pfannkuchen wenden und noch einmal so lange backen. Zum Warmhalten, bis alle Pfannkuchen fertig sind, in den vorgeheizten Backofen (ca. 80 °C) geben. Statt Pekannüssen kann man auch Hasel- oder Walnüsse verwenden.

**AEBLESKIVER** Die kleinen Krapfen oder Pancakes stammen ursprünglich aus der dänischen Küche und wurden mit Apfelstückchen oder Apfelmus zubereitet. Daher der Name „Aebleskiver" (Apfelscheiben). Die dafür erforderliche Spezialpfanne mit Vertiefungen findet man in fast jedem amerikanischen Haushalt. Sie ist auch hier erhältlich, als Alternative kann man auch eine „Liwanzen-Pfanne" verwenden.

# PFIRSICH-COBBLER
## *mit Zimt & Ingwer*

EIN EINFACHES, ABER SEHR LECKERES FRUCHTDESSERT, MIT FRISCHEM OBST DER SAISON ZUBEREITET UND MIT MANDEL-BUTTER-STREUSELN IM OFEN KNUSPRIG ÜBERBACKEN UND HEISS SERVIERT.

### Zutaten für 4 Portionen

- 500 g saftige Pfirsiche
- 2 cm Ingwerwurzel
- 1 EL Zitronensaft
- evtl. 1 EL Amaretto (Mandellikör) oder etwas Mandel-Aroma
- 60 g brauner Zucker
- 1 EL Gelierzucker
- etwas gemahlener Zimt
- etwas gemahlene Muskatnuss

### Für die Auflage

- 150 g Mehl
- 50 g gemahlene Mandeln
- 1 Prise Salz
- 1 TL Backpulver
- 200 g weiche Butter
- 100 g Zucker
- 1 Ei (Größe L)
- ½ TL Vanille-Extrakt oder etwas Vanillemark

### besonderes Werkzeug
- 1 Auflaufform (ca. 15 x 25 cm)

### Zeitbedarf
- 30 Minuten + 40 Minuten backen

### So geht's

1. Die Pfirsiche waschen, kreuzweise einschneiden und kurz in kochendes Wasser legen. Abschrecken und die Haut mit einem kleinen spitzen Messer abziehen. Die Pfirsiche halbieren, die Kerne entfernen und das Fruchtfleisch in Spalten schneiden. Ingwer schälen, fein hacken und zusammen mit Zitronensaft und Amaretto über die Pfirsichstreifen geben. Den braunen Zucker mit Gelierzucker, Zimt und Muskatnuss vermischen und mit den Pfirsichen vermengen. Die Fruchtmischung in einer Auflaufform breitflächig verteilen und für 10 Minuten beiseitestellen [→a].

2. In der Zwischenzeit Mehl, Mandeln, Salz und Backpulver vermischen. In einer zweiten Schüssel Butter, Zucker, Ei und Vanille-Extrakt oder Vanillemark cremig rühren. Mit der Mehlmischung vermengen und zu einer weichen Masse verkneten.

3. Den Backofen auf 180 °C (Umluft 160 °C) vorheizen. Den Teig auf der Fruchtmischung verteilen [→b] und die Form in den Backofen schieben. Den Pfirsich-Cobbler 30–40 Minuten backen, bis die Oberfläche goldbraun ist. Die Form aus dem Backofen nehmen, evtl. mit Puderzucker bestäuben und noch heiß servieren.

Dazu schmeckt Vanilleeis, Schlagsahne oder eine Vanillesauce.

**SO SCHMECKT'S AUCH** Früchte wie Aprikosen, Kirschen, Pflaumen und Birnen eignen sich für dieses Rezept ebenso gut. Wer möchte, kann zum Aromatisieren bei Aprikosen Marillenbrand, bei Kirschen Cassis (Johannisbeerlikör), bei Pflaumen Zwetschgenwasser und bei Birnen Birnenbrand anstatt Amaretto dazugeben.

### Die Variante

**Pfirsich-Crumble**
Die Pfirsiche wie im Rezept beschrieben vorbereiten. Für die Streusel 150 g Mehl und 80 g braunen Zucker in eine Schüssel geben und mit 80 g kalten Butterwürfelchen mit den Fingern rasch verkneten, bis die Mischung fein zerkrümelt ist. Die Streusel auf den Pfirsichen in der Auflaufform verteilen und den Crumble im vorgeheizten Ofen bei 180 °C etwa 30 Minuten backen, bis die Streusel goldgelb sind. Die Streusel können auch durch gehackte Nüsse ergänzt werden und die Früchte beliebig variieren. Härtere Obstsorten, wie z. B. Äpfel, schälen und in Spalten schneiden. Mit etwas Zucker und 2–3 EL Wasser in einem Topf bei kleiner Hitze ca. 5 Minuten garen und danach erst in die Auflaufform füllen und überbacken.

DESSERT

## DAS IST *wirklich* WICHTIG

**[a] DIE PFIRSICHSPALTEN** mit Zucker, Zitronensaft und Gewürzen gut vermischen und kurz marinieren, bevor sie in den Ofen kommen.

**[b] FÜR DIE STREUSELKRUSTE** den Teig mit 2 Löffeln auf den Pfirsichspalten verteilen. Die Teigstücke müssen dabei keine völlig geschlossene Schicht ergeben, da durch die Hitze im Ofen der Teig „schmilzt" und Lücken so automatisch ausgefüllt werden.

SANTA YNEZ VALLEY

## DAS IST *wirklich* WICHTIG

**[a] IM WASSERBAD GAREN** Kochendes Wasser in den Bräter gießen, sodass die Förmchen bis zur Hälfte im Wasserbad stehen. Die gleichmäßige, nicht zu hohe Temperatur sorgt dafür, dass die Vanillecreme glatt und samtig wird.

# VANILLECREME
## *mit Beerensauce*

EIN DESSERTKLASSIKER: FEINE SAHNECREME IM TÖPFCHEN IM OFEN GEGART UND MIT FRUCHTSAUCEN ODER VERSCHIEDENEN BEEREN, JE NACH LUST UND SAISON, GARNIERT.

### Zutaten für 4 Portionen

- 225 g Sahne
- 225 ml Milch
- 60 g Zucker
- ½ Vanilleschote
- 1 Prise Salz
- 4 Eigelb

### Für die Sauce

- 80 g Himbeeren oder Erdbeeren
- 1 TL Puderzucker

### besonderes Werkzeug
- 4 feuerfeste Förmchen (125 ml Inhalt)

### Zeitbedarf
- 15 Minuten + 40 Minuten garen + 12 Stunden kühlen

### So geht's

1. Sahne, Milch und 40 g Zucker in einen kleinen Topf geben. Die Vanilleschote aufschlitzen, das Mark mit einem Messer herauskratzen und mit der Schote und 1 Prise Salz in den Topf geben, langsam aufkochen und kurz köcheln lassen. Anschließend etwa 30 Minuten ziehen lassen. Durch ein feines Sieb gießen.

2. Den Backofen auf 160 °C vorheizen. Die Eigelbe mit dem restlichen Zucker mit einem Schneebesen aufschlagen. Die Sahnemischung nach und nach unterrühren. Die Creme auf die 4 Förmchen verteilen, mit Alufolie abdecken und die Förmchen in einen Bräter setzen. Kochendes Wasser angießen [→a] und den Bräter in den vorgeheizten Ofen schieben. Die Creme ca. 35 Minuten stocken lassen. Sie sollte gerade fest sein, aber in der Mitte noch leicht „wabbeln", wenn man das Förmchen bewegt. Beim Abkühlen erstarrt die Creme dann.

3. Die Förmchen aus dem Wasserbad nehmen und abkühlen lassen. Danach zugedeckt im Kühlschrank mindestens 4 Stunden, am besten über Nacht, durchkühlen lassen.

4. Für die Sauce die Himbeeren mit dem Zucker pürieren und durch ein Sieb streichen. Die Vanillecreme ca. 30 Minuten vor dem Servieren aus dem Kühlschrank nehmen. Im Töpfchen anrichten und die Sauce getrennt dazu reichen oder einen Klecks auf die Oberfläche der Creme geben. Nach Belieben zusätzlich mit frischen Himbeeren oder Erdbeeren garnieren.

### Die Varianten

**Vanillecreme mit Ingwer**
Die Sahne-Milch-Mischung mit 20 g gehacktem Ingwer statt mit der Vanilleschote aufkochen, beiseitestellen und 30 Minuten ziehen lassen. Durch ein feines Sieb gießen und wie im Rezept angegeben weiterverfahren.

**Vanillecreme mit Zitrone**
Die Schale von 2 Bio-Zitronen (in Kalifornien werden dafür die besonders aromatischen Meyer-Zitronen verwendet) abreiben, in der Sahne-Milch-Mischung aufkochen und ziehen lassen. Dann durch ein feines Sieb gießen, dabei die Zitronenschale gut ausdrücken, damit kein Aroma verloren geht. Wie im Rezept angegeben weiterverfahren.

# REZEPTREGISTER

## A

Abalone mit Buttersauce 66
Açai-Müsli 47
Adobo Rub 37
Aebleskiver mit Ahornsirup & Pekannüssen 213
Ananas-Smoothie 109
Ancho-Chili-Sauce 37
Auberginen-Panini mit Tapenade 171
Austern mit Salsa (Variante) 67
Austern-Stew mit Kartoffeln 67
Avocado 101
Avocado mit Gurkencreme 98
Avocado, gegrillt 101
Avocado-Bruschetta 101
Avocado-Frischkäse 101
Avocadosalat mit Blaubeeren 99
Avocadosuppe mit Krebsschwänzen 98
Avocado-Tartines 101

## B

Banana Bread 51
Banana Bread mit Glasur (Variante) 51
Banana Bread mit Kokosraspeln (Variante) 51
Banana Bread mit Pekannüssen (Variante) 51
Banana Bread mit Zitronensaft (Variante) 51
BBQ mit Bohnen & Makkaroni 124
Beeren-Mango-Smoothie 109
Beeren-Smoothie 109
Black Bean Salsa 37
Blattsalate mit Roquefort & Trauben 18
Blaubeer-Muffins mit Ricotta & Honig 201
Bohnen mit Walnüssen (Variante) 139
Brokkoli-Suppe mit Cheddar 59
Bruschetta mit Paprika-Oliven-Paste 173
Bubble Tea 83
Burger mit Speck & Avocado 134

## C

California Roll mit Krebsfleisch & Avocado 84
Caprese 101
Cheesecake mit Pekannüssen 206
Chia Fresca 46
Chicken Taco mit Chili & Paprika 33
Chicoree-Sellerie-Salat 141
Chimichurri-Dip 37
Chocolate-Cookies 205
Cioppino, Fischtopf mit Meeresfrüchten 69
Clam Chowder, feiner Muscheleintopf 81
Cookies 205
Crab Cakes mit Paprika & Chili 78
Cupcakes mit Kokosnuss 203
Cupcakes mit Schokoladen-Creme (Variante) 203

## E

Eintopf „Gumbo" mit Huhn, Wurst & Garnelen 181
Eintopf „Gumbo" mit Tomaten und Muscheln (Variante) 181
Eintopf „Gumbo" vegetarisch (Variante) 181
Enchilada-Auflauf mit Bohnen 28
Entenbrust mit Kirschsauce & Süßkartoffelpüree 186
Erbsensuppe mit Minze 58

## F

Feldsalat mit Birnen 141
Fenchelsalat mit Avocado & Shrimps 96
Fenchelsalat mit Mandarinen 170
Focaccia mit Aprikosen (Variante) 50
Focaccia mit Trockenfrüchten 50
French Toast mit Ahornsirup (Variante) 52
French Toast mit Frischkäsecreme (Variante) 52
French Toast mit karamellisierten Bananen 52

## G

Garnelen „Ama Ebi" mit Kartoffeln & Pilzen 74
Garnelen mit Knoblauchflan 178
Garnelen-Risotto mit Birnen & Pinienkernen 194
Gazpacho 112
Gemüse mit Walnuss-Dressing 139
Gewürz-Kokosreis (Variante) 152
Grillspieße 129
Guacamole 101

## H

Haferflocken-Cookies 205
Hähnchen mit Ingwer & Kokos 152
Hähnchenbrust in Pinot-Noir-Sauce 190
Hähnchenfilets, gefüllt (Variante) 105
Hähnchen-Salat mit Sesam-Dressing 20
Hähnchen-Schnitzel mit knusprigen Kapern 105
Hanf-Müsli 47
Heidelbeerkuchen mit Butterstreuseln 209
Heilbutt auf Salade Niçoise 168
Himbeer-Tarte mit Schokoladensauce 210
Hirschsteaks mit Feigen & Süßkartoffelpüree 193
Hummer mit Mandelbutter gratiniert 77
Hummus (Variante) 32

## I

Ice-Pops 199

## K

Kaktus-Reis mit Chili & Koriander 57
Kaktus-Salat (Variante) 57
Karotten-Smoothie 109
Kartoffel-Brokkoli-Suppe (Variante) 59
Käsebällchen 141
Kiwi-Bananen-Smoothie 109
Knoblauch-Pizza mit Mais & Tomaten 117
Kräutermischung 165
Kräutersalat mit Zitronen-Dressing 18
Kürbiskuchen mit Zimt & Ingwer 160
Kürbis-Smoothie 109
Kürbissuppe mit Ingwersahne 162

## L

Lachsfilet 70
Lavendel-Limonade 165
Lavendelsalz 165
Lavendel-Scones 165
Lavendelzucker 165
Lollo Rosso mit gegrilltem Ziegenkäse 19

## M

Mangold mit Walnüssen (Variante) 139
Melonen-Erdbeer-Smoothie 109
Melonen-Smoothie 109
Mochi-Eiscreme 83
Muffins mit Cranberrys 200
Muffins mit Kirschen 200
Müsli 46

## O

Okra-Schoten mit Knoblauch (Variante) 60
Okra-Schoten mit Orangenfilets 60
Okra-Schoten mit Tomaten (Variante) 60
Omelette Santa Barbara Style 45
Orangen-Dattel-Salat 141
Oystershooter 83

## P

Paella mit Garnelen & Jakobsmuscheln 196
Pekannuss-Pfannkuchen (Variante) 213
Pfirsich-Beeren-Kuchen (Variante) 209
Pfirsich-Cobbler mit Zimt & Ingwer 214
Pfirsich-Crumble (Variante) 214
Portobellos, gefüllt & gratiniert 106
Portobello-Salat (Variante) 106
Posole, mexikanischer Eintopf 38

# THEMENREGISTER

## Q

Quesadillas mit Avocado 35
Quesadillas mit Guacamole (Variante) 35
Quesadillas mit Spinat (Variante) 35
Quinoa-Müsli 47

## R

Reis-Röllchen mit Ponzu-Sauce 144
Rib-Eye-Steak mit Knoblauchbutter 128
Ribs, chinese, würzig mariniert 130
Rinderfilet mit Pesto gefüllt 127
Rinderfilet mit Tapenade gefüllt (Variante) 127
Rindersteaks mit Ingwer mariniert 128
Risotto mit Morcheln 195
Risotto mit Trüffeln 195
Rote-Bete-Bruschetta (Variante) 17
Rote-Bete-Carpaccio mit Feldsalat & Ziegenkäse 17
Rote-Bete-Salat 141
Rucola mit Ziegenkäse 141

## S

Salsas 37
Sandwich mit Spargel & Mandeln 92
Santa Barbara Smoothie 109
Santa Maria BBQ mit Bohnen & Makkaroni 124
Santa Maria Salsa 37
Sardinensalat mit Kichererbsen 170
Sashimi vom Hamachi mit Avocado 147
Schwertfisch mit Minz-Tapenade 174
S'More 83
Smoothies 109
Spargel, grüner, würzig mariniert 92
Spargel-Auflauf mit Ziegenkäse 90
Spargelsuppe mit Parmesanplätzchen 93
Spinat-Smoothie 109
Süßkartoffel-Suppe mit Bourbon-Whiskey 163
Süßkartoffel-Suppe mit Gemüseeinlage (Variante) 163
Süßkartoffel-Suppe mit Ingwer (Variante) 163
Sweets 83

## T

Taco-Salat mit Mais & Bohnen 29
Tapenade (Variante) 171
Taubenbrust mit Orangensauce 189
Thunfisch in Sesamkruste 148
Thunfisch mit Tomaten-Oliven-Relish 177
Tomatensalat mit Mozzarella-Röllchen 115
Tomatensalsa (Variante) 29
Tomatensuppe mit Ziegenkäse 114
Tortilla-Suppe mit Gemüseeinlage 27
Tostadas mit Hähnchen und Gemüse 30
Tropical Mango Smoothie 109

## V

Vanillecreme mit Beerensauce 217
Vanillecreme mit Ingwer (Variante) 217
Vanillecreme mit Zitrone (Variante) 217

## W

Walnuss 141
Walnuss-Cookies 205
Wontons mit Schweinefleisch 151
Wrap mit Hummus & Spinat 32
Würzsaucen 37

## Z

Zitronen-Cookies 205
Zucchini Bread mit Walnüssen 49
Zucchini Bread, herzhaft 49
Zucchiniblüten in feinem Ausbackteig 58

### Fisch & Meeresfrüchte

Abalone mit Buttersauce 66
Austern mit Salsa (Variante) 67
Austern-Stew mit Kartoffeln 67
Avocadosuppe mit Krebsschwänzen 98
California Roll mit Krebsfleisch & Avocado 84
Cioppino, Fischtopf mit Meeresfrüchten 69
Clam Chowder, feiner Muscheleintopf 81
Crab Cakes mit Paprika & Chili 78
Eintopf „Gumbo" mit Huhn, Wurst & Garnelen 181
Eintopf „Gumbo" mit Tomaten und Muscheln (Variante) 181
Garnelen „Ama Ebi" mit Kartoffeln & Pilzen 74
Garnelen mit Knoblauchflan 178
Garnelen-Risotto mit Birnen & Pinienkernen 194
Heilbutt auf Salade Niçoise 168
Hummer mit Mandelbutter gratiniert 77
Lachsfilet 70
Paella mit Garnelen & Jakobsmuscheln 196
Sashimi vom Hamachi mit Avocado 147
Schwertfisch mit Minz-Tapenade 174
Thunfisch in Sesamkruste 148
Thunfisch mit Tomaten-Oliven-Relish 177

### Fleisch & Geflügel

BBQ mit Bohnen & Makkaroni 124
Burger mit Speck & Avocado 134
Eintopf „Gumbo" mit Huhn, Wurst & Garnelen 181
Entenbrust mit Kirschsauce & Süßkartoffelpüree 186
Grillspieße 129
Hähnchen mit Ingwer & Kokos 152
Hähnchenbrust in Pinot-Noir-Sauce 190
Hähnchenfilets, gefüllt (Variante) 105
Hähnchen-Salat mit Sesam-Dressing 20
Hähnchen-Schnitzel mit knusprigen Kapern 105
Hirschsteaks mit Feigen & Süßkartoffelpüree 193
Rib-Eye Steak mit Knoblauchbutter 128
Ribs, chinese, würzig mariniert 130
Rinderfilet mit Pesto gefüllt 127
Rinderfilet mit Tapenade gefüllt (Variante) 127
Rindersteaks mit Ingwer mariniert 128
Santa Maria BBQ mit Bohnen & Makkaroni 124
Taubenbrust mit Orangensauce 189
Wontons mit Schweinefleisch 151

### Frühstück

Açai-Müsli 47
Banana Bread 51
Banana Bread mit Glasur (Variante) 51
Banana Bread mit Kokosraspeln (Variante) 51
Banana Bread mit Pekannüssen (Variante) 51
Banana Bread mit Zitronensaft (Variante) 51
Chia Fresca 46
French Toast mit Ahornsirup (Variante) 52
French Toast mit Frischkäsecreme (Variante) 52
French Toast mit karamellisierten Bananen 52
Hanf-Müsli 47
Omelette Santa Barbara Style 45
Quinoa-Müsli 47

### Gebäck & Desserts

Aebleskiver mit Ahornsirup & Pekannüssen 213
Banana Bread 51
Banana Bread mit Glasur (Variante) 51
Banana Bread mit Kokosraspeln (Variante) 51
Banana Bread mit Pekannüssen (Variante) 51
Banana Bread mit Zitronensaft (Variante) 51
Blaubeer-Muffins mit Ricotta & Honig 201
Cheesecake mit Pekannüssen 206
Chocolate-Cookies 205
Cupcakes mit Kokosnuss 203
Cupcakes mit Schokoladen-Creme (Variante) 203
Focaccia mit Aprikosen (Variante) 50
Focaccia mit Trockenfrüchten 50
Haferflocken-Cookies 205
Heidelbeerkuchen mit Butterstreuseln 209
Himbeer-Tarte mit Schokoladensauce 210
Kürbiskuchen mit Zimt & Ingwer 160
Lavendel-Scones 165
Mochi-Eiscreme 83
Muffins mit Cranberrys 200
Muffins mit Kirschen 200
Pekannuss-Pfannkuchen (Variante) 213
Pfirsich-Beeren-Kuchen (Variante) 209
Pfirsich-Cobbler mit Zimt & Ingwer 214
Pfirsich-Crumble (Variante) 214
S'More 83
Sweets 83
Vanillecreme mit Beerensauce 217
Vanillecreme mit Ingwer (Variante) 217
Vanillecreme mit Zitrone (Variante) 217

# REGISTER

Walnuss-Cookies 205
Zitronen-Cookies 205
Zucchini Bread mit Walnüssen 49
Zucchini Bread, herzhaft 49

### Getränke
Ananas-Smoothie 109
Beeren-Mango-Smoothie 109
Beeren-Smoothie 109
Bubble Tea 83
Chia Fresca 46
Drinks 83
Karotten-Smoothie 109
Kiwi-Bananen-Smoothie 109
Kürbis-Smoothie 109
Lavendel-Limonade 165
Melonen-Erdbeer-Smoothie 109
Melonen-Smoothie 109
Oystershooter 83
Santa Barbara Smoothie 109
Smoothies 109
Spinat-Smoothie 109
Tropical Mango Smoothie 109

### Salate
Avocadosalat mit Blaubeeren 99
Blattsalate mit Roquefort & Trauben 18
Chicoree-Sellerie-Salat 141
Feldsalat mit Birnen 141
Fenchelsalat mit Avocado & Shrimps 96
Fenchelsalat mit Mandarinen 170
Hähnchen-Salat mit Sesam-Dressing 20
Heilbutt, gegrillt, auf Salade Niçoise 168
Kaktus-Salat (Variante) 57
Kräutersalat mit Zitronen-Dressing 18
Lollo Rosso mit gegrilltem Ziegenkäse 19
Orangen-Dattel-Salat 141
Portobello-Salat (Variante) 106
Rote-Bete-Carpaccio mit Feldsalat & Ziegenkäse 17
Rote-Bete-Salat 141
Rucola mit Ziegenkäse 141
Sardinensalat mit Kichererbsen 170
Taco-Salat mit Mais & Bohnen 29
Tomatensalat mit Mozzarella-Röllchen 115

### Saucen & Dips
Adobo Rub 37
Ancho-Chili-Sauce 37
Avocado-Frischkäse 101
Black Bean Salsa 37
Chimichurri-Dip 37
Guacamole 101
Hummus (Variante) 32
Santa Maria Salsa 37
Tapenade (Variante) 171
Tomatensalsa (Variante) 29

### Snacks
Auberginen-Panini mit Tapenade 171
Avocado-Bruschetta 101
Avocado-Tartines 101
Bruschetta mit Paprika-Oliven-Paste 173
Burger mit Speck & Avocado 134
California Roll mit Krebsfleisch & Avocado 84
Caprese 101
Chicken Taco mit Chili & Paprika 33
Käsebällchen 141
Quesadillas mit Avocado 35
Quesadillas mit Guacamole (Variante) 35
Quesadillas mit Spinat (Variante) 35
Rote-Bete-Bruschetta (Variante) 17
Sandwich mit Spargel & Mandeln 92
Tostadas mit Hähnchen und Gemüse 30
Wrap mit Hummus & Spinat 32

### Suppen & Eintöpfe
Austern-Stew mit Kartoffeln 67
Avocadosuppe mit Krebsschwänzen 98
Brokkoli-Suppe mit Cheddar 59
Cioppino, Fischtopf mit Meeresfrüchten 69
Clam Chowder, feiner Muscheleintopf 81
Eintopf „Gumbo" mit Huhn, Wurst & Garnelen 181
Eintopf „Gumbo" mit Tomaten und Muscheln (Variante) 181
Eintopf „Gumbo" vegetarisch (Variante) 181
Erbsensuppe mit Minze 58
Gazpacho 112
Kartoffel-Brokkoli-Suppe (Variante) 59
Kürbissuppe mit Ingwersahne 162
Posole, mexikanischer Eintopf 38
Spargelsuppe mit Parmesanplätzchen 93
Süßkartoffel-Suppe mit Bourbon-Whiskey 163
Süßkartoffel-Suppe mit Gemüseeinlage (Variante) 163
Süßkartoffel-Suppe mit Ingwer (Variante) 163
Tomatensuppe mit Ziegenkäse 114
Tortilla-Suppe mit Gemüseeinlage 27

### Vegetarisches
Auberginen-Panini mit Tapenade 171
Avocado mit Gurkencreme 98
Avocado, gegrillt 101
Avocado-Bruschetta 101
Bohnen mit Walnüssen (Variante) 139
Brokkoli-Suppe mit Cheddar 59
Bruschetta mit Paprika-Oliven-Paste 173
Caprese 101
Eintopf „Gumbo" vegetarisch (Variante) 181
Erbsensuppe mit Minze 58
Gazpacho 112
Gemüse mit Walnuss-Dressing 139
Gewürz-Kokosreis (Variante) 152
Kaktus-Reis mit Chili & Koriander 57
Kartoffel-Brokkoli-Suppe (Variante) 59
Käsebällchen 141
Knoblauch-Pizza mit Mais & Tomaten 117
Kürbissuppe mit Ingwersahne 162
Mangold mit Walnüssen (Variante) 139
Okra-Schoten mit Knoblauch (Variante) 60
Okra-Schoten mit Orangenfilets 60
Okra-Schoten mit Tomaten (Variante) 60
Quesadillas mit Avocado 35
Quesadillas mit Guacamole (Variante) 35
Quesadillas mit Spinat (Variante) 35
Reis-Röllchen mit Ponzu-Sauce 144
Risotto mit Morcheln 195
Risotto mit Trüffeln 195
Rote-Bete-Bruschetta (Variante) 17
Rote-Bete-Carpaccio mit Feldsalat & Ziegenkäse 17
Sandwich mit Spargel & Mandeln 92
Spargel, grüner, würzig mariniert 92
Spargel-Auflauf mit Ziegenkäse 90
Spargelsuppe mit Parmesanplätzchen 93
Süßkartoffel-Suppe mit Bourbon 163
Süßkartoffel-Suppe mit Gemüseeinlage (Variante) 163
Süßkartoffel-Suppe mit Ingwer (Variante) 163
Tomatensuppe mit Ziegenkäse 114
Tortilla-Suppe mit Gemüseeinlage 27
Wrap mit Hummus & Spinat 32
Zucchiniblüten in feinem Ausbackteig 58

### Vom Grill
Avocado, gegrillt 101
BBQ mit Bohnen & Makkaroni 124
Burger mit Speck & Avocado 134
Grillspieße 129
Heilbutt auf Salade Niçoise 168
Lollo Rosso mit gegrilltem Ziegenkäse 19
Rib-Eye Steak mit Knoblauchbutter 128
Ribs, chinese, würzig mariniert 130
Rinderfilet mit Pesto gefüllt 127
Rinderfilet mit Tapenade gefüllt (Variante) 127
Rindersteaks mit Ingwer mariniert 128
Santa Maria BBQ mit Bohnen & Makkaroni 124
Schwertfisch mit Minz-Tapenade 174
Thunfisch mit Tomaten-Oliven-Relish 177
Tostadas mit Hähnchen und Gemüse 30

### Warenkunde
Abalone 65
Açai-Beeren 47
Aebleskiver 199
Anaheim-Chili 25
Asia Food 143
Avocado 95
Barbecue 123
Bubble Tea 83
Burritos 24
California Ripe Olives 167
California Roll 143
Chia-Samen 46
Chilis 25
Crabs 73
Desserts 199
Dungeness-Crab 73
Farmers' Markets 15
Fresno-Chili 25
Frühstück 43
Habanero-Chili 25
Hanf 47
Heirloom-Gemüse 111
Jalapeño-Chili 25
Kaktus 55
Kuchen 199
Kumquats 103
Kürbisse 159
Langusten 73
Lavendel 165
Lotusland 55
Meeresfrüchte 65, 73
Meyer-Lemons 103
Mochi-Eiscreme 83
Nopalitos 55
Oliven 167
Oystershooter 83
Poblano-Chili 25
Quinoa 47
Red Snapper 73
Ridgeback Shrimp 73
Rock-Crab 73
Santa-Maria-Steak 123
Sashimi 143
S'More 83
Seeigel 65
Seeohren 65
Serrano-Chili 25
Spot Prawns 73
Tacos 25
Tamales 25
Tomaten 111
Tortillas 24
Walnüsse 137
Wein 185
Zitronen 103

# GENUSS PUR

**CARLO BERNASCONI & MARLISA SZWILLUS**
**Italia**
- 240 Seiten, 227 Abbildungen, €/D 29,90
- ISBN 978-3-440-12243-3

**Genuss zu jeder Jahreszeit:** Die italienische Küche lebt von der Qualität ihrer Produkte. Entdecken Sie klassische und moderne Gerichte, die Ihre Gäste zu jeder Jahreszeit verführen.
**Traditionen:** Verstehen und erleben, was die italienische Küche besonders und unverwechselbar macht.

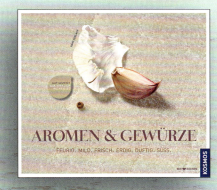

**ROSE MARIE DONHAUSER**
**Draußen geniessen**
- 160 Seiten, 120 Abbildungen, €/D 19,95
- ISBN 978-3-440-12588-5

**HANS GERLACH**
**Aromen & Gewürze**
- 160 Seiten, 150 Abbildungen, €/D 19,95
- ISBN 978-3-440-12589-2

# AKTEURE

**Annemarie Lenze** Die Amerikanische Riviera ist zur zweiten Heimat der Journalistin geworden, die als Online-Redakteurin bei der Südwest-Presse arbeitet. Die ersten Jahre ihres Studiums der Germanistik, Anglistik und Amerikanistik verbrachte sie an der Universität von Santa Barbara und lernte hier die kalifornische Küche kennen und lieben. Und es zog sie immer wieder zurück in den Sonnenstaat. Auf zahlreichen Reisen und Besuchen auf Farmen, Weingütern, in Restaurants und auf Märkten konnte sie viele Eindrücke, kulinarisches Know-how und typische regionale Rezepte sammeln.

**Chuck Place** Seit mehr als 30 Jahren arbeitet der studierte Biologe als Fotograf. Vorwiegend als Landschafts- und Reisefotograf, doch auch Sport- und Outdoor-Fotografie und seit einiger Zeit Food-Fotografie gehören zu seinen Schwerpunkten. Sechs Bücher und viele Artikel in Magazinen hat Chuck Place bisher bebildert. Heute lehrt er hauptberuflich Fotografie am renommierten Brooks Institute of Photography in Santa Barbara. Für „California" hat er für die Reportagefotos Landschaften, Menschen und Produkte in Szene gesetzt. Als Stylistin stand ihm für das Cover-Shooting **Claire Stancer** zur Seite.

**EISING STUDIO Food Photo & Video** ist im Bereich der Foodfotografie eines der renommiertesten Studios in Deutschland. Seit über 30 Jahren wird hier in München unter Volldampf produziert und dabei doch sanft gegart.

**Martina Görlach** – ihr Name ist untrennbar mit EISING STUDIO Food Photo & Video verbunden. Künstlerisch sehr interessiert und begabt, arbeitete sie schon früh kreativ als Glasmalerin und Restauratorin. Erste Styling-Jobs führten sie ins Studio Eising. Schon bald stellte die Fotografie eine neue Herausforderung dar. Mit Liebe zum Detail und zum Essen ist Martina Görlach nicht nur mit Professionalität, sondern auch mit Herz und Seele am Werk. Auszeichnungen der Gastronomischen Akademie und der Historia Gastronomica Helvetica sprechen für sich.

**Michael Koch** – sein Name ist Programm – war viele Jahre als Koch in der gehobenen Gastronomie tätig. Seit 2000 arbeitet er als Food-Stylist und ist auch als Kochbuch-Autor und Rezeptentwickler erfolgreich.

**Julia Skowronek** hat sich nach ihrer Ausbildung zur Köchin und lehrreichen Jahren in der Gastronomie 1999 dafür entschieden, als freie Food-Stylistin und Rezept-Autorin zu arbeiten.

**Christina Kempe** macht nicht nur als Food-Stylistin Gebäck aller Art chic für die Kamera, sie schreibt in ihrem Münchner Redaktionsbüro auch Kochbücher – beides mit Leidenschaft.

**Ulla Krause** ist für Ausstattung und Requisiten verantwortlich. Als passionierte Sammlerin mit ausgeprägtem Gespür für Ästhetik und das Besondere, findet sie immer das Passende.

### DANKE FÜR REZEPTE UND INFORMATIONEN:

Elli und Dietmar Eilbacher, D'Angelo | David Reardon, Bacara Resort & Spa | Michael Hutchings, Catering | James Sly, Sly's | Budi Kazali, The Ballard Inn | Sam Marmorstein, Los Olivos Cafe | Jeff und Matt Nichols, Brothers' Restaurant at Mattei's Tavern | Eric Maldonado, Lucky's | Richard Sanchez, Jeannine's American Bakery | Montecito Inn | San Ysidro Ranch | Piatti | Little Alex's | Bill und Delia Coleman, Coleman Farm | Rachel und Ralph Whitney | Chris Burroughs, Weingut Alma Rosa | Jim Fiolek, Executive Director, Santa Barbara County Vintner's Association | Isidoro Gonzales, La Super-Rica Taqueria | Paul Teall | Don Skipworth | Fess Parker's Doubletree Resort | East Beach Grill | Hot Dog Man | Tara Stockton, Garden Market | Traudl und Norman Huber, Weingut Huber | Joe Baer, Walnut Farm | Elizabeth Poett, Rancho San Julian | Brittany Rice, Weingut Sunstone | Bill Hopkins, Weingut Bridlewood | Antoinette Addison, Olivenfarm | Meryl Tanz, Clairmont Farms | Brooks Firestone, Weingut Curtis | Santa Barbara Roasting Company | Fairview Gardens Farms | Café Quackenbush

# IMPRESSUM

Mit 146 Farbfotos von Martina Görlach, 86 Farbfotos (Reportagen) von Chuck Place und 10 Farbfotos von Annemarie Lenze (14, 40, 41, 42, 88, 102, 120).

Umschlaggestaltung von Gramisci Editorialdesign, München unter Verwendung dreier Fotos von Chuck Place

Rezepte, Geling-Tipps, Infos zum KOSMOS-Kochbuch-Programm und vieles mehr unter
**kosmos.de/gut-gekocht**

Unser gesamtes lieferbares Programm und viele weitere Informationen zu unseren Büchern, Spielen, Experimentierkästen, DVDs, Autoren und Aktivitäten finden Sie unter **kosmos.de**

Gedruckt auf chlorfrei gebleichtem Papier

© 2011, Franckh-Kosmos Verlags-GmbH & Co. KG, Stuttgart
Alle Rechte vorbehalten

ISBN 978-3-440-12244-0

Projektleitung und Lektorat:
Dr. Eva Eckstein
Rezeptredaktion:
Rose Marie Donhauser, Berlin
Gestaltungskonzept und Layout:
Gramisci Editorialdesign, München
Satz: Cordula Schaaf, Graphic Design, München
Produktion: Eva Schmidt

Printed in Germany / Imprimé en Allemagne